Heinrich Manger

# Vollständige Anleitung zu einer systematischen Pomologie

Heinrich Manger

**Vollständige Anleitung zu einer systematischen Pomologie**

ISBN/EAN: 9783743308404

Hergestellt in Europa, USA, Kanada, Australien, Japan

Cover: Foto ©Lupo / pixelio.de

Manufactured and distributed by brebook publishing software
(www.brebook.com)

Heinrich Manger

# Vollständige Anleitung zu einer systematischen Pomologie

# Vollständige Anleitung
zu einer
# Systematischen
# Pomologie
wodurch die genaueste Kenntniß
von der
Natur, Beschaffenheit und den unterschiedenen Merkmalen
aller
# Obstarten
erhalten werden kann.

## Erster Theil
von
## den Aepfeln.

Nebst einen Kupfer-Abdruck.

Leipzig
bey Johann Friedrich Junius. 1780.

Dem

Durchlauchtigsten Fürsten und Herrn

HERRN

# Friedrich Wilhelm

Königlichen Cron- und Erb-Prinzen
von Preussen

Marggrafen zu Brandenburg, Souverainen und Obersten Herzog von Schlesien, Souverainen Prinzen von Oranien, Neufschatel und Vallengin, wie auch der Grafschaft Glatz, in Geldern, zu Magdeburg, Cleve, Jülich, Berge, Stettin, Pommern, der Cassuben und Wenden, zu Meklenburg und Crossen Herzoge, Burggrafen zu Nürnberg, Fürsten zu Halberstadt, Minden, Camin, Wenden, Schwerin, Ratzeburg, Ostfriesland und Meurs, Grafen zu Hohenzollern, Ruppin, der Mark Ravensberg, Hohenstein, Teklenburg, Schwerin, Lingen, Büren und Leerdam, Herrn zu Ravenstein, der Lande Rostock, Stargard, Lauenburg, Bütow, Arlay und Breda rc. rc. rc.

Meinem gnädigsten Fürsten
und Herrn.

## Durchlauchtigster Cron = Prinz,
## Gnädigster Cron = Prinz, Fürst und Herr!

Das Jahr 1778. in welchem Ew. Königliche Hoheit dem größten Könige und Helden unserer Zeiten unverwelkliche Lorbeern erkämpfen halfen und deren auf Ihr eigen Haupt sammelten, gab Dero unterthänigstem, damals müßigem Knechte Gelegenheit, sich mit seiner angebohrnen Neigung zum Gartenbau zu beschäfftigen und Entwürfe zu Berichtigung der Obstlehre zu machen, wovon er einen Theil zu Stande brachte.

Ew. Königliche Hoheit verschmähen weder die Gärten, noch deren Früchte, ich hoffe also gnädigste Vergebung, wenn ich mich unterstehe die Erstlinge meiner entworfenen Obstlehre zu Dero Füßen zu legen.

Würdigen Ew. Königliche Hoheit dieselben eines einzigen gnädigen Anblicks, so bin ich für die daran gewendete Arbeit vollkommen belohnet und ersterbe in tiefster Unterthänigkeit

Durchlauchtigster Cron = Prinz,
Gnädigster Cron = Prinz, Fürst und Herr
Ew. Königlichen Hoheit

Potsdam
den 27 März 1780.

unterthänig gehorsamster Knecht
der Bau = Inspector Manger.

# Zueignung
an alle
# Obstkenner, Gärtner
und
# Gartenliebhaber
## Deutschlands und anderer Länder

Die große Menge von Bäumen mit eßbaren Früchten, die gegenwärtig, den Namen-Verzeichnissen zu Folge, in Europa befindlich seyn sollen, und die wenigen zuverläßigen Nachrichten, die man dennoch von dem wesentlichen Unterschiede derselben unter einander hat, haben schon viele Gärtner und andere Obstliebhaber, wegen ihrer Wahl in Verlegenheit gesetzet.

Es wird ihnen dieselbe noch mehr erschweret, wenn sie entweder im voraus wissen, daß eben nicht jeder Name eine besondere Art andeutet, sondern daß man für gut gefunden, einzelnen Arten verschiedene Benennungen beyzulegen, ohne solches eben genau anzuzeigen; oder wenn ihnen erst die Erfahrung zeiget, daß sie unter neuen Namen vielfältig Bäume bekommen, die ihnen schon längst unter anderen bekannt waren.

Dieses veranlasset häufige Klagen über die Baumverkäufer und über deren bekannt gemachte Sorten-Verzeichnisse; allein größtentheils sind dieselben, wenigstens die deutschen unschuldig, sie werden mit neuen Sorten von Bäumen oder Pfropfreisern hintergangen und müssen also, ohne vielmals die Frucht selbst je gesehen oder genau beobachtet zu haben, anfänglich andere wiederum hintergehen.

Die Ursache davon liegt lediglich am Mangel richtiger Classificationen der Unterarten von jeder Hauptart Obst, mit deren Beschreibungen. Dergleichen würde beyde Theile in den Stand setzen vorher zu prüfen: Käufer würden nichts verlangen und Verkäufer nichts unter neuen Namen in ihre Baumschulen aufnehmen, was sie nicht als wirklich neu befunden hätten.

Diesem Mangel und allem davon für Liebhaber herrührenden Unangenehmen abzuhelfen, unternimmt der Herausgeber folgender Bogen; nämlich dadurch, daß er einen Anfang zu Untersystemen der Obstarten machet und Vertrauen genug zu seinen Landesleuten und Auswärtigen hat, die Kenner vom Obste sind, und solches sowohl wegen des angenehmen reizenden Geschmackes, als wegen dessen ökonomischer Nutzbarkeit zu schätzen wissen, daß sie ihm mit Beyträgen zu statten kommen werden, wodurch sie einige Vollkommenheiten erhalten können.

In Ansehung dieser Beyträge kömmt es hauptsächlich darauf an, daß dadurch 1) dasjenige was in meinem Entwurfe falsch, oder nicht am rechten Orte, unter der ihm zukommenden Classe, eingetragen ist, verbessert und die Widersprüche der Pomologisten gehoben, erkläret und berichtiget werden; 2) daß die ledig gebliebenen Stellen der Merkmale an Bäumen und Früchten ergänzet und ausgefüllet, auch 3) alle diejenigen Arten, so mir nicht bekannt worden und die ich also habe auslassen müssen, noch beygebracht werden mögen.

Unter

Unter letztere rechne ich nicht allein gute und vortreffliche, sondern durchgehends alle Sorten, gut oder schlecht, die nur in Deutschland oder anderswo, unter was für allgemeinen oder Provinzial-Namen es auch seyn möge, anzutreffen sind; denn auch die, so man in gewissen Provinzen für schlecht hält, können vielleicht an andern Orten, zu Cider oder anderm Gebrauch, vorzüglich genützet werden. Es gehöret ganz eigentlich zu meinem Plane, alle mögliche bekannte Arten und Abänderungen aufzunehmen um sie mit andern zu vergleichen, damit erhelle, ob sie schon allgemein bekannt, oder gleichsam nur noch an gewissen Orten einheimisch, gleichwohl aber werth sind in andern Gegenden angezogen zu werden; und weil außengelassene Provinzial-Namen Anlaß geben möchten, zu glauben, es wären besondere Arten, ob sie es gleich nicht sind.

Hiernächst ist mir auch daran gelegen zu wissen: wohin die von mir ohne alle Kennzeichen gefundene, besonders aufgezeichnete Namen zu ordnen sind, weil auch diese vielleicht zu dem Irrthume Gelegenheit geben möchten, als wenn es besondere Arten wären. Das übrige was etwa Beyträge wichtig machen könnte, wird man im Folgenden und den Anmerkungen zum Werke selbst finden.

Nicht meinen allein, sondern den Dank eines sehr großen Theils des Publicums werden diejenigen gut- und edeldenkenden Mittheiler dergleichen Beyträge und Nachrichten zu erwarten haben. Ich werde sie bey einer dadurch hoffentlich weit vollständig gewordenen Ausgabe, deren Erscheinung ich spätestens auf drey Jahre hinaussetze, nicht allein, als patriotische Beförderer der Obstkunde namentlich rühmen; sondern mich auch auf ihre mitgetheilten Nachrichten mit Zuverläßigkeit berufen können. Sie selbst werden von ihrem Beytrage großen Vortheil haben, weil sie alsdenn durch die Bemühung Mehrerer, ein zusammenhangendes System von Obstbäumen erhalten, das ihre Kenntnisse mehr erweitern und sie in jeder Lage der Umstände, in der Wahl derselben, sicher stellen kann. Ich werde Ihnen ins besondere als meinen Gönnern, Gehülfen und Freunden bey Uebersendung der berichtigten Auflage meine dankbarlichsten Empfindungen bezeugen.

Binnen kurzer Zeit denke ich mit den Birnen-Sorten eben so weit zu seyn, als gegenwärtig mit den Aepfeln und werde solche ebenfalls vorher zu mehrerer Berichtigung durch den Druck bekannt machen; sodann aber mit den andern Obstsorten fortfahren und alle Untersysteme derselben in Ordnung zu bringen suchen.

Da aber doch alle möglichst genaue Beschreibungen der Obstarten noch nicht hinlänglich sind, davon eine vollkommen sinnliche Vorstellung zu wege zu bringen, so habe ich auch bereits mit hiesigen Künstlern die Abrede genommen: nach und nach eine Sammlung derselben in Systematischer Ordnuug in Kupfer stechen, mit linden Farben abdrucken, sodann aber mit Calowschen Wachsfarben ausmalen zu lassen. Die Natur wird dadurch auf eine möglichst vollkommene Art erreichet werden und der Beyfall des Publicums wird allen Eifer und Fleiß der Künstler rege erhalten. Es sind zwar bereits viele mit Farben ausgemalte Abbildungen vorhanden, allein die angekündigten werden deswegen nicht überflüßig seyn. Denn, der Güte der Malereyen nicht zu gedenken, so ist in jenen mehrentheils alles ohne Wahl und Ordnung unter einander geworfen, wodurch sie weitläuftig und kostbar geworden, bey diesen in systematischer Ordnung folgender, aber ist nur nöthig von jeder sich unterscheidenden Art, einige der vornehmsten Früchte abzubilden und zu bemerken, welche Andere von eben der Form und Größe, blos der Farbe nach verschieden sind; hierdurch wird man an Deutlichkeit und Kosten gewinnen.

Der bey dem Königl. Bau-Comtoir zu Potsdam in Diensten stehende durch verschiedene schon herausgegebene Stücke seiner Arbeit, bereits bekannte Maler und Kupferstecher, Herr Andreas Ludewig Krüger, wird nicht allein gedachte Kupferstiche bestens besorgen, sondern ich ersuche auch hiermit geziemend, die erbetenen schriftlichen Beyträge zu diesem Werke, an denselben postfrey einzusenden. Potsdam den 13 May 1778.

H. L. Manger.

Vor-

# Vorbericht

## zur

# Systematischen Pomologie.

Seit den zwanzig Jahren, da ich mich mit dem Gartenbau beschäfftige, zu dem ich schon von Jugend an große Neigung hatte, und nur durch Umstände davon zurückgehalten wurde, habe ich in keinem Stücke der Gärtnerey weniger schriftlichen Unterricht und Genugthuung für die Wißbegierde gefunden, als in Ansehung der Kenntniß von den Unterscheidungszeichen verschiedener Obstbäume und deren Früchte von jeder einzelnen Art, hauptsächlich aber der Birnen und Aepfel.

Von der Baumzucht überhaupt, vom Pfropfen, Beschneiden, Düngen, u. s. w. giebt es so viel Anweisungen, daß nur noch eigenes Nachdenken und Erfahrung dazu kommen darf, um sich darinnen vor merklichen Fehlern in Acht nehmen zu können; allein von den Früchten dieser Bäume, von dem wesentlichen Unterschiede derselben in Ansehung ihrer Bestandtheile und von richtiger Bestimmung der Vorzüglichsten, Mittelmäßigen und Schlechtern kann man dieses nicht sagen; noch weniger aber von den Merkmalen an den Bäumen selbst, die zwar überhaupt eine Art ausmachen, aber doch durch Abänderungen oder Spielarten der Früchte unter einander erstaunlich verschieden sind.

Man findet zwar in den gelehrten botanischen Schriften Beschreibungen von Kirsch- Pfirsichen- Apricosen- Pflaumen- Aepfel- und Birnbäumen u. s. f. und deren Früchten, so wie von allen andern Baum- und Strauchfrüchten, die unter dem Namen Obst begriffen werden. Es ist aber alles zu allgemein und von ihren besondern Unterabtheilungen und Kennzeichen kömmt nichts ausführliches vor. Gewissermaßen ist es auch nicht zu verwundern, da fast jede einzelne Obstart wieder ein besonderes Untersystem in ihren verschiedenen Abarten und in dererselben Veränderungen und Spielarten erfordert, das zum Theil weitläuftiger ausfällt, als das Hauptsystem selbst. Andere Schriftsteller haben wirklich besondere Beschreibungen der Unterarten von Obst geliefert. Aber nicht zu gedenken, daß alles ohne Ordnung unter einander vorkömmt, so bemerken sie auch mehrentheils nur einen oder den andern Umstand vom Baume, oder von der Form, Farbe und Geschmacke der Frucht; ohne die wahren Kennzeichen

A jeder

jeder Sorte zu bestimmen, wodurch sie sich gänzlich von den übrigen unterscheidet.

Mit beyderley Beschreibungen aber kann einem Wißbegierigen nicht viel gedienet seyn, der einzelne Obstarten in allen ihren Abstammungen, Verschiedenheiten und Abänderungen, nach einer gewissen Ordnung kennen lernen will. Er findet zwar in den gelehrten botanischen Eintheilungen, z. B. bey dem berühmten Linne', daß Birnen, Aepfel und Quitten ein einziges Geschlecht ausmachen, man aber die Aepfel von den Birnen daran unterscheiden könne: daß diese kronenförmige, jene aber doldenförmige Blüthen hätten, und daß es von letztern außer dem wilden Apfel, sechserley Unterarten gebe. Allein er liest auch bey denen, die mehrere und ausführlichere Beschreibungen liefern, und findet es wirklich, daß einige Aepfelbäume (um bey diesen zu bleiben) ovale, platte, walzenförmige oder spitze Früchte, von weißer, gelber, grüner, rother, oder von verschiedenen Farben zugleich, hervorbringen; ungeachtet die Blüthen allesammt einerley und doldenförmig gewesen: daß daher viel über hundert von einander verschiedene Aepfel vorhanden, deren einige im Sommer, andere im Herbste, und noch andere erst im Winter eßbar werden, dabey entweder süßen, sauern, parfümirten oder wässerigen Geschmackes sind, wovon einige wieder für sich Abänderungen, die mehresten aber nicht etwa nur einen, sondern recht viele Namen haben; er betrachtet selbst einige Bäume genauer, und kann sich unmöglich einbilden, daß ein Borsdorfer- ein Pigeon- ein Renett- und ein Pippingbaum von einerley Art seyn können. Er muß nothwendig darauf fallen zu raisonniren: die drey angegebenen Arten des Linne' mögen immerhin zusammen ein Geschlecht ausmachen, ich will mich deswegen in keine weitere Untersuchung einlassen; aber allen Umständen nach muß doch nothwendig jede dieser Arten mehrere Unterarten haben, die wiederum zu unterscheiden sind, wovon der Ritter selbst nur sechse, den Namen nach, angiebt und — wodurch sind sie es? welches sind die Unterscheidungszeichen? Haben vielleicht Zufall, Willkühr, Neuerungssucht, Unwissenheit, Privatinteresse und andere Ursachen eine Menge Namen entstehen lassen, wovon im Grunde viele nur einem einzigen Individuum zukommen: so wäre es doch nöthig zu wissen, welches denn eigentlich gleichgeltende Namen sind, und wie viel man überhaupt Fächer dieser oder jener Obstarten hat, in welchen einer oder noch mehrere, einerley bedeutende Namen gehören, und sie einigermaßen neben und unter einander ordnen zu können? wo findet man das?

Diese Fragen mir selbst zu beantworten fiel schwer; gleichwohl war ich durch schöne Namen gepriesener Früchte angelocket worden, Bäume mit ziemlichen Kosten zu verschreiben oder in der Nähe zu kaufen, von deren Früchten ich in meiner Erwartung zum Theil betrogen wurde, und mit Grunde fürchten mußte, daß es mir mit andern, die noch nicht getragen hatten, eben so gehen würde; wobey ich zugleich allemal in Ungewißheit blieb: welche Sorten wohl mit einander verwandt und in was für Ordnung sie überhaupt in meinen Verzeichnissen aufzuführen seyn möchten? Ich fieng also an meine Gartenbücher und in selbigen sonderlich die Artikel vom Obste nochmals sorgfältig durchzublättern, um eines Theils einiges System heraus zu finden, andern Theils mich wegen fernerer Wahl der Bäume besser vorsehen zu können. Allein, ich mußte sie mit schlechter Zufriedenheit wieder weglegen und in Ansehung des letztern bekennen: daß zwar Quintinye von den wenigen Sorten, die er beschreibt, noch wenigere anpreist; daß aber diese, vielleicht bis auf unsere Zeiten, die einzigen Vorzüglichen seyn möchten, die man zu pflanzen hätte. In Ansehung des erstern habe ich nirgends etwas gefunden, das einer systematischen Ordnung einzelner Arten von Frucht- und insbesondere Aepfelbäumen ähnlich sähe, als dasjenige, was Jonston vor hundert Jahren zusammengetragen hat. Ich will es meinen Lesern auf beygefügter Tabelle (H) vorlegen, um desto leichter urtheilen zu können, ob es den damals lebenden, geschweige denn unsern Zeitgenossen, verständlich und brauchbar gewesen oder noch seyn könne?

# H

## Vorstellung des Systems der Aepfelarten, welches Johann Jonston in seiner Naturgeschichte von Bäumen und Pflanzen, gedruckt zu Heilbronn 1668 in Folio, mittheilet.

Die Aepfelarten sind entweder:

**I. Französische, und diese**

- a. Süß- od. Zucker-Apfel so gelb und angenehmen Geschmacks.
- b. Paradis-A. klein, frühzeitig, süße.
- c. Rambours, groß, beschig, schmelzend.
- d. Castanien-A. die den Castanien gleichen.
- e. Franz-A. od. Reinetten, von runder Form und hartem Fleische.
- f. Johannis-A. so klein, weißlich und die ersten im Jahre.
- g. Frühzeitige, die im August reif werden, gut riechen und schmecken.
- h. Rosen A. die das ganze Jahr durch dauern.
- i. Passe-Pommen, steiler Form, bald verlängerbend, worinnen die Kerne klappern.
- k. Kurzstieligte, als die vorzüglichsten in Frankreich von hartem Fleische, angenehmem Geschmacke und langer Dauer.

**II. Cordische, die nämlich Cordus in seiner Pflanzengeschichte beschrieben, oder**

- a. runde
  - 1. in Ansehung des Fleisches
    - a. milde
      - α. größere: auf Purpurgrunde roth gestrichelt, sanft, saftig.
      - β. kleinere: wie vorige.
      - γ. gelbe: mit blutrothen Streifen.
    - b. feste
      - α. weiße: die rothgelb grüner laufen, mit weißen durch die Haut scheinenden Flecken.
      - β. rothe mit dichtern festen Fleische.
  - 2. der Farbe
    - Brasilien- oder Saffran-Aepfel.
    - a. Gemeine mit Purpur- oder dunkelrothen Flecken.
    - b. rothe.
    - c. rosenfarbene.
    - d. blutrothe.
  - 3. des Geschmacks
    - a. Süße: große und kleine.
    - b. Weinartige: große und kleine.
    - c. Saure: große und kleine.
  - 4. der Aehnlichkeit
    - a. Langesäpfel
      - 1. einfache als die süßesten
      - 2. auf Weiden gepfropft, mit wenigem Fleische und bitterlich.
    - b. Glasäpfel deren Fleisch wie dunkel Glas durchsichtig ist.
  - 5. Anderer Umstände
    - a. Bischofsäpfel, unter den süßen die vortrefflichsten, mit schneeweißem Fleische, einerseits mit ganz schmalen rosenrothen, andererseits auf bleichgelbem Grunde mit schwächern rothen Striemen.
    - b. Borsdorfer mit hartem Fleische und von sehr erhabenem Geschmacke.
    - c. Augustiner, so klein, gelb und von hartem Fleische.
- b. nicht runde
  - 1. Breite
    - a. milde, röthlich, fast ohne Saft.
    - b. Paternische, so gelb, blutroth gefleckt und säuerlich.
  - 2. Zugespitzte deren Blüthauge, und der Rand um solches, Jungfern-Zitzen vorstellet.
  - 3. Länglichte
    - a. Gottbardische, deren Blüthauge in einer tiefen Höhle oder Spalte stecket.
    - b. Castanienfarbene mit Braunroth.
  - 4. Eckigte
    - a. lang, von oben bis unten stark geribbet oder ausgefurchet.
    - b. rund, ebenfalls geribbet.
    - c. Epirotische.

**III. Bauhinische, die J. Bauhin in seiner Pflanzengeschichte beschreibt**

- a. runde
  - 1. kleine
    - 1. Geel-Wettich
    - 2. Klein-Wettich
    - 3. Weiß-Wettich
    - 4. Grün-Wettich
    - 5. Wälsch-Wettich
    - 6. Weinapfel
    - 7. Rothhartling
    - 8. Hartling
    - 9. Zellischer Kern od. Zenithapfel
    - 10. Pfaffenapfel oder Zehnendling.
  - 2. große
    - 1. Scheiblings-A.
    - 2. Hartling, sowohl der weiße Zellische, als der weiße von Boll u. Marthias-Apfel
    - 3. Sauer Jungfer-Apfel
    - 4. Kreßling von Boll (weiß) u. der Blechenbrunner
    - 5. der große Bliensbacher Wein-A.
    - 6. der rothe Bachapfel, so von Dauer ist, oder der rothe Weidling, so nicht dauert, u. der Schäm-A.
    - 7. Sommer-Taurich
    - 8. Sterimling
    - 9. Lethringer oder Sommer-Rambour
    - 10. Sommer-Süß-A. oder Passe-Pomme.
- b. länglichte
  - 1. kleine
    - 1. Grüninger
    - 2. Juppenschwenker
    - 3. Sey-Apfel oder Kern-Apfel
    - 4. Leyer-Apfel
    - 5. Pfaffen-Apfel.
  - 2. große
    - 1. Spitzling oder Weinapfel
    - 2. der Pariser od. Savoyische
    - 3. Winter-Taurich
    - 4. Großer Zürcher
    - 5. Rothling
    - 6. Strebling oder Bachapfel
    - 7. Feinsterling
    - 8. Haßlacher
    - 9. Bliensbacher Röthling
    - 10. Heiningsapfel
    - 11. Treßling
    - 12. Grübling
    - 13. Ulmer.
- c. verschiedener Form
  - 1. Zugespitzte Maulings-A. Ulmer Pfäffling Linker-A. Hütlings, oder Lauch-A.
  - 2. Schiefe ungleiche.
  - 3. Kurzhangende Große und Kleine.
  - 4. Kurzstieligte.
  - 5. Fünfeckigte.
  - 6. Gevierte, die aber auch zuweilen 5, 6 bis 7 Hervorragungen und Höcker haben.

Im Jahre 1765 erschien der Hausvater des Herrn von Münchhausen, und in der Vorrede des ersten Theils wurde die Aussetzung eines Preißes von zwanzig Ducaten für denjenigen bekannt gemachet:

„der eine hinlängliche Beschreibung aller
„Arten Obst, die uns zur Nahrung dienen,
„ten, einlieferte"

ich freute mich und hoffte auf einen solchen Unterricht. Allein schon bey dem zweyten Stücke dieses ersten Bandes, fiel meine Hoffnung ziemlich, da der Verfasser auf der 412 Seite

„die Bestimmung besonderer Kennzeichen,
„wodurch eine Sorte von allen übrigen zu
„unterscheiden sey ꝛc."

als besonders künstlich und schwer angab, und also dadurch gleichsam wiederum von dem Unternehmen abschreckte. Es blieb also zu meiner Befriedigung, weil ich einmal von Jugend auf zu sehr an das Systematische gewöhnt worden, nichts übrig, als mir selbst ein System zu bilden.

Ich machte Auszüge aus allen Schriftstellern, die vom Obste gehandelt hatten, so viel ich deren nur zusammenbringen konnte. Ich verglich ihre Beschreibungen mit den in meinem Garten, unter ihren verschiedenen Namen erhaltenen und gepflanzten Bäumen, bemühte mich um Nachrichten bey verschiedenen hiesigen, königlichen und andern Gärtnern, machte ihnen meine Bemerkungen und Zweifel bekannt und — lernte nunmehr nach und nach deutlich, daß der Hausvater mit seinen angezeigten Schwierigkeiten Recht hatte.

Ein solches Chaos von Namen der Obstsorten, größtentheils ohne vollständige Beschreibung, einigermaßen in Ordnung und Verbindung zu bringen, würde vielleicht dem Ritter Linne selbst nicht allzu leicht geworden seyn; geschweige denn einem seiner geringsten Schüler. Mir schien es wenigstens schwerer, als etwa Hyacinthen, Tulpen oder Nelken u. s. f. ungeachtet ihrer erstaunenden Mannichfaltigkeit, unter gewisse Klassen zu bringen; weil es bey diesen doch mehrentheils auf die Farben ankömmt; bey dem Obste aber weit mehrere Umstände zu erwägen sind.

Dem ungeachtet aber konnten mich diese Schwierigkeiten nicht von meinem Unternehmen zurücke halten; ich fuhr fort zu sammeln, zu ergänzen, auszustreichen, anders zu ordnen, und endlich ein Register von Birnen, Aepfeln und andern Obstsorten zusammen zu bringen, das einem Systeme ähnlich sahe; wenn es nur auch an und für sich richtig gewesen, und in Ansehung der Merkmale jeder Art nicht zu viele Lücken geblieben wären. Indessen weiter konnte ich nicht kommen; ich sahe, daß dies mein Unternehmen nicht eines einzigen Mannes Werk sey, wenn er auch seine ganze Zeit darauf verwenden könnte, welches doch bey mir gar nicht der Fall war. Ich beschloß also, um wenigstens nicht umsonst so weit gekommen zu seyn, mich um Anderer Hülfe zu bemühen, und nunmehr nicht sowohl zu meiner eigenen Genugthuung, als vielmehr zum Nutzen des ganzen Obstliebenden Publicums, ein erträgliches System jeder Obstart zu Stande zu bringen. Und dies ist die Ursache des Abdruckes nachfolgender Bogen, welche einen Theil meiner Sammlung, nämlich zuerst den von den Aepfeln enthalten, und die ich zu beurtheilen und mir mit dienlichem Rath und Nachrichten beyzustehen, alle und jede Liebhaber der Gärtnerey und besonders des Obstes geziemend bitte.

Freylich wird noch immer viel Zeit hingehen, wenn auch der Berichtigungen recht viele seyn sollten, ehe hierinnen einige Vollkommenheit zu erreichen seyn wird. Hauptsächlich käme es dabey auf den guten Willen großer Herren oder auf Leute von Vermögen an, welche die Kosten nicht scheueten, eigene Gärten, wenigstens von Europäischen Obstbäumen anzulegen, und darinnen entweder von allen Geschlechtern und Arten auf einmal, oder nur von einer einzigen Art, z. B. Birnen oder Aepfeln u. s. f., Bäume von allen Unterarten und Abänderungen, von denen nur Namen aufgezeichnet wären, oder die sonst in Erfahrung gebracht werden könnten, aus allen Gegenden und Ländern zusammenbringen, pflanzen und solche in ihrem Wachsthume, Rinde, Blüthen, Blättern, Früchten und deren Beschaffenheit, Größe und Reife genau beobachten, und mit einander vergleichen ließen. Denn hierdurch könnte man doch sicherlich hoffen, daß längstens in Zeit von 15 bis 20 Jahren, ein vollkommenes System aller Unterarten von Obste zu Stande gebracht werden könnte; wenn anders dergleichen Gärten geschickten, der Botanik kundigen und aufmerksamen Aufsehern anvertrauet würden.

Man

Man sieht schon, was die königlichen Gärtner zu Berlin, Charlottenburg, Potsdam und andern Orten in Ansehung der Kirschen, Pfirsichen, Weintrauben und Feigen, von denen der König ein Liebhaber ist, geleistet haben. Und da es bey ihnen nicht auf alle und jede Unterarten, schlechte oder gute, ankam, so findet man hier schon, was für eine Menge vortrefflicher Sorten dieser Arten sie zusammengebracht haben; dagegen es mit den andern, die der König weniger achtet, nicht so beschaffen ist.

Inzwischen da auf dergleichen große Veranstaltungen noch nicht sonderlich zu hoffen ist; gleichwohl Beyspiele vorhanden sind, daß durch fortgesetzte Bemühungen einzelner Personen Sachen möglich geworden, die sich anders nicht als durch Unterstützung der Großen erwarten ließen: so glaube ich, daß auch dasjenige, was nach erhaltenen einzelnen Beyträgen zu diesem angefangenen Werke, von einem dergleichen Systeme zusammengebracht werden kann, sich der Vollständigkeit nähern, überhaupt von vielem Nutzen, besonders aber auch denenjenigen, die wirklich einmal einen eigentlich systematischen Obstgarten anlegen sollen, überaus dienlich seyn kann.

In einen dergleichen gut eingerichteten systematischen Obstgarten wünschte ich, daß zugleich alle mögliche Aufmerksamkeit auf unsere ursprünglich einheimische Stämme möchte gewendet werden, und ob es hier schon eine Art der Ausschweifung seyn möchte, so kann ich doch nicht umhin, darüber meine Gedanken zu fernerer Prüfung mitzutheilen:

a) Wie bekannt, giebt es zweyerley Art wilde Aepfelstämme, süße und sauere. Von wilden Birnen- und andern Stämmen, so wie vom Steinobste, finden sich auch verschiedene Sorten, bey denen ich mich aber anjetzt nicht aufhalten will.

b) Beyde Arten der wilden Aepfelstämme haben die Eigenschaft, daß sie sich wie einige andere Waldbäume, z. B. Ellern, Espen, Pappeln ꝛc. sowohl durch die Ausläufer von ihren Wurzeln als durch ihren Saamen, selbst vermehren oder vermehren lassen.

c) Da aber die, von den allerbesten Obstsorten ausgesäeten Kernen mehrentheils weit schlechtere Arten liefern, als die Früchte waren, von denen sie genommen worden, so müßte folgen:

d) daß die Bäume aus wilden Kernen auch allemal noch schlechtere Früchte hervorbringen müßten, als die vorherigen waren, wogegen aber

e) die Erfahrung streitet, da unsere so genannten Wildlinge, nicht allemal aus Wurzeln ihrer Stammmutter hervorkommen, sondern dergleichen auch an andern Orten wachsen, wo ganz unstreitig blos der Saame durch Vögel, Wind oder Zufall hingebracht worden; auch mit Fleiß ausgesäete wilde Obstkernen eben dieselbe Frucht wieder hervorbringen, als der Mutterstamm und dessen Ausläufer trugen. Und wenn man auch

f) einräumet, die wilde Art sey ohnedem schon so beschaffen, daß sie nicht schlechter werden könne, es geschehe nun ihre Fortpflanzung auf eine oder die andere Art, welches aber von andern Arten, die bey uns fremde sind, nicht gelten könne, weil diese durch Versetzung in einen andern Himmelsstrich und Boden, sich der hiesigen wilden Art von Natur nähern und schlechter werden müsse: so ist doch eines Theils

g) zu erwägen, daß die Kerne gewisser Früchte, so z. B. in Frankreich, Italien, ja gar in Griechenland einheimisch sind, nicht allemal, sondern nur sehr zufälligerweise wieder den vorigen Baum herstellen; wie mir denn von der in einem Französischen Walde anfangs wild gefundenen Birne Bezy d'Heri versichert worden, daß die in derselben Gegend aus ihren Kernen erzielten Bäume sehr schlechte Früchte hervorbringen; andern Theils aber

h) nicht aus der Acht zu lassen ist, wenn viele Baumgärtner behaupten, daß einige edle Sorten auf sauere, andere aber auf süße Stämme mit zuverläßigem Vortheile zu pfropfen wären, die Aepfelstämme aber in ihrer Jugend nicht so wie die Kirschen ꝛc. zu unterscheiden sind. Es wäre also

i) zu untersuchen: nicht allein, ob letzteres überhaupt gegründet sey? sondern auch: wie sich die Stämme der wirklich wilden, gegen die aus Kernen von zahmen Aepfeln erzeugte in Ansehung der Früchte verhielten?

Dieses nun ließe sich meines Erachtens in einem dergleichen vorgeschlagenen systematischen Obstgarten durch folgende Versuche näher bestimmen:

Wenn man nämlich, wilde, aus der Wurzel eines alten wilden Stammes ausgelaufene Triebe und Stämmgen aus wilden Aepfelkernen, in großer Menge pflanzte; zugleich aber auch Kerne von wirklich süßen ächten, und dergleichen von sauern ächten säete und allesammt aufwachsen ließe bis sie trügen, alsdenn aber, sowohl die süßen als sauern aus Wurzeltrieben und die süßen und sauern aus wilden Kernen, nicht weniger die süßen und sauern von gutem Obste, besonders auszeichnete und zusähe: ob aus allen süßen Kernen zahmen oder ächtern Obstes wieder süße Früchte, und von allen sauern derselben, auch wieder sauere entstanden wären oder nicht? Alsdenn aber auch die Früchte der süßen und sauern Wildlinge mit eben denselben von zahmen vergliche und anmerkte, ob, wie man glaubet, die letztern Früchte vor erstern merkliche Vorzüge haben würden, oder ob es nur einige vorzügliche darunter gäbe, und welchen Umständen die Ursache davon beyzumessen sey?

Pfropfte man nunmehr auf die süß befundenen Stämme, von Wildlingen beyderley Art, sowohl als von zahmen Kernstämmen, wiederum süße, auf die sauern aber wiederum sauere und umgekehrt: auf süße Wildlinge sauere zahme, auf sauere Wildlinge süße zahme, auf süße Kernstämme sauere — und auf sauere Kernstämme süße zahme, immer von einerley Art, und hätte auf die davon folgenden Verschiedenheiten genaue Acht: so würde man meines Erachtens über das Geschäffte der Fortpflanzung, sowohl als der Veredelung durch Pfropfen neues Licht erhalten, zugleich aber auch auf den Weg kommen können: ob nicht die Fortpflanzung edler Früchte auf eine kürzere Weise als durch Pfropfen, nämlich entweder blos durch Kernesäen, oder durch Ausläufer ganz ächt gemachter Stämme, bewirket werden könne?

Ich habe mich hierbey nicht ohne besondere Veranlassung aufgehalten, weil mir sowohl die mit weniger Umständen und Mühe verknüpfte Vermehrung edler Arten Fruchtbäume aus Kernen immer sehr wahrscheinlich vorgekommen ist, da die Französischen und Holländischen Kernschulen, zwar nicht allemal die vorigen Arten, aber doch zum Theil sehr schöne Abänderungen hervorgebracht haben; und mir folglich dünket, daß eine unfehlbare Fortpflanzung einer und derselben Art durch Kerne zu erfinden möglich sey, sondern auch die Analogie von Nüssen u. a. m. eine Vermehrung durch ächte Wurzelausläufer vermuthen läßt. Denn z. B. ein auf einen wilden Nußstamm gepfropftes Zellernußreis bringt gute Früchte hervor, alle Ausläufer der Wurzel aber bleiben wild; da hingegen die Wurzelausläufer eines Stammes, der von einem ächten Zellernußbaume abgesenket worden, durchaus wiederum ächt sind. Warum sollten nun Zweige von einem ächten Apfelbaume, die auf einem Stamme gewachsen, so viel Wurzelausläufer gemachet, wenn sie abgesenket würden, nicht eben auch wieder Triebe aus der Wurzel und zwar ächte von derselbigen Art machen? Jedoch da ich jetzt nicht eigentlich neue Vorschläge zur Vermehrung und Fortpflanzung guter Obstarten thun will, als wovon ich vielleicht ein andermal schon Beyspiele anführen kann, sondern mein Absehen gegenwärtig blos dahin geht: dasjenige, was ich in Ansehung näherer Kenntniß und Bestimmung der verschiedenen Unterarten jeder Hauptart von Obst, besonders fürs erste der Aepfel, zusammengetragen, zur Prüfung und Erweiterung bekannt zu machen: so muß ich nunmehr von Einrichtung dieser Sammlung oder projectirten System einige Nachricht ertheilen.

Man kann die gedachten Unterarten von Obst am besten unterscheiden, wenn man

1) den Baum selbst, dessen Aeste, Zweige, Rinde und ganzen Wuchs
2) dessen Laub oder Blätter
3) die Blüthe und
4) die Frucht desselben

genau untersuchet, und diejenigen Bäume, so in diesen vier Stücken die größte Uebereinstimmung und Aehnlichkeit mit einander haben, in eine Klasse bringt.

Es wäre zwar dieses eine sehr weitläuftige Arbeit, wenn man solche ganz von neuen unternehmen wollte, da aber doch einmal schon so vielerley Beschreibungen vorhanden sind, so könnte es demjenigen, der blos aus seiner Vorgänger Untersuchungen ordnen und Klassen machen wollte, weniger Mühe verursachen, wenn man nur allemal jeden Namen, den man einem Baume oder dessen Frucht gegeben, mit einer Anzeige dieser vier unterscheidenden Merkmale begleitet hätte; um denselben vor andern herausfinden zu können, oder wenigstens bemerket hätte: wie derselbe anderswo oder vorher geheißen habe. Aber darum ist es eines Theils denjenigen nicht zu thun gewesen, die sich mit dem

Verkaufe

Verkaufe der Obstbäume abgegeben. Vielerley schöne, prächtige, fremd oder sonderbar klingende Namen, davon oft einer und derselben Art, die sonst unter einem einzigen Namen bekannt war, nicht nur in verschiedenen Provinzen, sondern auch selbst an einerley Orte, mancherley beygeleget wurden, schienen ihnen mehr Käufer zu verschaffen, als wenn sie eben dieselben Sorten, aber unter weniger, jedoch wahren Namen feil böten. Und andern Theils haben diejenigen, so auch wirklich Beschreibungen herausgegeben, sehr selten diese viererley Kennzeichen jeder Arten vor Augen gehabt und mit erforderlicher Genauigkeit aufgezeichnet; oder sie haben solche auch wohl aus Mangel der Nachrichten nicht genau genug angeben können, wie es mir ebenfalls vielfältig ergangen ist.

Es sind aber diese Menge der Namen, die nicht allezeit Unterarten, auch nicht einmal Abänderungen von denenselben anzeigen, eine große Hinderniß für diejenigen, welche sich Obstkenntniß erwerben wollen; zumalen wenn sie, wie gedacht, ohne alle Beschreibung und Erklärung sind. Denn wer kann alsdenn errathen, zu welcher Unterart sie gehören, oder mit welchen andern sie gleichbedeutend sind?

Vor des Quintinye Zeiten waren in Frankreich, vergleichungsweise gegen jetzt, wenig Obstsorten und zwar mehrentheils jede nur unter einem Namen bekannt. Und im Grunde würden wir uns gegenwärtig nicht viel mehrerer rühmen können, wenn die Kernschulen allda, sowohl als in Holland und England, uns nicht gleichsam mit neuen Sorten, oder vielmehr Namen überschwemmet hätten. Jede Frucht, der neu aus Kernen gezogenen Bäume, mußte einen oder mehrere Namen haben, sie mochte nun entweder von der Frucht, dessen Abkömmling sie war, wenig unterschieden seyn, so daß der alte Name hätte bleiben können; oder, sie mochte weit schlechter als diese ausfallen, so daß sie gar nicht weiter vervielfältiget, wenigstens nicht als eine neue anzupreisende Frucht hätte sollen bekannt gemachet werden.

Die Carthäuser in Paris haben sich noch immer bey einer mäßigen Anzahl guter Sorten gehalten und nicht allzu viel neue Namen gegeben, oder von andern angenommen. Der Englischen neuen Sorten sind auch nicht allzu viel, oder sie sind wenigstens nicht sehr in deutsche Gärten hiesiger Gegenden gekommen. Aber die Französischen Baumhändler außer den Carthäusern und die Holländischen haben die Liebhaber außerordentlich mit neuen Namen zu locken gewußt. Die deutschen Obstgärtner überhaupt sind meines Erachtens, größtentheils eben nicht mit Vorsatz Namen-Erfinder geworden; dagegen aber in andere Fehler gefallen. Entweder haben sie die ausländischen Namen, beym Abschreiben in ihre Verzeichnisse, verstümmelt und dadurch, besonders durch wiederholtes fehlerhaftes Abschreiben *), nach und nach, ohne ihr vorsetzliches Verschulden, neue Namen erschaffen, oder sie haben in ihren Baumschulen nicht rechte Ordnung gehalten; so daß Sorten verwechselt und in der Folge Einerley mit vielerley Namen ist beleget worden: oder sie haben gar den Käufern, statt der verlangten Sorte, die sie nicht hatten, eine andere unter demselben Namen gegeben, die sie hatten, und also dennoch viele Verwirrung dadurch angerichtet.

Rechnet man nun auch die vielerley Provinzialnamen, die einigen Arten an verschiedenen Orten, seit langen Zeiten verschiedentlich gegeben worden, und die Ausartung guter ausländischer Sorten in einem andern Lande und schlechtern Boden, die man oftmals an der Frucht allein nimmermehr wieder für ebendieselbe erkennen würde, wenn man nicht andere Kennzeichen zu Hülfe nähme: so wird man wenig Ursache haben sich zu verwundern, daß es mit Beschreibung der Obstarten keine leichte Sache sey.

Wie schwer muß es also nicht dem geschicktesten Gärtner von Profession seyn, die Obstarten richtig



*) Dergleichen fehlerhaftes Abschreiben können auch die Gelehrten nicht allemal vermeiden. Z. B. in Zinks Sammlung wird Num. 37. der Atlas-Apfel abgebildet und Pomme Satin überschrieben, auf der 9ten Seite des Textes aber hat der Setzer statt eines S ein L ergriffen und Pomme Latin gesetzet. In Börners Stadt- und Land-Wirthschaft 1772. sind blos die Namen aus gedachter Sammlung ohne Beschreibungen abgedrucket, und also ist auch Num. 31. das fehlerhafte Pomme Latin geblieben, von D. Martini in der Geschichte der Natur 1776. aber, dieser Name gar übersetzet, und aus dem Atlas-Apfel, förmlich der Lateinische Apfel geworden.

richtig zu unterscheiden und zu benennen; und wie weit schwerer muß es nicht künftig werden, wenn es mit Anhäufung neuer Namen so fortgehen sollte als zeither. Denn da man insgemein verlanget, daß ein Gärtner alle die Hunderte der Namen von wilden und zahmen Bäumen, Stauden, Pflanzen, Kräutern und Blumen wissen soll, die nur irgend in einem Garten angetroffen werden können: so würde es ihm in der Folge gewiß, wenigstens in Ansehung der Obstarten fehlen, wenn ihm hierinnen nicht ein systematisches Verzeichniß zu Hülfe kömmt und die Namen-Erfinderey eingeschränket wird.

Es ist daher bey Zusammentragung dieses Werkes meine erste Sorge gewesen, alle Namen, die jeder Unterart von Obst, das heißt, denjenigen, die in Ansehung angezeigter vier Hauptmerkmale, sich unter einander genugsam unterscheiden, an verschiedenen Orten und von verschiedenen Pomologisten beygeleget worden, neben dem bekanntesten Hauptnamen anzumerken. Gleiches habe ich auch bey denjenigen Bäumen gethan, die ich als Abänderungen anderer erkannt und angenommen hatte, wenn sie verschiedene Namen führten. Die lateinischen Benennungen, oder vielmehr kurzen Beschreibungen der Naturkündiger in dieser Sprache, habe ich nicht sogleich beygefüget, weil sie mehr den Gelehrten als andern Obstliebhabern nutzen können, und dadurch nur die Menge noch mehr wäre vergrößert worden. Doch sind solche am Ende, so viel ich deren gefunden, nach den vorhergehenden Nummern, besonders aufgezeichnet worden, weil ich hoffe, daß auch einige Gelehrte meine Arbeit durchzublättern und zu berichtigen würdigen werden. Deutsche Namen, die gewisse ausländische Sorten, schon von andern erhalten, habe ich angeführet, mehrere aber auch dergleichen beyzulegen nicht für rathsam gehalten; da es statt größerer Aufklärung, nothwendig mehr Verwirrung anrichten muß, wie schon Münchhausen erinnert hat. Jeder Obstliebhaber wird z. B. wissen, was ein Parmain ist, er wird es aber vielleicht nicht bald errathen, ob derselbe gemennt sey, wenn er den Namen Birn- oder Abrahamsapfel findet; so ist es auch mit Parmain-Royal und Königsapfel, Haute Bontu und Schafsnase und dergleichen mehr. Ich habe also zwar den muthmaßlich ersten Französischen, Holländischen oder Engländischen Benennungen, eine Uebersetzung beygefüget, deren sich zu bedienen aber, blos alsdenn rathe, wenn gar kein Misverstand zu entstehen möglich ist. Solchergestalt deuchtet mir, kann man sicher statt Reinette grise, frauche etc. Grauer, Französischer Renett, schreiben, statt Fenouillet, Fenchel-Apfel u. s. w.

Wenn man die Unterarten von jedem Obste blos aus einem der angegebenen drey ersten Kennzeichen, oder aus Verbindung derselben mit einander, beurtheilen wollte, so würden nur wenig Klassen derselben herauskommen. In Ansehung des Wachsthumes, der Aeste und Zweige, wird man bey den Aepfeln kaum zehnerley antreffen, die sich dadurch sicher unterscheiden lassen, und mehrern Unterschied wird man auch an den Blättern nicht haben. Die Blüthen, wenn man sie nicht genau untersuchet, scheinen fast an allen Bäumen einerley zu seyn; es bleibt also fast nichts mehr als die Frucht übrig, von der man die gewissesten Merkmale des Unterschiedes hernehmen kann.

Da nun ohnedem die Beschreibungen der ersten drey Kennzeichen sehr mangelhaft sind oder mehrentheils gar fehlen, so nahm ich mir vor: bey meinem Zusammentragen hauptsächlich die Früchte zum Gegenstande meiner Abtheilungen zu machen, und weil wiederum die Form derselben sehr verschieden ist, so untersuchte ich sie deshalb auf das genaueste. Ich fand aber bey den Aepfeln:

1) Solche, die einerley Dicke und Höhe haben, und die ohne die Vertiefungen des Auges und der Stielhöhle, eine Kugel bilden würden, diese nannte ich runde.

2) Solche, die mit eben der Einschränkung wegen Auge und Stielvertiefung, einer, durch öfteres Umwälzen, auf ihrer Splintseite abgenutzten hölzernen Kugel glichen, deren Höhe also mehr als die Dicke beträgt, diese nannte ich elliptische.

3) Ferner fand ich andere, die ohne die berührten obern und untern Höhlen, wie ein Ey gestaltet, folglich ebenfalls höher als dicke sind, welche ich daher Eyförmige nannte.

4) Wieder andere haben bey ihrem zirkelrunden Durchschnitte parallele Seiten und verjüngen sich weder oben noch unten merklich, blos daß sie daselbst flach abgerundet sind, und ihre Höhe beträgt mehr als die Dicke; diese verdie-

verdienen meines Erachtens den Namen: Walzenförmige.

5) Eben dergleichen walzenförmige wie vorige, die aber dicker als hoch sind, und daher der Figur eines Holländischen Käse gleich kommen, nannte ich Platte.

6) Viele, und fast die meherslen, sind unten am Stiele dicke und werden gegen das Auge zu immer dünner, jedoch daß die untere Dicke mehr beträgt als die Höhe, so daß ihr Durchschnitt mit der, den Mathematikern sehr bekannten hyperbolischen Linie, viele Aehnlichkeit hat; diese nannte ich. Hyperbolische.

7) Einige haben fast eben dieselbe Figur als vorige, sind aber höher als dicke, und können also im Gegensatze mit jenen Parabolische genannt werden. Endlich

8) Finden sich auch Früchte, die keine der vorhergehenden Figuren haben, sondern bald bauchig, bald eingezogen, krumm, schief, verdreht u. dgl. m. sind; diese sollten Irregulaire heißen.

Bey fernerer Untersuchung fand ich, daß jede Art dieser Formen wieder dreyerley seyn könne, entweder 1) über und über eben, ohne alle Falten, Höcker oder Ribben, oder sie konnte 2) oben am Auge faltig, runzlich, oder mit Beulen versehen seyn, oder sie konnte auch 3) nicht allein am Auge, sondern überall bis an die Stielhöhle, uneben, höckerig, furchig oder ribbig seyn. Dieses würde vier und zwanzig, und wenn man die Unterschiede von Sommer- Herbst- und Winterfrüchten dazu genommen, zwey und siebzig, ja diese durch die Auseinandersetzung saurer, parfümirter, süßer rc. eine so vielfache Eintheilung gegeben haben, als fast überhaupt Fruchtarten wären. Es schien mir aber solches, theils an und für sich zu weit hergesucht, theils aber auch für einen Liebhaber und Gärtner zu weitläuftig zu seyn. Außerdem fühlte ich mich auch unter jetzigen Umständen der Sache nicht gewachsen. Ich änderte daher fürs Erste meinen Plan, ungeachtet er in der Folge sehr wohl ausgeführet werden kann, wenn erst mehrere zuverlässige Nachrichten vorhanden sind, und nahm nur drey Hauptabtheilungen an. Die Runden und Platten brachte ich zusammen und überschrieb diese Hauptabtheilung: Platte Aepfel; die Hyperbolischen blieben für sich; zu den Parabolischen aber nahm ich die Elliptischen, Ey- und Walzenförmigen; weil letztere doch selten ganz ohne Verjüngung gegen das Auge zu gefunden werden; und die Irregulairen schaltete ich da ein, wo es mir ihrer vorzüglichen Form wegen am besten dünkte.

Auf diese Weise erhielt ich blos dreyerley, der Form nach wesentlich unterschiedene Aepfel, wovon jede Abtheilung wieder drey Abschnitte hatte, die ich folgendermaßen ordnete und mit dabey gesetzten Buchstaben bezeichnete:

| | | |
|---|---|---|
| I. | A. | Platt und eben. |
| | Aa. | Platt, aber am Auge faltig. |
| | Aaa. | Platt, faltig, um und um ribbig. |
| II. | B. | Hyperbolisch, eben. |
| | Bb. | Hyperbolisch, am Auge mit Falten. |
| | Bbb. | Hyperbolisch, faltig und ribbig. |
| III. | C. | Parabolisch, eben. |
| | Cc. | Parabolisch, am Auge eckig rc. |
| | Ccc. | Parabolisch, ribbig. |

Außer diesen fanden sich aber noch Aepfel, von welchen zum Theil dieses oder jenes Merkmal des Baumes oder der Frucht bemerket war; zu welcher von den drey angenommenen Hauptformen sie aber eigentlich gehören möchten, blieb mir unbekannt. Ich verzeichnete sie also zuletzt unter dem Buchstaben D, und fügte ihnen die Namen der in Deutschland wild wachsenden und einiger ausländischen Aepfelbäume bey. Endlich ließ ich unter E alle die Aepfelnamen folgen, von denen ich gar nicht errathen kann, welchen Früchten sie zukommen sollen, oder von welchen andern Namen sie Synonymen seyn möchten.

Wenn ich indessen vorher gesaget, daß man wegen richtiger Eintheilung des Obstes in seine besondere Unterklassen, hauptsächlich auf die Frucht zu sehen habe, so ist es doch dabey keinesweges meine Meynung, die drey ersten Kennzeichen außer Acht zu lassen. Vielmehr halte ich dafür, daß es nothwendig sey, solche eben so genau und ausführlich, als die Frucht selbst zu beschreiben und darzustellen. Denn gesetzt, zwey Bäume hätten einerley Art zu wachsen und ihre Aeste und Zweige hervorzubringen, auch ihre Blätter wären einerley und blos die Früchte verschieden: so wären dies vorzügliche Merkmale, sie zu einerley Art zu rechnen, und nur eine Art Früchte für Abänderungen der andern zu erklären, z. B. bey dem rothen Pigeon und Jerusalem, den Sommer- und Winter-Calvillen, u. dgl. Wenn hingegen die Früchte von zween Bäumen dem Aeußerlichen und Innerlichen nach ziemlich übereinkommen, die Bäume an und für sich aber in ihrem Wachsthume, Zweigen, Blättern ꝛc. sehr verschieden sind, so läßt sich mit vielem Grunde behaupten, daß sie nicht von einerley, sondern von verschiedenen Arten sind, z. B. der Hirsenapfel und grüne Pigeon u. a. m. und man wird finden, daß sich dieser Unterschied, auch an der Frucht, wenigstens in der Größe oder in der Zeit der Reife zeiget. Sogar die Blüthen, ungeachtet sie, wie schon gedacht, bey Aepfelbäumen dem ersten Anschein nach fast alle einerley sind, können doch, wenn erst diesfalls mehrere Bemerkungen gesammelt sind, ein recht gutes Kennzeichen und zwar, wie überhaupt, so auch besonders für solche Bäume abgeben, die zum erstenmale blühen, oder von denen man noch keine Frucht gesehen hat; ob sie schon etlichemal geblühet haben. Denn sie unterscheiden sich genauen Beobachtern im Grunde recht sehr durch ihre Größe, sowohl in Ansehung der ganzen Blume, als der einzelnen Blätter; durch ihre mehrere oder wenigere Röthe, und ob solche strich- oder fleckweise, einerley, hart oder verwaschen ist; durch ihr weniges und völliges Aufblühen; durch die Lage ihrer fünf Blätter: ob sie alle einzeln, von einander entfernt, dichte an- oder gar über einander liegen, u. dgl. m. Auch die einzelnen Blumenblätter selbst sind verschieden, einige vorn breit rund und gegen den Kelch schmäler, andere elliptisch, spitz, gefalten u. s. f. Besonders habe ich angemerket, daß diese einzelnen Blumenblätter edlerer Aepfelarten an den untern Rundungen auf beyden Seiten mit einer Art von Einziehung (Trochilus), schlechtere aber blos karniesförmig (vti Cymatium Lesbium) nach ihrem Stiele ablaufen oder sich endigen; wie ich in der Kupfertafel Num. 1 und 2 mit aa und bb angedeutet habe, und wünschte, daß man solches weiter untersuchen möchte.

Daher habe ich auch nichts außen gelassen, was ich von den mehrerwähnten drey ersten Kennzeichen aufgezeichnet gefunden; ungeachtet ich dabey nicht so weitläuftig gewesen, als bey der Frucht selbst, von der ich allein zehnerley unterscheidende Merkmale zusammenzubringen gesuchet habe. Allein weder bey dem letztern, noch bey den drey erstern Kennzeichen hat es mir glücken wollen, solche bey allen meinen gesammelten Arten anführen zu können. Mehrere derselben als geschehen, ich gestehe es, hätten bereits mit meinen eigenen Bemerkungen ausgefüllet werden können. Allein, da ich allen nochmaligen Irrthümern möglichst vorbeugen wollte, so habe ich solche nur da eingeschaltet, wo ich von der Richtigkeit derselben völlig überzeuget war. Da aber meine Obstgärtnerey nur erst seit zwanzig Jahren, und mein Nebenwerk gewesen, ich auch selbst nicht den dritten Theil der in meinen Sammlungen angesetzten Birnen, Aepfel und andern Obstarten angepflanzet, und diese noch nicht alle tragbar gewesen; ja ich bey vielen, die schon Früchte geliefert, noch zweifelhaft habe bleiben müssen, ob es wirklich die Arten sind, unter deren Namen ich sie erhalten habe; überdem sich hier, aus bereits angeführten Ursachen, mit Aepfeln und Birnen nicht so viel Bekanntschaft in andern Gärten machen lies, als es wohl mit einigen der übrigen Obstarten angegangen: so habe ich zu viel Schüchternheit gehabt, solche sämmtlich mitzutheilen, und durch einige derselben, vielen ältern und geschicktern Obstkennern zu widersprechen. Ich will vielmehr erst selbst von ihnen und andern mehrere Belehrung erwarten, um durch Vergleichung gedachter meiner Bemerkungen etwas Richtigeres und Vollständigeres zu liefern, als Gegenwärtiges ist. Indessen sollen meine Anmerkungen hoffentlich Anlaß geben, Eins und Anderes genauer zu untersuchen, und die Pomologie mehr und mehr zu berichtigen.

Dieweil nicht zu vermuthen ist, daß alle diejenigen, so Lust und guten Willen genug haben möchten, durch ihre Kenntnisse meinen Plan vollkommener zu machen, auch eben die Schriften aller derjenigen, die vom Obste gehandelt haben, nachzulesen sich die Mühe geben wollten (wie mir denn selbst zum Nachschlagen und Vergleichen noch viele mögen gefehlet haben); gleichwohl nichts verbessert werden kann, wenn man nicht weis, wo gefehlet worden

worden ist? auch nichts hinzugesetzet werden kann, wo das Mangelnde nicht bekannt ist: so habe ich mit möglichster Kürze, deren ungeachtet es doch mit Weitläuftigkeit verbunden ist, nach den angezeigten Buchstaben unter 190 Nummern alles zusammengetragen, was mir aus Beschreibungen und andern Nachrichten der Pomologisten, von jeder einzelnen Unterart oder Abänderung der Aepfel bekannt geworden ist; damit alles, was zeither davon bemerket worden, sogleich übersehen und beurtheilet werden könne. Die völligen Namen dieser Schriftsteller vom Obste hierbey allemal anzuführen, würde abermals neue Weitläuftigkeit erfordert haben; ich habe also solche nur mit einigen Buchstaben angedeutet, und um diese verstehen zu können, will ich die Schriften anführen, aus denen diese systematische Sammlung entstanden, und dabey bemerken, durch was für abgekürzte Namen oder Buchstaben sie angedeutet worden.

Io. Ruellius de natura stirpium, Paris. 1536. fol. ist angedeutet durch Ruell.

Val. Cordi Historia stirpium, Tiguri 1561. Cord.

Io. Bauhini Historia plantarum vniuersalis noua. Ebroduni 1650. fol. IB.

Casp. Bauhini Pinax. Bas. 1641. 4to. CB.

Io. Ionstoni Historiae naturalis de arboribus et plantis, libri X. Heilbr. 1668. fol. I.

Elsholzens neuangelegter Gartenbau &c. Leipzig 1715. fol. Elsh.

Heinrich Hessens Gartenlust. 1690. 4. HH.

den Französischen Tractat aus vorigem Jahrhunderte: Instruction pour connoitre les bons fruits, etc. der von Elsholz und Hessen angeführet wird, habe nicht bekommen können.

Instruction pour les jardins fruitiers et Potagers par de la Quintinye. a Amsterdam 1697. 4. Q.

Menzelii Lexicon plantarum polyglottum vniuersale. Berol. 1715. fol. Menz.

De Neederlandsen Hof, en Register van alle de Sorten der voornaamste Vrugten, door Hendrik van Oosten, Leyden 1703. 8. vO.

Raii Historia plantarum in III. Tomis. London 1704. ist angedeutet durch Ray.

Tournefort Institutiones rei herbariae. 1705. 4. Tf.

Webers gründliche Einleitung zum Gartenbau. Hamb. 1727. 4. W.

Sorten van Peeren en van Appels op Schmithousen. 1737. Pk.

ist eine mir von dem jetzigen Königl. Preuß. Planteur Pelkmann zu Königshorst mitgetheilte Handschrift, wobey einige Beschreibungen und Anmerkungen sind.

Io. Iac. Weinmanni Phytotoxa-ichnographia. Regensb. 1735–1745. fol. Wm.

Ph. Millers Englisches Gartenbuch oder Gärtnerlexicon, nach der Uebersetzung D. Huths. III Theile. Nürnb. 1750. fol. Mil.

Möller Beschreibung der besten Arten von Kernobst. Berlin 1759. 4. Möll.

Knoops Pomologie oder Beschreibung und Abbildung der besten Sorten Aepfel und Birnen, übersetzt von D. Huth. Nürnb. 1760. I. Theil. fol. Kn.

Dieser Pomologie II. Theil, so aus des Consistorialrath Zinks Sammlung entstanden. Nürnb. 1766. fol. Z.

Almanach der Hoveniers, door C. S. A. v. L. Amsterdam 1762. 8. vL.

Car. Linnaei: Species Plantarum. Tom. I. edit. 3. Vindobonae 1764. Linn.

L'Art de cultiver les Pommiers, les Poiries et de faire de Cidre etc. par Mr. le Marquis de Chambray. a Paris 1765. 8. Chambr.

D. J. Gottl. Gleditsch, vermischte Physikalisch-Botanisch-Oekonomische Abhandlungen. III. Theil. Halle 1767. 8. Gl.

Catalogue des Arbres à fruit etc. des Peres Chartreux de Paris. a Paris 1770. 8vo. Ch.

Der Hausvater des Herrn von Münchhausen, I. und folgende Theile. Hannover 1771. Mh.

Henne's Anweisung, wie man eine Baumschule im Grossen anlegen und gehörig unterhalten soll. Halle 1773. H.

Du Hamel de Monceau Traité des arbres fruitiers, nach der deutschen Uebersetzung zu Nürnberg 1775 u. f. Jahre. 4. ist angedeutet durch D.H.

Onomatologia botanica completa, VII. Band. Frankf. und Leipz. 1775. von Gmelin. Gm.

Nachricht und Beschreibung von verschiedenen Obstsorten, welche in der Niederlausitz erbauet werden. II. Stück. Friedrichsstadt. Hf.

(Batty Langley, Pomona, or the fruit garden illustrated. London 1729. fol. so in Beckmanns deutscher Landwirthschaft oft angeführet wird, habe ich nicht erhalten können.)

Die übrigen Schriftsteller, die nicht so oft vorkommen, als Ioh. Camerarius, Duhuron, Dillenius, Dodonaeus, Gesnerus, Mappius, Stephanus etc. habe ich mit ihren Namen ganz ausgeschrieben; diejenigen aber, besonders neuere, so die vorigen blos wörtlich abgeschrieben, überhaupt anzuführen unterlassen.

Ausser diesen Abkürzungen der Namen habe ich mich auch zu Ausdrückung der Maaße, sonderlich bey den Blättern, Blüthen, Früchten und deren Stielen öfters des mathematischen Zeichens (") bedienet, welches Zolle bedeutet, auch nicht allemal dazu gesetzet: breit, hoch rc., sondern diese Wörter weggelassen, und bey der Fruchtgröße die Breite oder Dicke zuerst und daneben die Länge oder Höhe gesetzet, dergestalt, daß z. B. 3", 2½", so viel bedeutet als: die Frucht ist 3 Zoll dicke und 2½ Zoll hoch.

Wegen der, bey genannten Schriftstellern vorkommenden Widersprüche, in Ansehung der Beschaffenheit der Früchte und des Maaßes überhaupt, erinnere ich: daß es nicht allemal offenbare Widersprüche sind, wenn Französische, Englische, Holländische und Deutsche Bemerker wegen der Farbe, des Saftes, Geschmacks und der Güte, bey verschiedenen Obstsorten nicht übereinstimmen; weil der Himmelsstrich, Boden, Art der Pflege u. s. w. und selbst in jedem dieser Länder, gebirgige und ebene Gegenden, hierinnen einen großen Unterschied zuwege bringen, auch auf die für Lieblingsfrüchte angenommenen, bey gewissen Nationen zu rechnen ist. Die Unterschiede im Maaße können vermieden werden, wenn man sich allemal des, in Deutschland durchgehends bekannten Rheinländischen Maaßes bediente, welches, wenn es blos Zolle anbetrifft, mit dem Königl. Französischen oder Pariser Maaße fast einerley ist; wenn man ferner bey den Blüthen insonderheit den richtigen Durchschnitt einer ganzen, völlig aufgeblüheten Blume zuerst, sodann aber die Breite eines jeden Blüthblattes und dessen Länge von oben bis an den Absatz, wo sich dessen Stiel anfängt, genau bemerkte; allenfalls auch die Länge des Blumenblattstängels vom Absatze an, bis in den Kelch beyfügte.

Nachdem ich die Anordnung der Fruchtbäume, die sich hauptsächlich auf ihre Fruchtform gründet, zuerst meines eigenen Gebrauchs wegen so zu Stande gebracht, wie ich sie nun, so viel die Aepfel betrifft, dem Publicum vorlege: so blieb ich zweifelhaft, ob sie, gesetzt es würde dieselbe gänzlich vollständig und richtig, auf eben die Weise auch den mehresten Kennern gefallen möchte, und ob nicht eine andere Ordnung deutlicher, schicklicher und besser seyn würde? Ich machte daher noch verschiedene andere Plans von Klassificationen. Allein da, wie schon gedacht, noch viel zu wenige und richtig unterscheidende Merkmale von den Bäumen selbst und ihrer Verschiedenheit, desgleichen von den Blättern und Blüthen angegeben sind; als daß man daraus den Entwurf eines Systems machen könnte: so mußte ich immer wieder bey der Frucht stehen bleiben. Ich übergebe indessen unter dem Buchstaben F, hinten am Ende, zu mehrerer Beurtheilung einen dergleichen Entwurf, in welchem nicht auf die Figur oder Form der Frucht, sondern blos auf die Beschaffenheit der Haut und ihres Saftes und Fleisches gesehen wird. Ich zweifele aber, ob er bey aller zu erhaltenden Ausführlichkeit, eben so deutlich und unterrichtend werden könne, als es der seyn wird, wo man die Unterscheidungszeichen hauptsächlich von der Form der Frucht hernimmt.

Da ich hiernächst bedachte, daß Vielen, besonders denenjenigen, die nicht Zeit, Neigung oder

oder Gelegenheit genug haben, die Bäume nach ihrem Wachsthume rc. genau zu untersuchen, oder auf besondere Eintheilungen der Früchte viel Mühe zu verwenden, die sich aber doch allenfalls von dem Unterschiede der Formen leicht unterrichten können, und blos bey dem Genusse der Früchte, wenn der Geschmack untersuchet wird, wissen wollen, von welcher Art sie sind, und wie sie heißen? Da ich bedachte, sage ich, daß diesen noch eine anders eingerichtete Klassification angenehm seyn möchte, so habe ich auch dergleichen unter dem Buchstaben C am Ende entworfen, wo man nebst den Farben der Haut, zugleich die Form, Größe, Güte und Eßbarkeit findet. Ich halte dafür, daß letztere insonderheit dem schönen Geschlechte nützlich seyn kann, und es scheint mir möglich, daß ich mich damit nicht allein bey demselben verdient machen, sondern zugleich auch wieder von ihm für mein Unternehmen allgemeine Vortheile erhalten kann. Denn gesetzt, eine dergleichen Anordnung, Klassification, System, oder wie man es sonst nennen will, gäbe (wenn es vorher in Beriocken-format abgedrucket wäre) Gelegenheit, daß die Schönen solches beym Nachtische durchsähen, die aufgesetzten Früchte darnach prüften, vielleicht in freundschaftliche Streitigkeiten und Aufklärungen unter einander übergiengen, und dadurch nicht allein mehr unterhaltende Gespräche, sondern auch wohl dazu veranlaßten, daß die Obstkunde überhaupt in größere Achtung käme; oder daß vielleicht junge und alte Herren von der Gesellschaft aufgefordert würden, an Verbesserungen zu denken und neue richtigere Auflagen eines solchen lehrreichen systematischen Büchleins zu befördern. Wie viel Vortheil wäre daher nicht für mich zu erwarten!

Dieses wäre also eine kurze Vorstellung meiner Absichten bey Zusammentragung und Anordnung der auf folgenden Bogen befindlichen Materie. Es kann solche, wie ich mehrmalen gesaget, nicht anders als sehr unvollständig ausgefallen seyn; weil es gewissermaßen ein ganz neues Gebäude werden soll, an dessen Errichtung diejenigen, so Materialien dazu geliefert, nicht gedacht haben; und das daher seiner jetzigen Unvollkommenheit ungeachtet, Schwierigkeiten genug gekostet hat. Ich schmeichele mir aber, daß man den guten Willen indessen annehmen und so billig seyn werde, von einem Menschen nicht mehr zu fordern, als er zu leisten im Stande ist. Trifft meine Hoffnung ein, daß sich in Ansehung des Obstes, mit mir gleichdenkende Liebhaber von Ordnung und Deutlichkeit finden, die mich mit gutem Rath und zuverläßigen Nachrichten unterstützen: so verspreche ich, alle meine Kräfte und Kenntnisse anzuwenden, um in kurzer Zeit etwas, wo nicht ganz vollständiges, doch ein solches System zusammenbringen zu können, in welchem entweder bey allen vorhergedachten vier und zwanzig, oder doch bey den jetzt angenommenen neun Hauptklassen die gehörigen Unterabtheilungen, in Ansehung der Größe, Reife, des Geschmackes rc. möglichst genau beobachtet seyn sollen, und welches aufs allerwenigste dazu dienlich ist, daß künftig kein Eigennütziger sich unterstehen kann, neue Namen zu verbreiten, und die darunter verstandenen Arten für etwas Besonderes auszugeben, wenn er nicht zugleich eine genaue Beschreibung seiner neuen Frucht beybringt, und anzeiget: zu welcher in dem System aufgezeichneten Art sie gehöret, und worinnen eigentlich die Abänderung besteht. Käufer können ihn sodann beym Worte halten, und werden nicht nöthig haben, ohne vorher gewiß zu wissen, was sie bekommen sollen, blos neu erfundener Namen wegen ihr Geld für Sorten auszugeben, die sie vielleicht schon unter andern Namen besaßen, oder gar ausgestoßen hatten. Und erreiche ich nur dieses, so werde ich mich für reichlich belohnet achten.

Ein Register schien nicht überflüssig zu seyn, ungeachtet das Ganze selbst wie ein bloßes Register aussieht. Die alphabetische Ordnung der Namen wird bey der Menge zum Nachschlagen nothwendig seyn, und außerdem kann es einen allgemeinen Katalog aller bekannten Aepfelnamen vorstellen.

Zuletzt wird meinen Lesern auch das Format und die Einrichtung des Druckes nicht mißfallen. Es war bey aller reiflichen Ueberlegung nicht wohl möglich, ein anderes Format, als dieses ordinär Folio zu wählen; weil die Tabellen für jede andere Einrichtung des Druckes unbequem ausfielen. Hier aber hat der Leser jegliche Tabelle fast im Ganzen vor sich, und so wenig getrennt, als es nur hat seyn können. Man stand lange an: ob die Anmerkungen über die im Texte befindlichen Hauptnamen der Aepfel, lieber insgesammt hinter den Text der Tabellen, als unter selbige gesetzet werden sollten. Endlich erwählte man, des Zusammenhanges wegen, das letzte, und ließ sie alle mit den Tabellen fortlaufend drucken. Die Spalten der Tabellen, und die in ihnen gehäuften Gegenstände, erforderten einen etwas kleinern Druck, der sich, wegen des darinnen befindlichen Lichtes, gleichwohl noch gut ausnimmt. Aber zu den Anmerkungen zog man doch lieber einen etwas gröbern Druck vor, um schwächern Augen auch da zu statten zu kommen, wo alles dicht in einander gesetzet ist. Kenner von guter Einrichtung der Druckarbeiten, haben geglaubet, daß eine bessere für dies Werk nicht wohl zu veranstalten wäre. Ich will es so annehmen, und hoffen, daß der Leser damit zufrieden seyn werde.

# Anlage

zu einer

# Systematischen Pomologie

## Erster Theil

## von den Aepfeln.

| Name der Hauptart und Vaterland. | Abänderungen dieser Hauptarten. | Gleichbedeutende Namen beyder Arten. | Beschaffenheit des Baums an sich selbst. | Das Laub oder die Blätter u. deren Stiele. | Die Blüthe und deren Blätter. |
|---|---|---|---|---|---|
| A. Platt und glatt ohne Ecken u Ribben. | | | | | |
| 1. Borstorfer. — Deutschland. | — — — | Winter-Borstorfer Z. N. 63. Reinette batarde H. Borstorper Kn. Witte Leipsiger Renette batarde Kn. Masanke oder der Meißnische Hl. nämlich in Böhmen. Später Borstorfer Elsh. Rubinapfel Wm. 704c. Bostapple from Hannover. Knorr. | Hat sperrhaft Holz und weit auseinander stehende Zweige; Mh. welche dünne sind und eine Neigung haben zur Erde zu hangen. Die Triebe sind auch sehr dünne und kurz, kaum 6 Zoll lang, ziegelroth mit Puncten und wie mit Schimmel beständt, die Augen dicke und deren Träger gut hervorstehend. H. | Ein Blatt 3 Zoll lang, 1½ bis 2 Zoll breit, oben dunkelgrün u. sehr glänzend, unten blaßgrün, meistens oval, am Ende ein wenig stumpf oder rund, nicht stark, aber regelmäßig gezahnt, stehen ziemlich weit aus einander. Der Stiel ist 1 bis 1½ Zoll lang. H. | Die Blüthe öffnet sich nur halb, ist fast kugelrund, von außerordentlicher Röthe, und kömt nicht eher, als bis die andern Apfelbäume schon verblühet haben. H. |
| | 1 Zwiebel-Borstorfer. | Zipollen-Apfel Mh. Kantjes-A. Kn. Elsh. Kaasjes-A. Kn. Zieppel-Appel Kn. Pletje-A. Pl. Look-A. Pl. Reinette platte Z. N. 64. Saure Schyver, vO. dubb vL. Schiev- oder Scheiben-Apfel M. | wird sehr stark, groß und tragbar Kn, ja recht wundersam tragbar Mh. | — — — | — — — |
| | 2 Soete Kantjes-A. Kn. | Soete Zieppel-A. Kn. Soete Schyvert vO. Soete witte Schyvert vL. | von gutem Gewächs und ziemlich tragbar Kn. | — — — | — — — |
| | 3 Schwarzer Borstorfer. | Pomme noire Z. N. 90. Mh. III. 313. Pomme noire D.H. Pomme d'Enfer ou noire H.H. | — — — | — — — | — — — |

Borstorfer. Daß ich den Borstorfer, oder Borsdorfer, zum Ersten in meinem Apfelverzeichnisse mache, bewegt mich: seine Gestalt, seine Größe und — daß er ein deutscher Apfel ist. Seine Gestalt oder Form ist platt, das heißt, wie ich mich schon vorher erkläret: dessen Höhe ist entweder der Breite gleich oder noch geringer, und er wird gegen das Auge zu nicht merklich dünner als unten am Stiele. Der Größe wegen gehört er unter die kleinen; denn ob man wohl zuweilen Stücke antrifft, die beynahe 2½ Zoll breit und nicht viel weniger hoch sind, so hat man doch auch dergleichen, die nur 1½ bis 1¾ Zoll breit und ohngefähr 1½ Zoll hoch sind. Letztere, nämlich die kleinsten, pflegen insgemein die besten von Geschmack zu seyn, und sich am längsten gut zu erhalten, ungeachtet man in Leipzig zum auswärtigen Versenden das Schock der größten sehr oft drey- bis viermal theurer bezahlen muß, als von den kleinern.

Sein Vaterland ist wohl ohne Zweifel Deutschland, und wahrscheinlicher Weise Chursachsen; ob aber Borsdorf bey Meißen, oder Borstorf bey Leipzig, dessen wahrer Geburtsort sey, will ich nicht bestimmen. So viel weis ich mich zu erinnern, daß ich schon 1739 bey einer Reise von Leipzig nach Dresden, in dem 1½ Meile vom erstern Orte entlegenen Dorfe Borsdorf, eine große Menge dieser Art Bäume von ziemlichem Alter und recht schönem Wuchse, voll von Früchten, angetroffen, und daß mich die Einwohner versichert: dieser Ort wäre das wirkliche Stammhaus des berühmten deutschen Borstorferapfels.

Ob Webers Nachricht S. 124 gegründet ist, daß er schon bey den alten Niederdeutschen bekannt gewesen, und daß sie ihn deswegen Borst- oder Brustapfel genennt, weil er gebraten der Brust sehr zuträglich sey, wäre näher zu untersuchen; auch will ich andern zu beurtheilen überlassen: ob ihn die Franzosen deswegen aus Unwillen Bastard-Renette nennen, weil er in ihrem wärmern Klima nicht derselbe Apfel werden will, der er in Deutschland ist, wie Henne anführet. Allein die Ausartung eines in Deutschland gewesenen Borstorfers zu einem Postophe in Frankreich, wie der Uebersetzer des Dü Hamel II Th. S. 18 vermuthet, Hk. aber II St. S. 56 versichert, kömmt mir gänzlich unwahrscheinlich vor; da bey dem letztern so wenig in der Figur, als in der Farbe, Größe und im Geschmacke, die allergeringste Aehnlichkeit mit einem Borstorfer anzutreffen. Weit größere Wahrscheinlichkeit möchte es meines Erachtens haben, wenn man sagte: der Drap d'or, den Hk. vom Englischen Gold-Pipping abstammen läßt, und der gelbe Courtpendu des D.H. wären Abkömmlinge des Borstorfers in Frankreich, da sie viel größere Aehnlichkeit mit demselben haben, Quintinye von beyden letzten Aepfelarten nichts erwähnt, des Golden-Pippings aber III Th. S. 202 ausdrücklich gedenkt, und ihn nach seiner wahren Beschaffenheit beschreibt, ohne von einer Ausartung etwas zu wissen.

Das Wachsthum dieses Baumes ist unstreitig sehr langsam, und richtig, daß einige zwanzig

| Fruchtgröße. | Fruchtlange. | Fruchtstiel. | Farbe und Beschaffenheit der Haut. | Fleisch. | Saft. | Geschmack und Geruch. | Kernen und Kernhaus. | Zeit der Reife. | Güte und Werth. |
|---|---|---|---|---|---|---|---|---|---|
| 2 Zoll lang 1½ Z. breit M. 2¾, 3½ Kn. 2¼, 2½ D. einige werden auch noch größer M. | in einer glatten geraumen Vertiefung H. | dünne, 1 Zoll lang, in einer glatten weiten Höhle H. | sehr fein und glatt, an einer Seite schön roth, an der andern hellgelb, oft mit braunen Warzen oder Pocken, auch einzelnen grauen Flecken H. Einige haben; besonders auf der rothen Seite, stellenweis ein graues erhabenes Renettenartiges Gewebe. M. | weiß, derb, doch ungemein zart und mürbe H. | süßsäuerlich gewürzhaft H. | sehr gut, aber unvergleichlich M. | vollständig, gesund, bis 11 aufeinander in einem engen, harten pergamentartigen Gehäuse H. | Vom Anfange des Decbr bis mit dem Jänner H. | ist zu Compots, Muß, Braten, Backen rc. auch zum roh Essen bis nach dem Jänner gut, hernach wird er mehlig und taugt nur noch zum Kochen. H. Pl. Mh. M. |
| — | — | — — | — | — | — — | — | — — | | |
| 2½ Z. breit 2¼ Z. hoch Kn. | in einer weiten glatten tiefen regulären Aushöhlung. | — — | an einer Seite über und über schön roth, an der andern gelb, hier und da, sonderlich um Auge und Stiel, mit braunen Flecken und Streifen, wie die Renetten. Kn. auch oft mit Warzen. Mh. | fest Kn. fast wie des Borstorfers Z. | viel Saft, aber doch nicht so fein als des vorigen Kn. | angenehm Kn. | — — — | Jänner u. Febuar Z. Kn. | ist ein trefflicher Apfel fürs Gesicht, und für den Geschmack auch gut, besonders wird er als ein guter Kochapfel sehr geachtet. Kn. |
| — — | — | — — | — | — | | | | | |
| nicht so platt, als voriger Kn. | — — | — — | wie vorhergehender Kn. | — — | fein und süße Kn. | — — | — — | — — | ist ein guter süßer Kochapfel Kn. |
| 1⅞" breit 1½" hoch D.H. 2½", 2". Z. | stehe ganz flach D.H. | ⅞" lang, dünne, in einer glatten, seichten Höhlung D.H. | glatt, glänzend; an der Sonnenseite violetbraun, fast schwarz, an der andern heller mit sehr kleinen gelben Puncten. D.H. | weiß, unter der Haut etwas schwach roth gefärbt, nicht so fest als am Apf. D.H. unter der Schale fein grünlich Z. | süße, frisch D.H. fällt ins sauere Z. | fast ungeschmack und ohne Geruch D.H. schlecht Z. | klein, violetbraun, aber nicht so dunkel als die Schale des Apfels D.H. | dauert sehr lange D.H. bis Febr. rc. Z. | ist mehr etwas sonderbares, als nutzliches, Z. bekommt auch leicht faule Flecken. Z. |

Jahre vergehen, ehe man einen etwas ansehnlichen Stamm und Krone davon hoffen darf, auch mit der Tragbarkeit dauert es lange, einige wenige haben bey mit im sechsten Jahre nach dem Oculiren auf Kernstämme Früchte gehabt, die aber nachher in drey folgenden Jahren nicht wieder trugen.

Hochstämmig ist er am besten, doch muß man ihm, wenn er in einem Garten nicht gar zu sehr von andern Bäumen unterschieden seyn soll, bey Zeiten die untern Aeste wegnehmen und die andern in die Höhe zu leiten suchen, außerdem wachsen die Triebe nach unten zu, und erreichen endlich die Erde.

Niederstämmig, besonders Fächerweise, läßt er sich aber auch recht gut ziehen, wenn er auch schon auf Kernstämme gepfropfet ist. Man muß ihm nur in der Breite viel Raum lassen, die Mutteräste nicht zu wagerecht, sondern nach einem schiefen Winkel von 45 Grad anbinden, und nur die an den vordern und hintern Seiten zu weit hervorwachsenden Zweige anfangs wegnehmen. Er wird übrigens, seiner kurzen Triebe wegen, wenig Beschneiden erfordern, und eben sobald tragbar werden, als ein hochstämmiger.

Nach H. Anführung fangen nach dem Januar die Kerne in diesem Apfel an, auszukeimen; ich habe es nicht eher bemerken können, als bis er schon einige Zeit faul gewesen.

Knoop liefert auf der zehnten Platte nach der deutschen Uebersetzung eine Abbildung von diesem allgemein bekannten Apfel, die aber nur nach einem ausgesuchten Stücke muß gemachet seyn. Denn die wenigsten sehen diesem ähnlich. Die in der Zinkischen Sammlung N. 63 ist so, wie alle andere in derselben, nämlich elend. Der Verfertiger muß weder Zeichnen noch Malen verstanden haben, oder sie sind bey dem nochmaligen Abzeichnen verunglückt.

Zwiebel-Borstorffer oder Scheiben-Apfel. Unter die Abänderungen oder Varietäten des Borstorfers habe ich zuerst den Zipollen- Schiebe- oder Scheibenapfel, den ich auch für einen ursprünglich Deutschen halte, gerechnet. Er ist in vielen Provinzen Deutschlands, obgleich unter verschiedenen Benennungen, sehr gemein, und ob er schon das Feine und Angenehme des Borstorfers nicht völlig erreichet, so ist er doch meines Bedünkens ein sehr guter Apfel.

Knoop giebt auf der siebenten Platte von demselben eine Abbildung; es ist aber der Rand an der Vertiefung um das Auge zu scharf und zu steil. Alle, die ich gesehen, hatten eine Aushöhlung, die von einer sanften nach und nach ablaufenden krummen Linie entstand.

Zinkens Abbildung N. 64 ist gerade das Gegentheil von dem, was man schön fürs Auge nennt, welches doch diesem Apfel gewiß zukömmt.

Süßer. Den süßen Scheibenapfel kenne ich nicht weiter, als aus Kn. Beschreibung.

Schwarzer. Den schwarzen, so genannten Borstorferapfel aber, habe ich gesehen und versuchet, jedoch nicht den



gering-

| Name der Hauptart und Vaterland. | Abänderungen dieser Hauptarten. | Gleichbedeutende Namen beyder Arten. | Beschaffenheit des Baums an sich selbst. | Das Laub oder die Blätter u. deren Stiele. | Die Blüthe und deren Blätter. |
|---|---|---|---|---|---|
| A. I. Borstorfer. — Deutschland. | 3 Schwarzer Borstorfer. | Kohl-Apfel Wm. 706. Langer Kohl-A. Gm. 152 K. | | | |
| | 4 Vroege-Borsdorper. | Langsteligte Borstorper Kn. Früher Borstorfer Eich. | — — — | — — — | — — — |
| | 5 Sommer-Borstorfer. | Z. N. 18. — | — — — | — — — | — — — |
| | 6 Wilder Borstorfer. | Z. N. 54. — | trägt fleißig Z. — | — — — | — — — |
| II. *Neiguin* — Kn. angeblich England N. Hov. | — — — | — — — | hat gut Holz-gewächse, wird groß und trägt stark. Kn. | — — — | — — — |
| III. *Vrai Drap d'or* D.H. Frankreich. | — — — | H. C. — — | stark, tragbar, die Triebe gerade, mittelmäßig dick und lang, dunkelbraunroth, im Schatten aber gründlich und getüpfelt; die Augen breit u. kurz, die Träger nicht weit vorstehend. D.H. | Ein Blatt 4" l. 2½" br. mit großer, tiefen rundlichen Zahnung, die nochmals leichte gezahnet ist, die Ribbe macht unten einen Bogen, und der Stiel ist ½ Zoll lang. D.H. | 1½" ist der Durchschnitt, ein Blatt ½ und ½ Z. außen schon roth gefleckt, inwendig aber roth vertrieben. D.H. |
| | 4 Drap d'or D.H. Kn. | Reinette drap d'or Kn. Caracter-Appel Kn. Pomme de St. Julien ou P. de Julien, en Normandie D.H. Embroidered-Apple Mil. Goldgestickter Apfel. | wird mittelmäßig groß Mil. sonst wie der ächte Drap d'or D.H. | — — — | — — — |
| IV. *Golden Pippin.* England. Mil. | — — — | Goulden Peppin Q. Pomme d'or D.H. C. H. Reinette d'Angleterre D.H. C. H. Peppin d'Angleterre Z. Peppin non pareil Z. Ht. Pepin H. N. VIII. Little Pepping Kn. Goud-Appel Kn. Goud-Pepping Kn. Gulden Pepping Kn. Goudelings Pepping Kn. vL. vO. | von mittlerer Größe, fruchtbar, die Triebe sind dicke, lang, etwas dunkelröthlich braun, mit dicker Wolle bedeckt und mit großen Puncten stark getüpfelt. Die Knospen sind sehr kurz, die Träger breit, nicht weit vorstehend, D.H. und dicht aneinander, H. er trägt nicht allein viel, sondern auch sehr früh. W. | Die Blätter sind 1½ Z. lang, 1½ Z. breit, dunkelgrün, an beyden Enden spitz, die Zahnung fein, ordentlich, spitz, und nicht sehr tief. Der Stiel 1 bis 1½ Zoll lang. D.H. H. | 1⅝ Zoll ist der Durchmesser der Blüthe, ein Blatt ¾" lang ½" breit, dabey stark ausgehöhlt, am Ende geründelt, außen sehr dunkelroth gefleckt, innen roth verwaschen. Der Stempel ist fast noch einmal so lang als die Staubfäden, und öffnet sich überhaupt schlecht D.H. fast wie bey den Borstorfern H. |

geringsten Reiz empfunden, einen dergleichen Baum in meinem Garten zu haben. Ich muß hierbey anmerken, daß ich der anscheinenden Widersprüche ungeachtet, welche sich zwischen dem deutschen schwarzen Borstorfer und dem Pomme noire des D.H. in Ansehung des Fleisches und Geschmackes finden, dennoch beyde für einerley halte. Denn dergleichen Ausartung oder Abwechselung ist sehr wohl möglich, und da D.H. keine besondere Abbildung gegeben, so ist wahrscheinlich, daß er ihn selbst nicht gesehen, sondern seine Nachrichten von andern erhalten; es wird also dieserhalb um mehrere Aufklärung ersuchet.

Kohl-Apfel. Den Kohlapfel finde ich von Weinmann, und einen langen Kohlapfel von Gmelin angeführet. Ersterer giebt eine Abbildung, die recht fürchterlich aussieht; nach derselben ist er viel größer als die zuvorgedachten schwarzen Aepfel, auch viel platter und ungleicher; ich weis daher nicht, ob er mit denenselben einerley, oder von ganz besonderer Art sey.

Sommer-Borstorfer. Der frühe oder langstielige Borstorfer des Knoop mag wohl einerley mit Zinks Sommerborstorfer N. 18 seyn; ich weis aber bis auf fernern Unterricht nichts von beyden zu sagen, und eben so wenig von Zinks wildem Borstorfer N. 54, es müßte denn seyn, daß ich ihn in der Abbildung wild, und dem gewöhnlichen Borstorfer unähnlich genug finde.

Neiguin. Den Neiguin und Drapdorapfel habe ich dem Borstorfer wegen ihrer ähnlichen Form und Farbe folgen lassen.

Erstern machet der Niederländische Hovenier zu einem Englischen Apfel. Es gedenket aber Miller seiner nicht, und außer den Beschreibungen, so Knoop und gedachter Niederl. Hovenier von ihm geben, finde ich im Almanach der Hoveniers blos angeführet: daß er vom Decbr an eßbar sey. Bey v. Oojlen steht Nelsrooyn, welches vermuthlich ein Druckfehler ist.

Nach Knoopen hat er in der Form, Farbe und Fleische, sehr viel Uebereinstimmung mit der weißen Renette. Es wäre also näher zu untersuchen, ob er nicht eine Varietät davon wäre; ich würde ihn ohne

Bedenken

| Fruchtgröße. | Fruchtauge. | Fruchtstiel. | Farbe und Beschaffenheit der Haut. | Fleisch. | Saft. | Geschmack und Geruch. | Kernen und Kernhaus. | Zeit der Reife. | Güte und Werth. |
|---|---|---|---|---|---|---|---|---|---|
| 2¼, 2¼ Z. Wm. | tief, Wm. | | braunroth, hin und wieder, sonderlich an einer Seite und unten ganz schwarz, mit ganz weißen einzelnen Puncten. Wm. | | | | | | |
| kleiner als der späte Kn. | — — | länger als am WB. Kn. | einerley mit dem Winter-Borstorfer, nur daß er keine Warzen hat. Kn. | — — | — — | — — | — — | früher eßbar als der WB. Kn. | — — — |
| 2¼, 2¼ Z. | — — | — — | — — — | sanft Z. | aromatisch | gut — | — — | Oct. Nov. Z. | besser als WB. Z. |
| 2¼, 2¼ Z. | — — | — — | — — — | — — | — — | — — | — — | Oct. - Dec. Z. | frisch und gebacken gut Z. |
| 2¼, 2½" Kn. | in einer seichten Aushölung | kurz, in einer engen Vertiefung | glatt, gelblich, braun punctirt und gefleckt. Kn. | fest, gelblich Kn. oder hellgelb N.Hov. | mehr süß als säuerlich | angenehm, fein, Kn. recht leckerhaft N.H. | — — | Febr. März Kn. | einer vom ersten Range Kn. |
| 2½ Z. breit 2½ Z. hoch D.H. | in einer wenig hohlen Vertiefung, die mit niedrigen Höckern umgeben ist D.H. | sehr kurz, in einer glatten u. noch seichtern Aushölung als das Auge D.H. | sehr glatt, von schöner, mattem Golde gleichender Farbe, mit sehr kleinen braunen Puncten und etlichen runden ½ Zoll breiten Flecken. D.H. | weich, körnigt, wird leicht pelzig D.H. | angenehm, nur nicht Renettenartig erhaben D.H. | — — | hellbraun, fast oval, nicht sonderlich breit gedruckt D.H. | Derbe bis Anf. Jan. D.H. C. | vom ersten Range D.H. |
| 3", 2½" Kn. ist dem Parmain ähnlich und sehr groß Ml. | — — | — — | — mit feinen braunen Strichen, wie Laubwerk oder Caractere — Kn. auch wohl schön roth gestreift, Mh. III. 313. oder mit sehr breiten rothen Streifen. Ml. | trocken Kn. etwas pelzig C. | wenig, Kn. und etwas säuerlicher als der ächte Drap d'or D.H. | mittelmäßig Ml. | — — | Derbe bis Febr. D.H. und May Kn. | sehr gut, C. besonders zum Kochen, doch ist er auch keiner der besten Kochäpfel Ml. |
| 3", 2¼" 2¼, 2½ D.H. 2¼, 2¼ 3, 3 2¼, 2¼ H. einige länglicher, andere platter, wie Borstorfer. | groß H. nicht sonderlich offen, in einer flachen oder platten Ausschweifung, so ganz eben ohne Falten ist D.H. | dünne W. ½ bis ¾ Zoll lang, in einer schmalen, seichten Vertiefung D.H. zuweilen ist über denselben ein Stück Fleisch gewachsen H. | hat viel Aehnlichkeit mit dem Paradis- oder andern wilden Aepfeln, sehr gelb, Q. ist glänzend, H. glatt, an der Sonnenseite lebhaft gelb, mit blutrothen Puncten oder Flecken, an der Schattenseite gelblich grün; viele mit einem dünnen durchsichtigen Grau bedeckt. Daher soll die Schattenseite matten, die Sonnenseite aber Glanzgolde ähnlich seyn. D.H. | gelblich weiß, von der Art, wie die Französische Renette, D.H. hochgelb Mh. mürbe wie Borstorfer H. | wenig, Q. ziemlich viel D.H. mehr als im Pigeon, H. von aromatischer Feine und Süßigkeit, H. weinsäuerlich, aber höher als der Renetten. W. C. | sehr erhaben und ohne übrigen Geruch Q. gezuckert u. sehr erhaben D.H. erhabener als Renetten C. wie Borstorfer und Renetten zugleich H. | ziemlich groß, braun, röthlich, und so, als wenn auf ihrer Oberfläche kleine gelbe Puncte wären D.H. lang, schmal, hellbraun H. | bis Jan. Q. auch wohl länger C. nach dem März wird er mehlig H. W. muß so spät als möglich auf dem Baume bleiben, weil er sonst leicht runzelt W. | ganz vortrefflich, wenn er nur größer wäre und länger dauerte D.H. Kn. H. er läßt sich gut trocknen, aber nicht gut kochen, oder schmoren Mh. |

Bedenken dahin gerechnet haben, wenn nicht gedachter Knoop ausdrücklich behauptete, daß beydes verschiedene Aepfel wären.

**Drap d'or. Character- oder Goldgestickter Apfel.** Bey dem Drap d'or ist noch sehr vieles zu berichtigen: Quintinye gedenket nichts von ihm. Du Hamel beschreibt erstlich unter den Fenouillets oder vielmehr Courtpendû's einen, den er Fenouillet jaune ou Drap d'or nennt; da es aber ein Herbstapfel, und er mit dem, in Holland und Deutschland bekannten Characterapfel nicht übereinkömmt, so habe ich ihn hier nicht angeführt, sondern zu den Fenouillets verspahret. Denjenigen aber, den D.H. Vrai Drap d'or nennt, habe ich als eine Hauptart, und die von ihm selbst dafür erklärten, nebst den von Miller und Knoop angeführten, als Varietäten angenommen; ungeachtet mir deshalb noch Zweifel übrig bleiben, die aus Gegeneinanderhaltung der Beschreibungen entstehen. Nach der Angabe im Maaße der Fruchtgröße stimmt D.H. mit Kn. ziemlich überein; aber die Zeichnung des D.H. widerspricht ersterer. Denn statt 2¼ und 2½ Zoll, wie er die Größe beschreibt, giebt die Zeichnung wenigstens 2¾ Zoll Breite und 2¾ Zoll Höhe; diesen Unterschied habe mehrmalen bemerket, auch dadurch nicht vergleichen können, wenn ich angenommen, daß sich D.H. des Decimalmaaßes bedient haben möchte, als worüber er sich nirgends deutlich erkläret.

**Golden Pippin.** Miller behauptet, daß dieser Apfel außer seinem Vaterlande England nirgends gut thäte, ja daß selbst die Früchte derjenigen Bäume, so auf Kernstämme gepfropfet würden, auch in England nicht vom rechten Geschmacke wären. Ich bin zwar niemals in ihrem angeblichen Vaterlande gewesen, um den dortigen Geschmack zu versuchen; allein so viel kann ich aus Erfahrung sagen, daß von meinen zuerst aus Holland erhaltenen Peppingbäumen, die wahrscheinlich alle auf Kernstämme gepfropfet waren, sich besonders sechse hervorthaten. Bey schönerm und besserm Wuchse waren ihre Früchte zwar nicht von einerley Größe, aber von sehr unterscheidendem Wohlgeschmack gegen die übrigen, und die Ursache war augenscheinlich: daß erstere sechse in einen frischen, leichten, aber nicht magern Sandboden, an einen

| | Name der Hauptart. und Vaterland. | Abänderungen dieser Hauptarten. | Gleichbedeutende Namen beyder Arten. | Beschaffenheit des Baums an sich selbst. | Das Laub oder die Blätter u. deren Stiele. | Die Blüthe und deren Blätter. |
|---|---|---|---|---|---|---|
| IV. | A *Golden Pippin.* England. Ml. | — — — | Engelsche Goud-Pepping vO. Kn. Dubbelde Pepping Kn. Dubb. Goud-Pepp. vL. Aurea Libertas Kn. Gold-Pepping Englischer Pipping Peppelinge aus England Elsh. | | | |
| | | 1 Peppin doré coloré hatif Mh. | | | | |
| | | 2 Gulde Pipping van de Bie vO. | | | | |
| | | 3 Gulde Pipping van Jan Paik vO. | | | | |
| | | 4 Gulde Pipping uit Karrel vO. | | | | |
| | | 5 Pipping de la Court vL. | | | | |
| | | 6 Pipping van Timmermann vL. | | | | |
| | | 7 Groene Pepping vO. | | | | |
| | | 8 Uitersche Pepping vL. | | | | |
| | | 9 Koninklyke P. vL. | | | | |
| | | 10 Italienische P. vL. | | | | |
| | | 11 Oranje Pepping vL. | | | | |
| | | 12 Cordon-Pepping vL. | | | | |
| | | 13 Pruissische Pepp. van Portland vL. | | | | |
| | | 14 P. van Sorgvliet vL. | | | | |
| | | 15 Prince-Pepping vL. | | | | |
| | | 16 Klotter-Pepping vL. | | | | |
| | | 17 Silver Pippin Ml. | | | | |
| | | 18 French-Pippin Ml. | | | | |
| | | 19 Spensers-Pippin Ml. | | | | |
| | | 20 Stone-Pippin Ml. | | | | |
| | | 21 Oaken-Pippin Ml. | | | | |
| | | 22 Kerswyks-Pippin Dl. | | | | |
| | | Witte Pepping vO. | s. CLV. | | | |
| | | Grauwe P. vL. vO. | s. CLV. a | | | |
| | | Grauwe Geldersche P. vL. | s. daselbst 2a | | | |
| | | Engelsche Konings of grauwe Pepping van der Laan vL. | s. daselbst 2b | | | |
| | | Blanke of witte Pepling of Pepping Kn. | s. daselbst a | | | |
| | | Rode Pepping vO. vL. | s. daselbst 3 | | | |
| | | Soete rode P. Kn. vL. | s. daselbst 3a | | | |
| | | Roset Pepping vL. | s. daselbst 3b | | | |
| | | Engelsche blanke P. vL. | s. daselbst b | | | |
| | | Wyker-Pepping vL. | s. daselbst 6 | | | |
| | | Aromatik-Pippin Ml. | s. daselbst 4 | | | |
| | | Holland Pippin Ml. | s. daselbst 6 | | | |
| | | Kentish Pippin Ml. | s. daselbst 5 | | | |

kleinen erst ausgestochenen Teich verpflanzet waren, die andern aber nicht dergleichen Boden gefunden hatten. Es muß also weniger auf die Kernstämme, als auf den für sie schicklichen Boden ankommen. Ja ich wollte fast behaupten, sie müßten auf Kernstämme gepfropfet werden, wenn sie auch ans Spalier oder zu Fächern bestimmt sind. Denn sie bleiben doch von geringerm Wachsthume als andere Arten, und hochstämmig lassen sie fast die Borstorferbäume voraus. Henne hat dieses bereits angemerket, und Hk. gestehet zwar, daß sie bey uns so gut als in England fortkämen; allein er bleibt doch dabey, daß Holz- oder Paradisapfelstämme dazu am besten wären. Weitere Untersuchungen werden das Gewisse bestimmen. Den Namen dieses Apfels vom Französischen Pepin, Kern, herzuleiten, geht wohl schwerlich an, da er nicht französischer, sondern, wie man glaubet, engländischer Abkunft ist, in dieser Sprache aber nicht Pepin, sondern Pippin geschrieben wird. Letztere Schreibart könnte die Ableitung vom Pipinus, so wie das jetzt in Frankreich gebräuchliche Pomme d'or von des Plinius Pomum aureum, etwas wahrscheinlicher machen. Weber giebt vor: daß die Engländer diesen Apfel gern grün vom Baume

| Frucht-größe. | Fruchtauge. | Fruchtstiel. | Farbe und Beschaffenheit der Haut. | Fleisch. | Saft. | Geschmack und Geruch. | Kerne und Kernhaus. | Zeit der Reife. | Güte und Werth. |
|---|---|---|---|---|---|---|---|---|---|
| — | — | — | — | | | | | | |

Baume äßen. Ich habe dieses noch von niemand andern bestätigen hören; es müßte auch einen ganz besondern Geschmack der Englânder voraussetzen. Denn mir und meinen Landsleuten kömmt ein roher Pepping in der Mitte des Octobers eben so wenig eßbar vor, als eine Quitte. Daß sich DH. über die geringe Größe dieses Apfels beschweret, finde ich unbillig. Denn wenn an einem von zwey gleich großen Bäumen 50 Renetten, an dem andern aber 150 Peppings wachsen, so wären meines Erachtens die letztern mehr werth, als erstere, und — so gar kurz ist dessen Dauer auch nicht, wenn er nur zur gehörigen Reife gekommen ist, und gut verwahret wird.

Von der Ausartung des Pippings zu einem Drap d'or in Frankreich, deren Hk. N. 14 gedenket, habe ich meine Muthmaßung bey dem Borstorfer beygebracht. Vielleicht sind beydes bloße Muthmaßungen! Was eben gedachter Hk. N. 3 unter dem Engl. Pipping, der zugleich Reinette d'Angleterre und Non pareil heißen soll, dessen Farbe eben so wie des Gold-Peppings angegeben, die Dauer aber bis in den May hinausgesetzet wird, versteht, kann ich nicht bestimmen. Die so genannten doppelten Gold-Peppings und die Aurea libertas habe unter die gleichbedeutenden Namen des gewöhnlichen Gold-Peppings gebracht; theils, weil es mir sonderbar vorkömmt, daß fast zu allen Arten, die in Holland bekannt werden, oder daselbst aus Kernen entstehen, auch sogleich andere Bäume wachsen, deren Früchte, ihrer Größe wegen, doppelt genennt zu werden verdienen; theils aber und hauptsächlich, weil ich die doppelten und einfachen vielfältig, nach ihrer beschriebenen Größe und Beschaffenheit, an einerley Baum, ja an einerley Zweige desselben, angetroffen. Doch will ich mich dieserhalb, wie ich mich bereits ein für allemal erkläret, gern und willig eines bessern belehren lassen, und darum, meiner Genugthuung und Zufriedenheit wegen, geziemend bitten.

Unter die Ueberschrift: Abänderungen, habe ich alle Aepfel gebracht, die mir unter den Namen Pippings vorgekommen sind, damit man solche desto leichter übersehen und ihre Abweichungen anmerken kann. Ich bin indessen überzeugt, daß die wenigsten als Abänderungen des wahren Engländischen Gold-Pippings angesehen werden können; wenn man nämlich unter solchen Aepfel versteht, die ohne auf die Größe zu sehen, dessen Form und Farbe, in Ansehung der übrigen Beschaffenheiten aber nähere oder entferntere (Eigenschaften) Uebereinstimmungen mit demselben haben müssen. Die mit Zahlen bemerkten kann ich nicht weiter beschreiben, weil ich sie nicht gesehen, auch keine andere Nachrichten von ihnen aufgefunden habe. Die aber ohne Zahlen geblieben sind, kommen an den beygefügten Orten, wo es ihre Form verlanget, vor, und alles, was mir von ihnen wissend worden, wird daselbst mitgetheilet. N. 17 soll nach Gmelin silberweiße Schale und goldgelb Fleisch haben. Daß übrigens in Ansehung des Fleisches, Saftes und Geschmackes am Gold-Pipping verschiedene Meynungen vorkommen, läßt sich leicht erklären. Denn nach dem der Boden, in dem der Baum gewachsen, der Stamm, auf den die Pfropfung geschehen, und die Jahreszeit, in welcher der Apfel untersuchet wird, verschieden sind, eben so verschieden müssen auch die Urtheile, wegen dessen innerer Beschaffenheit und Güte ausfallen; welches auch von allen andern Früchten gilt.

Abbildungen des Pippings giebt DH. auf der VII, Knoop auf der IX und Zink auf der VII Platte, wiewohl letztere nichts weniger als einem Pipping gleich siehe.

| | Name der Hauptart und Vaterland. | Abänderungen dieser Hauptarten. | Gleichbedeutende Namen beyder Arten. | Beschaffenheit des Baums an sich selbst. | Das Laub oder die Blätter u. deren Stiele. | Die Blüthe und deren Blätter. |
|---|---|---|---|---|---|---|
| V. | 1. Reinette grise — — Frankreich. Q. (Grauer Renettapfel.) | — — — | — — — Grauwe Renet Kn. Grauwe Fransche Renet Kn. Grauwe Renet Appel Kn. enkeld vO. vL. dubbeld vO. vL. van la Court vO. vL. Beste Grauwe Renet vL. Grauwe Meniste Renet vL. Reinette grise-double Z. 69. Q. III. 201. HH. H. VI. Ml. | ist stark, läßt aber die Zweige hängen, die Triebe sind lang, gerade, mittelmäßig dicke, an der Schattenseite grün, an der andern lichtbraunroth (graubraun H.) getipfelt und mit weißer Wolle bedecket. Die Augen sehr kurz, die Träger platt und wenig vorstehend. DH. nach Mh. hat er weiße Schale und hält das Holz zusammen. Dauert in Deutschland nicht so lange als einheimische Bäume, indem er leicht den Krebs bekommt, schickt sich aber aus Spalier, zu Hecken, Pyramiden und Hochstämmigen. H. | 4 Zoll lang, 2½ Zoll breit, dunkelgrün, an den Enden spitz, tief gezahnt und diese Zahnung nochmals eingekerbt, der Stiel 1 Zoll lang. DH. nach Mh. sollen die Blätter gemeiniglich zusammengebogen und weiß seyn. | 1 7/12 Zoll der Durchmesser, jedes Blatt ½ Zoll lang 7/12 Zoll breit, am Rande stark gerunzelt, außen hellroth gefleckt, innen wenig gefärbt. DH. Henne giebt die Blätterlänge auf 1 Zoll und die Breite auf ½ Zoll an, dabey sollen sie aus- und inwendig lebhaft roth, nicht so stark als andere Blüthen ausgehöhlt, unten aber breiter als an der Spitze seyn. |
| | | 1 Grise de Champagne DH. | Champagner-Renette und Reinette d'Orleans hat Hl. als gleichbedeutend. | — — — | — — — | — — — |
| | | 2 Reinette d'Orleans | Z. N. 86. — | — — — | — — — | — — — |
| | | 3 Reinette verte — | Groene Renet Kn. Groene fransche Renet Kn. Reinette verte ronde HH. Hl. 13. Z. 71. | hat gut Holzwachs und ist tragbar. Kn. | — — — | — — — |
| | | Pomme-Poire | f. LXIII. 1. | | | |
| | | Soete grauwe Renet | LXXXIII. | | | |
| | | Renet van Sorgvliet | XLVI. | | | |
| | | Reinette non pareille | LXXXIV. | | | |
| | | Krappe Krain | CXXIV. | | | |

Grauer Renettapfel.

Diese aus Frankreich herstammende Frucht soll weder in England, Holland noch Deutschland so gerathen, als in ihrem Vaterlande; daher auch die Beschreibungen ihres Aeußerlichen, Innerlichen und Geruchs, auch ihrer Dauer, sehr verschieden sind, und die aus Frankreich in großer Menge nach Deutschland kommenden zeigen den Unterschied der daselbst gewachsenen, wenigstens von außen ziemlich deutlich. Ich habe aber doch auch in Deutschland erzielte Früchte gesehen, die mit den Französischen vollkommene Aehnlichkeit hatten, und sollte glauben, daß sie in flachen ebenen Gegenden bey lockerm, aber nicht magerm Boden, gegen einer Mauer allemal in ihrer vollkommenen Güte zu erhalten wären, wenn man sich damit Mühe geben wollte.

Qvintinye kannte zu seiner Zeit nur zwey Arten von Renetten, diesen Grauen mit rauher, und den Französischen mit glatter Haut; er saget: es sey einer (in Ansehung des Geschmackes) beynahe so gut als der andere, zu Compots taugten sie allezeit; allein solche roh genießen zu können, müsse man bis zum Januar warten, weil sie vorher zu viel Säure hätten, doch wäre hierbey wiederum sehr verdrüßlich, daß, sobald sie ihre Säure verlören, sich ein übler Geruch einfände, der vielmals durch das untergelegte Stroh sehr vermehret würde, so daß man zu ihrem Vortheile sagen könne: qu'on s'en sert fort utilement presque tout le long de l'année, zu ihrem Nachtheile aber: que leur Voisinage est infinement desagreable et incommode.

Dü Hamel gedenket dieses Geruches nur beyläufig in Vergleichung mit dem Französischen Renett, welchem letztern er mehr riechend angiebt, setzt aber die Dauer des Grauen so weit hinaus, als die des Französischen.

Miller lobet den Saft und Geschmack, gedenket gar nichts vom Geruche, saget aber: er werde im October reif und daure nicht lange; sollte dies vom Klima herrühren? oder, meynt er einen ganz andern Apfel?

Knoop

| Fruchtgröße. | Fruchtaugen. | Fruchtstiel. | Farbe und Beschaffenheit der Haut. | Fleisch. | Saft. | Geschmack und Geruch. | Kernen und Kernhaus. | Zeit der Reife. | Güte und Werth. |
|---|---|---|---|---|---|---|---|---|---|
| 2¼", 2½" ohne Ecken, doch selten im Durchschnitt ganz rund D.H. 1", 2¼", ohne alle Ungleichheiten H. Kn. | klein, in einer mäßig tiefen Aushöhlung mit ebenem Rande, zuweilen allhier dünner als am Stiele D.H. H. | in einer glatten breiten und tiefen Aushöhlung D.H. welche grün oder grau ist und bey welcher an dem kurzen und dicken Stiele oft ein Stück Fleisch vorstehe. H. | die Haut ist dicke und rauh, mit einem Gewebe überzogen, durch welches auf der Schattenseite eine gelbe oder olivengrüne, auf der andern aber eine röthlichgelbe Farbe durchscheint, an einigen sind goldgelbe glänzende mit hellrothen Flecken erhöhte Stellen. D.H. nach Kn. rauh, braungraulich mit hellgrünem Grunde, auch wohl hellgrünen Flecken oder breiten Streifen, oder nach Hl. grünlich, bräunlich schmuzig. gleiche der Französischen sehr, nur daß sie grau ist. C. um Weihnachten wird sie etwas orangegelb und denn eßbar. H. | fest, fein, weißgelb, bey höchster Reife wird es pelzig D.H. nach Duhamel von dichtern und festerm als an der weißen Renette, H. sehr: dichte und grüngelb. Zins gelblich. Hl. grünlich. | bis sie gänzlich reif, etwas säuerlich, hernach aber vortrefflich Q. nämlich zuckerhaft, mit feiner angenehmer Säure erhaben D.H. jedoch wenig Z. oder nicht überflüßig H. C. Duhamel | sobald der Geschmack anfängt recht erhaben zu seyn, nehmen sie einen mannen angenehmen Geruch, besonders vom Strohlager an. Q. sie werden sogar noch stärker riechend, als die Französische Renette. D.H. Z. Dah. | mittelmäßig groß, länglich D.H. platt, breit, hellbraun H. und zugespitzt, in engen Fächern D.H. | Jan. — April Q. also länger als die weiße Dah. ja bis es wieder Aepfel giebt D.H. doch wird sie nach dem Januar trocken und schrumpft ein, wenn sie nicht so lange als möglich am Baume geblieben und recht gut aufbehalten worden. H. | man kann ihn fast das ganze Jahr nutzen Q. daher wird er von vielen, die eine angenehme Säure lieben, für den besten Apfel gehalten D.H. besonders ist er zu Compots u. Apfelgallerte ganz vortrefflich H. nur Schade, daß er in Deutschland nicht allemal zu gehöriger Reife kömmt. Kn. |
| 2½", 1¾" D.H. | flach D.H. | sehr kurz, in einer sehr ausgeschweiften Höhle D.H. | grau, fahlröthlich (Rehfarben) an der Sonnenseite einige kleine kurze und schmale rothe Streifen, gänzlich wie am grauen Anisapfel. D.H. | brüchig D.H. C. | zuckerhaft D.H. C. | sehr angenehm und wie der Anisapfel riechend. D.H. | hellbraun, breit, platt D.H. | hält sich lange D.H. und bis wieder andere reif sind Hl. | sehr gut, sonderlich für die, so saure Renetten nicht lieben. |
| 1", 2½". Z. | — — | — — | gelb mit rothen Puncten und roth mit dunklern gestrichelt. Z. | besonders hart Z. | zwischen süß u. weinsäuerlich Z. | — — | — — | — — | unter allen der beste Hl. schönste u. schmackhafteste Z. |
| 2¼", 2". Kn. 2½", 2½". Z. | klein, flach Kn. | — — | grünlich, braun punctirt und gefleckt. Kn. | mild Kn. grünlich Z. | lieblich Kn. | fein Kn. erhaben Z. | — — | Febr. und März Kn. | — — |

Knoop erwähnet auch nichts vom übeln Geruche, setzet aber die Dauer bis in den Februar.

Henne schreibt diesen Geruch der schlechten Aufbewahrung in dumpfigem Strohe, Gewölbern oder verschlossenen Behältnissen zu, und hierinn möchte ich wohl am ersten beystimmen. Denn an solchen Früchten, die in Deutschland gewachsen, und in ordentlich eingerichteten Fruchtkammern aufbehalten waren, habe ich niemals einen widrigen; an eingepackt gewesenen Französischen aber, viel stärkern, doch nicht so unerträglichen Geruch verspüret, als Qvintinye angiebt.

Seit des Qvintinye Zeiten haben sich die Arten der Renetten, oder vielmehr blos die Namen derselben, sehr vermehret. Denn wie ich schon gedacht: die aus den Französischen und Holländischen Kernschulen entstandenen Früchte, haben bey den geringsten Abänderungen auch neue Namen hervorgebracht. Der scharfsichtige und erfahrne Dü Hamel hat selbst viel neue Arten aufgenommen, die von den beyden Arten des Qvintinye nicht merklich unterschieden sind; daher glaube ich, daß zu Folge angestellter Vergleichungen der Beschreibungen und Abbildungen zu dieser Hauptart des grauen Renetts, folgende, als blos wenig abweichende Spielarten zu zählen sind: Der graue Renett von Champagne oder Orleans, der grüne Renett, der Birnapfel (Pomme Poire D.H.), Krappe-Kruin, vielleicht auch der gelbe und graue süße, der Tulp- und Non-Pareil-Renett des Kn. und der rothe aus Bretagne; die Beschreibungen unter V sogleich bey den Zahlen 1, 2, 3, die übrigen findet man an den bemerkten Orten.

Abbildungen des grauen Renett hat: D.H. auf der IX Platte der Aepfel,
und Kn. auch auf der IX Platte.
von einem so genannten doppelten grauen Renett Z. auf der IX Pl. Num. 69.
vom Champagner- oder Orleans-Renett derselbe XI Pl. N. 86.
vom grünen Renett aber Kn. auf der VIII und Z. auf der IX Pl. N. 71.

| | Name der Hauptart und Vaterland. | Abänderungen dieser Hauptarten. | Gleichbedeutende Namen beyder Arten. | Beschaffenheit des Baums an sich selbst. | Das Laub oder die Blätter u. deren Stiele | Die Blüthe und deren Blätter. |
|---|---|---|---|---|---|---|
| | A. | | | | | |
| VI. | *Reinette blanche.* Frankreich. DH. (Weißer Renettapfel.) | — — — | Reinette blanche ou franche. Q. Reinette triomphante Kn. vL. Witte Renet Kn. Blanke Renet Kn. vL. Witte franche Renet Kn. Witte Renet mit Stippen Kn. Witte Renet, sonder bloem of bloeyen vO. Gelbe oder weiße Renette Ht. N. 9. Z. N. 102. Mil. N. 10. | von sehr mittelmäßiger Größe DH. nach Knoop aber von gutem Gewächse, stark und tragbar, jedoch dem Krebse sehr unterworfen. | mittelmäßig groß und bleichgrün DH. | — — — |
| | | Reinette franche | f. XLIV. | | | |
| | | Reinette grosse d'Angleterre | CXXII. | | | |
| | | Reinette du Pommier nain | CXXXV. | | | |
| 1 | | Renet Valkenier. | | | | |
| VII. | *Reinette jaune hative* Frankreich. (Gelber früher Renett-Apfel.) | — — — | Reinette d'Eté Z. 32. la petite Reinette jaune hative C. HH. | mittelmäßig groß, ziemlich fruchtbar, die Triebe dünne, hellbraun, punctirt, haben an jedem Knoten einen Bug, die Augen kurz, die Träger breit, nicht weit vorstehend. DH. | 4" lang, 3" breit, elliptisch, am Stiele schmäler als an der Spitze, tief und doppelt gezahnt. Der Stiel ½" bis ⅞" lang. DH. | — — — |
| | | Peer-Soorte Kn. | f. LXIII. 2. | | | |
| 1 | | Pomme Poire hative HH. | | | | |
| 2 | | Golden-Rennet von Herefordshire Mil. | — — — | — — — | — — — | — — — |
| VIII | *Reinette jaune tardive* Frankreich. (Gelber später Renett-Apfel.) | — — — | Reinette dorée DH. Geele enkelde Renet vO. vL. Geele Renet Kn. Geele fransche Renet K. vL. Gold-Renette Ht. 11. Z. N. 68. 97. Mil. | von gutem Gewächs und sehr tragbar Kn. | — — — | — — — |

**Weißer Renett.** Der weiße und Französische Renettapfel sind unstreitig einerley, und nur in Form oder Farbe, wegen des Stammes und Bodens, der Lage des Baumes, oder der Witterung jeden Himmelsstriches, verschieden.

Es gilt von demselben, was bereits vorher in Ansehung der in Deutschland zu erhaltenden Früchte und des Geruches bey dem Grauen erinnert worden.

Die darunter gesetzten Arten können füglich blos als Abänderungen dieses weißen Renett angesehen werden.

Abbildungen geben Knoop auf der VIII und Zink auf der XIII Platte N. 102, die aber nicht wenig unterschieden sind.

**Gelber Renettapfel.** Als mehrere Abänderungen des weißen oder Französischen Renettapfels des Qvintinne, möchten wohl die vom Dü Hamel beschriebenen frühen und spätern gelben Renetten, desgleichen die Zinkischen so genannten Sicilianischen und Beer-Renetten anzusehen seyn, wenn anders letztere beyde Namen gar eine Abänderung andeuten. Der Gold- oder Tulp-Renett des Knoop aber ist wohl wegen seiner rauhen Haut zum grauen Renett zu rechnen, wie bereits bey demselben gedacht worden.

Folgende

| Fruchtgröße. | Fruchtauge. | Fruchtstiel. | Farbe und Beschaffenheit der Haut. | Fleisch. | Saft. | Geschmack und Geruch. | Kerne und Kernhaus. | Zeit der Reife. | Güte und Werth. |
|---|---|---|---|---|---|---|---|---|---|
| 1⅞", 2". D.H. 1⅞", 2⅛". Kn. ohne Ecken und Ribben | in einer frische ausgehöhlten Vertiefung, um welche zuweilen Beulen, die den Durchmesser und gleich machen D.H. | kurz, in einer glatten schmalen und seichten Vertiefung D.H. | sehr glatt, hellgrün oder weißlich, bey der Reife hellgelb, mit kleinen weiß eingefaßten Puncten stark besetzt, zuweilen an der Sonnenseite roth angelaufen, in welchen große dunkelbraune lebhaft roth eingefaßte Puncte sind. D.H. glatt, wenn er reif gelblich mit schwarzen oder braunen feinen Puncten, auch wohl dergleichen Flecken; an der Sonnenseite zuweilen etwas bleichroth. Kn. | weiß und zart D.H. mürbe Dah. gelblich, mild Kn. gelblich, mürbe Z. | häufig und angenehm D.H. gelinder als andere Renetten Dah. mehr süß als säuerlich Z. | nicht so erhaben, als anderer guten Renetten, aber von starkem Geruch D.H. fein und angenehm Kn. | hellbraun, groß und platt in engen Fächern D.H. | Januar bis April Q. bis Februar D.H. Kn. bis März Z. dauert nicht so lange als die graue Renette. Dah. | er schrumpft nicht so ein, wie die Französische und gelbe Renette. D.H. sonst vom ersten Range. Kn. |
| — — | — | — — | | | | | | | |
| — | — | — | | | | | | | |
| — | | — | | | | | | | |
| 2½ Z. breit 2 Z. hoch D.H. 2⅛", 2". Z. 12. | groß, in einer glatten, tiefen, weit ausgehöhlten Vertiefung D.H. | dünne, in einer engen tiefen Höhle D.H. | hellgelb, mit großen braunen Puncten, oft mit sehr weit vorstehenden braunen Warzen. D.H. wie die Farbe der weißen Winter-Calville. Z. 12. | mürbe und wird leicht welkig D.H. viel zarter als andere Renetten C. fest Z. | häufig D.H. aber mittelmäßig Z. und nicht so erhaben als andere Renetten C. | wie vorher gedacht, nicht gänzlich so, wie anderer Renetten D.H. Z. C. | breit und platt D.H. | September und Octbr. D.H. C. zuweilen bis Decbr. Z. | weil sie nicht lange dauert C. vom zweyten Range. D.H. |
| — — | — — | — — | — — — | — — | — — | — — | — — | im October Mill. | roh und zum Backen sehr gut. Mill. |
| 2⅛", 2". D.H. 2⅛, 2⅛. Kn. 2¼, 2⅛. Z. | groß, tief, mit ganz ebenem Rande Kn. | ⅞" lang, in einer breiten und tiefen Aushöhlung D.H. bey Knoop ⅝" lang und dünne. | glatt, schön dunkelgelb, mattem Golde gleich, mit hellgrauen Puncten; an der Sonnenseite kleine, nicht sonderlich sichtbare, aber die gelbe Farbe erhöhende röthliche Streifen. D.H. gelb, braunroth gefleckt und gezeichnet. Kn. goldgelb und schön roth wie Borstorfer. Hf. | weiß, fest und fein D.H. mild Kn. | häufig, sehr zuckerhaft, kaum etwas säuerlich D.H. lieblich Kn. | fein Kn. und erhaben D.H. weniger riechend als die Französische Renette D.H. | braunroth, klein, vollkommen, sehr spitz. D.H. | December bis Februar D.H. Kn. | so gut als die Französische Renette, aber noch allzuselten. D.H. vom ersten Range. Kn. |

Folgende Abbildungen derselben können nachgesehen werden:
Vom gelben frühen, Zinks IV Platte N. 32.
Vom gelben späten, Knoops IX und Zinks IX Platte N. 68, desgleichen die XII. N. 97.
Vom goldenen Renett, Knoop auf der X Platte.
Vom geschlängelten, Zinks IV Pl. N. 33, und XI. N. 92. von beyden bin ich aber ungewiß, ob sie rauhe oder glatte Haut haben sollen.

Von den mit Num. 5 bis 19 bemerkten Namen unter der Rubrik Abänderungen, ist weiter nichts zu sagen: als daß ich ihre solchergestalt ausgedrückte Benennungen in Holländischen oder andern Obstverzeichnissen gefunden, aber nicht weis, ob es Abänderungen oder Synonymen, und zu welcher Gattung von Renetten sie zu rechnen sind; die übrigen finden sich ihres Orts.

In Zinks Sammlung ist auf der VIII Platte N. 64 ein platter Renett, und N. 67 ein langer grüner Renett, auch auf der XI Platte N. 88 ein gezuckerter Winter-Renett abgebildet. Aber Gott weis, was es für Früchte seyn sollen. In der Beschreibung des letztern heißt es sehr unterrichtend: „sie ist von säuerlichem Geschmack — der Geschmack und Saft aber süß, wider der andern Renetten Art“ noch hat Zink auf der IX Platte einen rothgestreiften Renett, der aber nicht recht Renettenmäßig seyn soll, daselbst N. 71 einen grünen runden, und auf der XIII Platte N. 112 einen rothstriemigten, von deren keinen ich mir getraue, ihm seinen gehörigen Platz anzuweisen.

| | Name der Hauptart und Vaterland. | | Abänderungen dieser Hauptarten. | Gleichbedeutende Namen beyder Arten. | Beschaffenheit des Baums an sich selbst. | Das Laub oder die Blätter u. deren Stiele. | Die Blüthe und deren Blätter. |
|---|---|---|---|---|---|---|---|
| VIII | *Reinette jaune tardive* Frankreich. (Gelber später Renett-Apfel.) | 1 | Reinette dorée Kn. vL. | Reinette tulipée Kn. vO. vL. Tulp-Renet Kn. Goud-Renet Kn. Soete Good Renet vL. Soete Goude Renet van t'Loo vL. Reinette couleuvrée Z. N. 33. Hl. 13. Reinette jaune Z. N. 92. | von mittelmäßig großem, Mll. aber doch gutem Gewächse und tragbar Kn. | — — — | — — — |
| | | 2 | Reinette Sicilienne Z. 110. Hl. 13. | — — — | — — — | — — — | — — — |
| | | 3 | Reinette Weer | Z. N. 96. — | — — — | — — — | — — — |
| | | 4 | Gestreifte Renette Z. | N. 70. Hl. 13. — rothstriemigte Renette Z. 112. | — — — | — — — | — — — |
| | | 5 | Rein. van la Court | | | | |
| | | 6 | - Spanse, soet of suur | | | | |
| | | 7 | - Rohan | | | | |
| | | 8 | - van Hoogmade | | | | |
| | | 9 | - Damas | | | | |
| | | 10 | - Brefet of Brevet | | | | |
| | | 11 | - Lothringer | | | | |
| | | 12 | - vermeille | | | | |
| | | 13 | - van Heemstade | | | | |
| | | 14 | - verte longue | | | | |
| | | 15 | - d'Angleterre | | | | |
| | | 16 | - double de Damason | | | | |
| | | 17 | - calvillée | | | | |
| | | 18 | - noir | | | | |
| | | 19 | - Sauwe Fransche | | | | |
| | | | Soete geele Renet | S. LXXXII. | | | |
| | | | Renet van Aizema | LXXXI. | | | |
| | | | Rein. rouge | XLIV. 3. | | | |
| | | | - - de Bretagne | XLV. | | | |
| | | | - - d'hyver | XLIV. 3. | | | |
| | | | - franche | XLIV. | | | |
| | | | - - rousse | daselbst 2. | | | |
| | | | - van Montbron | LXXXV. | | | |
| | | | - Monstrous | CLXXII. | | | |
| IX. | *Courpendu gris* Q. E. Frankreich. (Grauer Kurzstiel.) | | — — — | Fenouillet rouge D.H. bardin D.H. E. Kn. Pomme de Bardin Kn. Reinette courtpendue Kn. Grauwe Korpendu Renet Kn. Goslingasche Renet Kn. le Courpendu gris grand et petit Dah. Der Kurzstielichte Hl. le gros Courpendu gris E. Der Kurzstengelichte Eick. Kampanier Apfel Gm. Courtequeue JB. | von starkem Wuchs, die Triebe dick, kurz, gerade, dunkelbraunröthlich, mit sehr kleinen Punctern, weniger und sehr feiner Wolle; die Augen breit und platt, die Träger vorstehend, breit und etwas ausgehöhlt. D.H. | 1¼ Zoll lang, 2¼ Zoll breit, gezahnt, und an den großern Zähnen nochmals kleiner gezahnt. Der Stiel dick und ⅝ Zoll lang. D.H. | schön, öffnet sich völlig, ist 2 Zoll im Durchmesser, jedes Blatt ist 1 Zoll lang, ⅝ Zoll breit, vorne schmal, hinten gerunzelt, außen schön lebhaft roth gefleckt und innen auch ziemlich gefärbt. D.H. |

Der kurzstielichte Apfel.

Als man ihm den Namen gegeben hat, muß man keine andere Aepfel gekannt haben, die noch kürzere Stiele haben als dieser. In der Folge hat man solchen ändern und, nach einer Art rauhen Pfirsiche, Bardin nennen wollen, womit aber Qvintinye im III Th. S. 202 nicht zufrieden ist, sondern ihn bey seinem wohl hergebrachten Namen (Courpendu) zu schützen suchet, weil er völlig wie ein Apfel gestaltet sey.

Dü Hamel zählt ihn zu den Anis- oder Fencheläpfeln, und nennt ihn Fenouillet rouge, ich weis aber nicht, aus welcher Ursache; da er von platter, wie die mehresten Renetten, — die Fenchelåpfel aber von hyperbolischer Form sind. Eigent-

| Frucht-größe. | Fruchtauge. | Fruchtstiel. | Farbe und Beschaffenheit der Haut. | Fleisch. | Saft. | Geschmack und Geruch. | Kernen und Kernhaus. | Zeit der Reife. | Güte und Werth. |
|---|---|---|---|---|---|---|---|---|---|
| 2¼", 2¼". Kn. 2⅛, 2. Z. | groß, in einer tiefen Höhle, um welche niedrige Beulen Kn. | ⅞" lang, dünne Kn. | rauh, auf gräulich gelbem Grunde braun gefleckt. Kn. gelb mit roth geschlängelt. Z. | mild Kn. wie Borstorfer Z. | lieblich Kn. | theils wie Renette, theils wie Borstorfer Z. | — — | Febr. und März, Kn. bis April Z. | vom ersten Range Kn. übertrifft viele andere Renetten Z. |
| — | — | — | — — | | | | | | |
| 2⅛, 1⅞. Z. | — — | — — | gelb, grün getüpfelt und gefleckt. Z. | sehr fein Z. | süß u. sauer Z. | angenehm Z. | — — | dauert bis Pfingsten Z. | — — — |
| 1⅞, 1⅞". Z. | — — | — — | gelb und roth, fast wie ein Api. Z. | petzig Z. | süß Z. | geringe. | — — | bis Febr. Z. | sehr mittelmäßig Z. |
| 2⅛, 2⅛. Z. N. 70. und 2⅛, 2⅛. Z. N. 112. | — — | — — | — — — | schneeweiß, mild, zart Z. | genugsam, doch mittelmäßig Z. | schön, aber nicht Renettenmäßig Z. | — — | dauert außer dem Kranich-A. am längsten Z. | — — — |
| 2½" breit 2" hoch D.H. | sehr tief Hl. tiefer als am großen grauen Anisapfel D.H. groß u. tief JD. | dick und sehr kurz D.H. so daß die Aepfel fast an den Zweigen sitzen Kn. ja manche fast gar keinen Stiel haben Mh. nach Hl. sollen sie nicht allein kurz, sondern auch dünne seyn. | rauh, auf einer Seite grauroth und auf der andern schönroth. Q. mehr dunkelgrau als der große graue Anisapfel, und auf der Sonnenseite braunroth gestreift D.H. C. auf einer Seite schmuzig roth, auf der andern ganz dunkelroth gestreift. Hl. Kn. Saffranfarbig mit Rostflecken. JD. | sehr fein Q. fester als der große graue Anisapfel D.H. doch nach Kn. trocken. | sehr süß und angenehm Q. mehr gezückert als der große graue Anis D.H. doch nur von wenigem dergleichen Saft Kn. | angenehm und sehr erhaben, im leichtem Boden würzhaft D.H. nach Violwurzeln riechend Mh. | — — | Decbr. bis Febr. D.H. wenn er nicht zu sehr zusammenschrumpft bis März D.H. JD. Kurzstiel soll 2 Jahr dauern. | vom ersten Range, nur muß er so späte als möglich abgenommen werden Hl. roh und gekocht gleich vortreflich C. |

Eigentlich gehört er ganz gewiß zum Geschlecht der Renetten, weil er mit diesen äußerlich und innerlich sehr überein kömmt, und daher nennen ihn die Holländer meines Erachtens mit Recht: Reinette courtpendue.

So wie es aber von den Renetten zweyerley Arten, nämlich mit rauher und glatter Haut giebt, so wäre auch wohl der graue und gelbe Kurzstiel zu den grauen Renetten, der roth und weiße aber zu den weißen oder Französischen Renetten zu rechnen. Indessen bleibe ich hierbey im Zweifel, weil D.H. und Kn. in Ansehung des gelben oder weißen sich nicht genau ausdrücken: welche Art derselben eigentlich

 rauh

| | Name der Hauptart und Vaterland. | Abänderungen dieser Hauptarten. | Gleichbedeutende Namen beyder Arten. | Beschaffenheit des Baums an sich selbst. | Das Laub oder die Blätter u. deren Stiele | Die Blüthe und deren Blätter. |
|---|---|---|---|---|---|---|
| A. X. | *Courpendu rouge* Dah. Kn. (Rother Kurzstiel.) | — — | Reinette courtpendue rouge Kn. Courtpendu rosaar K. Rode Korpendu Kn. Courtpendu rouge ou roux HH. Gros Courtpendu ou Francatu HH. | von gutem Gewächs, trägt stark, wird aber nicht groß. Kn. | — — | — — |
| | | 1 Courtpendu rouge d'Eté Mil. | — — | — — | — — | — — |
| XI. | *Courpendu blanc* (Weißer Kurzstiel.) | — — | Courtpendu jaune Kn. Fenouillet jaune DH. Drap d'or DH. Witte Korpendu Kn. Passiner Apfel Hl. 17. | treibt gut Holz, trägt stark, wird aber nicht groß. Kn. | — — | — — |
| | | 1 Soete Korpendu Kn. | Courtpendu douce Kn. | — — | — — | — — |
| XII. | *Francatu* — Q. Frankreich. | — — | Gros-Courpendu HH. | — — | — — | — — |
| XIII. | *Veentjes-Appel* Kn. Holland. (Moor-Apfel.) | — — | Veen-Appel Kn. | von gutem Gewächs u. ziemlich tragbar Kn. | — — | — — |
| | | 1 Soete Veentjes-Appel Kn. | Veen-Soete. Kn. | ebenfalls Kn. | — — | — — |
| XIV. | Jungfern-Apfel | — — | Z. N. 34. Elsh. | — — | — — | — — |
| | | 1 Jungfern-Apfel Hl. | — — | — — | — — | — — |
| XV. | Gold-Apfel — | — — | Z. N. 39 u. 44. Elsh. | — — | — — | — — |
| XVI. | *Silverling geele soete* Holland. (Gelber süßer Silberling.) | — — | Kn. Hl. — | fein Holz, wird groß und tragbar Kn. | — — | — — |
| | | 1 Witte soete Silverling | — — | — — | — — | — — |
| XVII. | *Vrouwtjes-Appel* Holland. (Frauen-Apfel.) | — — | Pomme de notre Dame HH. Kn. Zeuwse Gulderling of Gulling Kn. Engelse Paradys-Appel Kn. Frauen-Apfel Hl. 27. Rambour franc. | treibt gut stark Holz und ist auch tragbar genung Kn. | — — | — — |
| | | 1 Vrouwe-Soet. vO. | — — | — — | — — | — — |
| XVIII. | *Son-Appel, suure* Holland. (Sonnen-Apfel.) | — — | — — | hat gut stark Holz, ist aber nicht allzutragbar Kn. | — — | — — |
| | *soete* | 1 Soete Son-Appel Kn. | — — | — — | — — | — — |

rauh oder glatt seyn soll, ich aber solche nach beyderley Beschreibungen noch nicht habe gegen einander halten und genauer bestimmen können. Du Hamel nennt den von Knoop angegebenen Courtpendu blanc, Fenouillet jaune und Drap d'or, ich habe also des erstern Nachricht der Form wegen hier Num. XI ausgezogen, Knoops aber unter den Fencheläpfeln Num. LXXVIII.

Vom grauen Kurzstiel, oder rothen Anis, liefert DH. eine Abbildung auf der VII Platte; vom Rothen Knoop auf der X. und vom süßen, derselbe auf der VIII Platte.

Francatu. Es gedenken seiner Quintinye HHeffe und die Carthäuser; den zusammengebrachten Merkmalen von selbigem zu Folge möchte er wohl zum weißen Kurzstiel und also auch unter die Renetten gehören.

Veentjes-Apfel. So viel aus dem Namen zu folgern, ist es vermuthlich eine in Sumpf- oder Moorlande aus Renettenkernen erzeugte Abänderung, die also auch zu den rauhen Renetten gehörte, aber sehr ausgeartet seyn muß, weil ihr Knoop wenig Lob beyleget. Gleiches wird auch vom süßen Veen- oder Veentjes-Apfel gelten.

Diese bey Zink N. 34. 39. und 44. abgebildeten Aepfel mögen mit dem bey eben demselben N. 18. so genannten Sommer-Borstorfer einerley seyn, oder gar allesammt zu andern Arten gehören; nur

| Fruchtgröße. | Fruchtauge. | Fruchtstiel. | Farbe und Beschaffenheit der Haut. | Fleisch. | Saft. | Geschmack und Geruch. | Kernen und Kernhaus. | Zeit der Reife. | Güte und Werth. |
|---|---|---|---|---|---|---|---|---|---|
| 3½" breit 2½" hoch Kn. — | - - | - - | glatt, an einer Seite und nach unten zu gelb, auch manchmal braun gefleckt oder gestreift, an der andern Seite dunkel- oder braunroth. Kn. gelblich mit Rostflecken. JD. | mild, gelblich Kn. | gezuckerter als Bardin Kn. | angenehm, lieblich. Kn. | - - | Jan. und Febr. Kn. | — — |
| 2¾", 2". Möl. | - - | - - | leuchtend roth. Möl. | schneeweiß, murbe Möl. | angenehm säuerlich Möl. | nach Fenchel. Möl. | - - | Mitte des Sept. Möl. | kann gleich vom Baume genossen werden. Möl. |
| 2⅞" breit 2⅝" hoch D.H. | in einer seichten Aushöhlung, die am Rande fast eben wie ein Anis-A. D.H. | kurz, wie Bardin, in einer ziemlich tiefe, glatte, sehr ausgeschweiften Tiefe D.H. | schön gelb, an einigen Orten roth, und überall mit schwachem Fahlgrau überstrickt, durch welches die Grundfarben durchscheinen. D.H. — hat vielmal rauhe grünliche Flecken, wie die Renetten. Kn. | weiß, fest, ohne Mark, wird nach dem November geistig D.H. | süß, erhabenen, angenehmen D.H. | ohne Geruch, aber vortrefflicher als vom grauen Anis-Apfel. D.H. | breit, kurz, spitz, vollkommen, braun und vieles sperrend. D.H. | Oct. Nov. D.H. bis halben December Kn. | vom ersten Range. |
| 2⅛, 1⅞. Kn. | - - | - - | glatt, grünlich gelb, an der Sonnenseite braunroth oder blaß braunroth gestreift. Kn. | etwas fest Kn. | süß, Kn. | angenehm Kn. | - - | Febr. und März. Kn. | gute süße Sorte. Kn. |
| groß, platt C. l'ecole de J. | sehr tief, C. | - - | roth und gelblich Q. mit kleinen grauen Puncten getipfelt. C. | - - | - - | - - | - - | Januar ꝛc. C. | das beste an ihm ist: daß er lange dauert. Q. |
| 2¼", 1⅝". Kn. | - - | - - | rauh, dunkelgraulich, wie die graue Renette, auch zuweilen an der Sonnenseite braunroth. Kn. | fest, Kn. | gemein Kn. | nicht gar fein Kn. | - - | Febr. März Kn. | gehört unter die mittelmäßigen. Kn. |
| desgl. Kn. | - - | - - | grob, gelblich grün, auch vielmal über und über grau oder bräunlich, wie die graue Renette, zuweilen an der Sonnenseite braunröthlich od. gestreift. Kn. | fest, Kn. | von gemeinem Safte Kn. | ziemlich Kn. | - - | - - | — — |
| 2½, 1⅞. Z. auch größer, 2¼, 1⅞. JD. | klein, tief JD. | 1". JD. | dunkelgelb und roth. Z. spielt aus dem Weißen ins Gelbe, mit etlichen rothen Strichen. JD. | fest, quittengelb. Z. | mittelmäßig Z. sauer JD. | sehr erhaben Z. | - - | Nov. Dec. Z. | sowohl frisch als gebacken, auch zu Zeltern und Kuchen sehr gut. Z. |
| — — | - - | - - | schön gelb und roth. Hf. | - - | - - | schlecht Hf. | - - | - - | geringe. Hf. |
| 2½, 2⅛. Z. 39 2⅓, 2⅛. Z. 44 | - - | - - | goldgelb, wie Sommer-Borsdorfer. Z. | - - | - - | besser als S. Borsd. Z. | - - | Oct.–Dec. Z. | — — |
| 2¼, 2½. Kn. — | ziemlich tief — Kn. | kurz, dick — Kn. | glatt, gelblich, zuweilen an einer Seite blutroth, gegen das Auge zu etwas getipfelt. Kn. | mild, Kn. | süß, Kn. | angenehm Kn. | sehr klein Kernhaus Hf. | Nov. Dec. Kn. | sehr guter Kochapfel. Kn. |
| - - | - - | - - | — — | - - | - - | - - | - - | - - | — — |
| 3", 2⅝". Kn. wohlgestalt wie eine Renette Hf. — | - - — — | - - — | grünlichgelb, hier und da etwas mit braunen, auch wohl mit größern und kleinern rundlichen schwarzen oder braunschwarzen Flecken. Kn. — an der Sonnenseite zuweilen ein wenig röthlich. Hf. | mild, Kn. | ziemlich lieblich Kn. | nicht gar fein Kn. doch auch nicht übel Hf. | - - | Febr. und März. Kn. | blos mittelmäßig Kn. |
| - - | - - | - - | — — | - - | - - | - - | - - | - - | — — |
| 3½", 2¾". Kn. | - - | - - | glatt, grünlichgelb, an der Sonnenseite durchgehends röthlich oder lichtroth gestreift. Kn. | mild, Kn. | - - | ziemlich gut Kn. | - - | Decbr und Jan. Kn. | etwas besser als mittelmäßig. Kn. |
| - - | — - | - - | — — | - - | süß, Kn. | ziemlich | | - - | mittelmäßig. |

**Jungfern- u. Goldäpfel.** nur daß ihnen neue Namen beygeleget worden. In wie weit solche von J. Bauhin beschriebenen und abgebildeten überein kommen möchten, wäre näher zu bestimmen.

**Gelber süßer Silberling.** Dieser blos bey Knoop auf der VIII. Platte abgebildete und beschriebene Apfel ist von dem weiter unter Num. CXXVIII. vorkommenden weißen süßen Silberlinge, allem Anschein nach, nur in der Form unterschieden. Beydes sind Kochäpfel und von weniger Bedeutung, nur daß einer im November und December, der andere aber im December und Januar brauchbar seyn soll.

**Frauen-Apfel.** Dieser von Knoop so genannte Frauen-Apfel, welchen er auf der IV Platte abbildet, hat eben die Form, Farbe und Flecken, wie der vorhergehende gelbe süße Silberling, ist auch nur ein Kochapfel, soll aber bis in den März dauern.

**Der sauren. süße Sonnen-Apfel.** Beyde Aepfel sollen mittelmäßig seyn; die Abbildung des erstern bey Knoop auf der VI Platte hat mit dem auf eben dem Blatte vorkommenden Winter-Streiflinge viel Aehnlichkeit, letzterer aber soll sehr schlecht seyn. Ich kenne sie weiter nicht, als aus Knoops Beschreibung.

| | Name der Hauptart und Vaterland. | Abänderungen dieser Hauptarten. | Gleichbedeutende Namen beyder Arten. | Beschaffenheit des Baums an sich selbst. | Das Laub oder die Blätter u. deren Stiele. | Die Blüthe und deren Blätter. |
|---|---|---|---|---|---|---|
| XIX. | A. *Syden Hemdje* Holland. (Seiden Hemdgen.) | — — | — — | von feinerm Gewächse, ziemlich tragbar Kn. | — — | — — |
| XX. | Rosen Apfel Z. Deutschland. | — — | Z. N. 60. — | trägt gut Z. | — — | — — |
| XXI. | *Chataigner* Q. Frankreich. (Kastanien-Apfel.) | — — | Martrange en Anjou Q. Violette Kastanien-Apfel } Hl. | sehr tragbar. | — — | — — |
| XXII. | Kreislinge Deutschland. | Birchenbrunner-Kreisling JB. | — — | — — | — — | — — |
| | | 1 Scheiblings-Apfel Elsh. | Kreisling von Holl. JB. | — — | — — | — — |
| | | 2 Waldenser Scheiblings-Apfel JB. | — — | — — | — — | — — |
| XXIII. | Haslacher Gm. Deutschland. | — — | Gm. 111. JB. | — — | — — | — — |
| XXIV. | Juppenschwenker Deutschland. | — — | JB. — | — — | — — | — — |
| | | 1 Langstieler | JB. — | — — | — — | — — |
| XXV. | Röchlinge JB. Deutschland. | Bärnspacher Röchling JB. | Rambour d'hyver Elsh. | — — | — — | — — |
| | | Waldenser Röchling JB. | Zeitling JB. | — — | — — | — — |
| XXVI. | Zürcher Aepfel Schweiz. | Zürcher großer weißer Apfel JB. | — — | — — | — — | — — |
| | | 1 Zürcher kleiner JB. | — — | — — | — — | — — |
| | | 2 Zürcher gestreifter | Safran-Apfel Safrante Cord. Hahnenklöte Gm. Rother Safrante Wm. 705a, Gm. 139. | — — | — — | — — |
| XXVII. | Karteken Gm. Deutschland. | — — | Paradis-Apfel Gm. 136 Cord. Merz. | — — | — — | — — |
| | | | Peter-Apfel Gm. 150. | — — | — — | — — |
| XXVIII. | Mann-Apfel Gm. Deutschland. | — — | Gm. 134. — | — — | — — | — — |
| XXIX. | Bocks-Apfel Cord. Deutschland. | — — | Gm. 140. Wm. 705f. | — — | — — | — — |
| | | 1 Weidenbeich, Gm. 141 eigentlich Cordus. | Weiden-Apfel. Elsh. | wird auf Weidenstämme gepfropft. Gm. Cord. | — — | — — |

Das seidene Hemdgen. Ist auf Knoops III Platte in der Farbe und beynahe in der Form mit dem gelben süßen Silberlinge und dem Frauen-Apfel übereinstimmend, nur daß dieser vom ersten Range seyn soll.

Rosen-Apfel. Bey Zink N. 60, ist der Abbildung nach für einen Rosen-Apfel eben nicht schön; da er gemeiniglich höher und nicht so platt wachsen soll, so möchte es wohl ein besonders platter Stettiner gewesen seyn, den der Maler für einen Rosen-Apfel gehalten. Siehe unten Num. LIII.

Der Kastanien-Apfel. Ist vermuthlich auch eine Art von Renetten mit rauher Haut, ich kenne ihn aber nicht.

Kreislinge. Diese, meines Wissens zuerst von Joh. Bauhin beschriebenen und abgebildeten Aepfel, haben vermuthlich von ihrer runden oder Kreisform den Namen; indem sie fast eine Kugel bilden. Sie sind dem Holländischen seidenen Hemdgen sehr ähnlich; ich weis nicht, ob sie in Niederdeutschland unter diesem oder andern Namen bekannt sind.

Haslacher. Er ist auch bey JBauhin abgebildet und gleicht vorigen in der Form, nur daß er roth seyn soll.

Juppenschwenker. Ist bey Jonston etwas anders abgebildet als bey JBauhin; nämlich mit einer besondern fleischichten Erhöhung um das Auge herum, in welche letzteres wieder vertieft ist. Vermuthlich kömmt der

| Frucht-größe. | Fruchtauge. | Fruchtstiel. | Farbe und Beschaffenheit der Haut. | Fleisch. | Saft. | Geschmack und Geruch. | Kernen und Kernhaus. | Zeit der Reife. | Güte und Werth. |
|---|---|---|---|---|---|---|---|---|---|
| 3", 3". Kn. fast ganz rund. | - - | - - | schön, glatt, gelblich, zuweilen einer Seits blaßroth. Kn. | mild Kn. | angenehm Kn | wohlriechend Kn. | - - | Nov. Dec. Kn. | vom ersten Range Kn. |
| 1¾, 2¾. Z. | - - | - - | sehr schön, gelb mit roth gestreift und roth. Z. | fest Z. | gut Z. | angenehm Z. | - - | bis April Z. | ist sehr hochzuschätzen Z. |
| 2½", 1½". | - - | - - | weiß und braunroth, jedoch schmuzig und dunkel. Q. kastanienfarben, auf einer Seite ein wenig grünlich. Hl. | grünlich Hl. hart Gm. | süßlich Hl. | angenehm Hl. wie Kastanien Gm. | - - | - - | — — |
| 2½, 2½. JB. | vorstehend JB. | kurz, dicke JB. | weißgelblich, an der Sonnenseite röthlich. JB. | gelblich. | säuerlich. | - - | - - | bis May. | — — |
| 2½, 1½. JB. | - - | kurz. | aus dem Weißen ins Gelbe spielend, hin und wieder roth gefärbt. JB. | gelblich, zarte. | weinsäuerlich. | angenehm. | - - | Novbr. | — — |
| 2½, 2½. JB. | - - | - - | schön weißgelblich. JB. | weiß, zarte. | süße. | - - | - - | April. | — — |
| groß, länglich Gm. 2½, 2½. JB. | klein, tief. | ½" lang, Gm. JB. | roth, mit einigen gelben und grünen Flecken. JB. | weiß, harte. | sauer. | - - | - - | May. | — — |
| 2½, 1½ JB. | um dasselbe eine Erhebung, wie eine aufgeworfene Lippe J. | lang 1½", dünne JB. | grün oder gelblich, hin und wieder mit rothen Streifen oder Tupfen. JB. | - - | sauer. | - - | - - | - - | ein guter Dauerapfel. |
| 1½, 1½. JB. | tiefer als voriger. | 1" lang JB. | weiß, gelb gestreifet. JB. | - - | sauer. | - - | - - | - - | dauert auch lange. |
| 2½, 2. JB. | klein, eingedruckt JB. | ziemlich lang und dünne. | beynahe ganz roth. JB. | - - | säuerlich. | angenehm. | - - | bis ins Frühjahr. | — — |
| 2½, 2. JB. | vertieft. | etwas lang und dicke, ½" l. JB | oben saftroth, unten weißlich mit rothen Streifen und Tropfen. JB. | spröde, doch zarte. | säuerlich-süße. | angenehm. | - - | bis Ende Januar, ja März. | — — |
| 1½, 1. JB. etwas eckig. | tief. | kurz und dicke. | gelb, mit röthlichen Streifen und Flecken. JB. | zarte. | säuerlich-süße. | - - | - - | Ende Jan. | — — |
| 2½, 2½ JB. etwas eckig. | tief. | kurz und dicke. | weißgelblich, weniger als voriger gestreift. | hartlich. | säuerlich. | angenehm. | - - | bis April. | zum Backen am besten. |
| - - | - - | - - | spielt aus Grün ins Safrangelbe, in guck Löchern mit viel hochroth u. safranfarbene Striemen. | zarte. | säuerlich gewürzhaft. | von gutem Geruch. | - - | den Herbst über. | — — |
| 2½", 2½". Wm. | nicht gar tief Wm. | ½" lang in flacher Höhle Wm. | glänzend roth mit einigen dunkelern Strichen, am Auge schwarze Flecken. Wm. | - - | - - | - - | - - | - - | — — |
| mittlerer Größe Gm. | - - | - - | rosenroth und blutstriemig. Gm. einer Seits blaß, auf der andern mit sehr feinen rosenfarbenen Striemen. Gm. | schneeweiß, sehr zart u. milde Gm. | süße und viel Saft Gm. | angenehm an Geschmack und Geruch. G. | - - | bis mitten im Winter Gm. | — — |
| groß Gm. | - - | - - | rosenroth, hin und wieder blutroth gestriemet. Gm. | zarte Gm. | säuerlich-süße Gm. | wie voriger Gm. | - - | bis Ende Herbst. | — — |
| ziemlich groß Gm. | - - | - - | gelb und roth gestreift. Gm. | zarte Gm. | weinsäuerlich, viel. | desgleichen Gm. | - - | spät im Winter. | — — |
| 3", 2½". Wm. | flach Wm. | ½" lang in flacher Höhle Wm. | blaßgrün. Gm. lungenfarbig, gegen das Auge blässer, mit blassen Puncten. Wm. | dünne, schwammig bröcklich G. | besonders süße Gm. | - - | - - | Ende Sommers Gm. | dauert nicht lange Gm. |
| - - | | - - | desgleichen, wie Gm. | locker Gm. | bitterlich-süße Gm. | - - | - - | desgl. | desgleichen. |

der Name daher: weil er blos von gemeinen Leuten bey ihrem Tanzen und Juppenschwenken genossen wird. Der Langstieler ist eine Varietät.

Kärblinge. Von diesen findet man auch bey JBauhin Abbildungen; sie müssen viele Aehnlichkeit mit den Rosenäpfeln haben.

Zürcher-Aepfel. Die Zürcher sind von JBauhin, der rothe Safranke aber von Weinmann abgebildet. Man vergleiche Num. CLXXVIII.

Karteken- Mann- Bolch- und Muß-Aepfel. Von diesen einerley Aepfeln, deren Namen vom Cordus herrühren, gedenket JBauhin nichts. Weinmann hat vom Bolchapfel, der wohl Lungenapfel heißen sollte, Pl. 705. c. und vom gelben Mußapfel 706. a. schlechte Abbildungen geliefert. In der Mark Brandenburg findet sich unter letztern Namen einer, der dem Num. XXX. 2. gleichet, der aber auch zu sonst nichts als allenfalls Muße gut ist. Das Pfropfen der Apfelreiser auf Weiden ist wohl sehr aus dem Gebrauche gekommen; ich wenigstens habe es noch nicht gefunden, auch selbst keine Probe damit gemachet, weil ich mir wenig Nutzen davon versprechen können.

| | Name der Hauptart und Vaterland. | Abänderungen dieser Hauptarten. | Gleichbedeutende Namen beyder Arten. | Beschaffenheit des Baums an sich selbst. | Das Laub oder die Blätter u. deren Stiele. | Die Blühte und deren Blätter. |
|---|---|---|---|---|---|---|
| XXX | A<br>Muß-Apfel Gm. Deutschland. | Breiter Muß-Apfel | Gm. 129. Cord. | — — | — — | — — |
| | | 1 Runder Muß-Apfel | Gm. 130. Cord. Tab. | — — | — — | — — |
| | | 2 Gelber Muß-Apfel | Gm. 132. Wm. 706ᵉ. | — — | — — | — — |
| | | 3 Kleiner Muß-Apfel. | Gm. 131. Cord. | — — | — — | — — |
| | Aa. Platt, jedoch um das Auge herum mit Falten, Beulen oder Ecken. | | | | | |
| XXXI | *Api* — Q. DH. Italien. | — — | Pomme de Demoiselle Q.<br>Pomme de bonne Compagnie Q.<br>Pomme d'Apis Kn.<br>P. d'Apis rouge Kn.<br>- le petit Z. 83.<br>- Z. N. 103. 101.<br>Api roosje vO.<br>Api-Apfel Hl. 29. H.<br>Bollen-Jungfern oder Trauben A. Mk. Hl.<br>Einfacher Api Elsh.<br>Herren-Knoklein Wm. 706ᵈ.<br>Welscher A. Cord. | wird nicht groß, treibt viel gerad u. lang Holz, weshalb er den Namen Pommier de long bois hat, bringt viel Früchte, die wie an den Aesten angereihet wachsen; die Triebe sind dünne, lang, violetbraun, weiß punctirt; die Knospen dicke, nicht so breit und eben, wie andere; die Träger stehen stark vor; auf hochstämmigen Bäumen in trockenem Boden werden die Früchte kleiner, aber besser. DH. H. Mll. | 2¾" lang, 1½" breit, tief und nochmals gezahnt; gegen die Spitze am breitesten. Die Adern stehen nicht weit vor und sind oft rosenfarb. Der Stiel ist ⅝" lang. DH.<br>Die Blätter fallen spåte ab, so wie bey Calville blansche und einigen Renetten. H. | 1¼" im Durchschnitt, jedes Blatt unten ½" breit und ⅝" lang, endigen sich fast spitzig; sind außen bleichroth gefleckt, und innen nur etwas weniges gefarbt. DH. H. |
| XXXII | *Api grand* DH. C. | — — | Gros-Api DH.<br>la Pomme Rose Q.<br>Pomme de Rose DH. C.<br>Doppelter Api Elsh.<br>Rubin-A. Wm. | völlig wie der kleine Api. DH.<br>die Frucht sitzt sehr fest, so daß sie der Wind nicht leicht abbricht. l'ecol. de Jard. | — — | — — |
| XXXIII | *Api noir* DH. C. | — — | — — | wird größer als der kleine Apibaum. DH. | — — | — — |
| | | 1 Api rouge HH. Kn.<br>2 Api blanc HH. | Api Cardinal HH.<br>Malappia HH. | | | |

Der Api-Apfel.

Wenn der Api-Apfel eben der, vom Plinius in seiner Naturgeschichte XV. Buchs 14ten Hauptstücks so genannte Appische Apfel ist, so ist er unstreitig zu unsern Zeiten einer der ältesten, und daher nicht zu verwundern, daß er seit langer Zeit in der Schweiz bekannt ist, wie Henne anführet.

Ein gewisser Pomologe sagt: es sey ein in den Waldungen bey Apis gefundener wilder Apfel; aber, in welchem Theile der Erde mögen wohl diese Waldungen liegen, und wenn mag er allda zuerst seyn entdecket worden?

Qvintinye hält sich bey dem Lobe dieses nunmehr allenthalben bekannten kleinen Api, mehr als bey irgend eines andern Apfels auf, und Du Hamel läßt ihm auch Gerechtigkeit widerfahren. Allein Knoop klaget, daß er in Holland nicht alle Jahre recht gerethe, und Miller hält ihn beynahe nur für gut genug, eine Veränderung des Ansehens unter andern Aepfeln zu bewirken. Diese Verschiedenheit muß blos vom Himmelsstriche herrühren. In der Mark Brandenburg, bey lockerm gut zubereitetem Boden, mißräth er blos, wenn allzuzeitige Fröste einfallen; so daß er nicht gehörig auswachsen kann, und ungeachtet er im Geschmacke dem Calville, Französischen Renett, Pepping und Borstorfer nicht gleich kommen möchte: so ist er doch mit dem Pigeon zu vergleichen. Und da er von ungemeiner Dauer ist, niemals welk wird, und bis in den Junius einen angenehmen erfrischenden Saft behält: so ist er gewiß für einen Apfel vom ersten Range zu achten.

Vor einigen Jahren erfroren mir aus Vernachläßigung im Monat Januar alle Aepfel in der Obstkammer, die Apis ausgenommen; denn diese blieben noch bis Anfangs May gut, und bekamen nur etwas eher faule Flecken, als wenn sie kein so harter Frost würde betroffen haben.

Henne's Rath, die Blüthen auf einer Seite dieses Baumes abzunehmen, um jeden alle Jahre tragbar zu haben, ist zu befolgen; denn ungeachtet es zufälliger Weise vielmal von Natur geschieht, daß

| Fruchtgröße. | Fruchtauge. | Fruchtstiel. | Farbe und Beschaffenheit der Haut. | Fleisch. | Saft. | Geschmack und Geruch. | Kernen und Kernhaus. | Zeit der Reife. | Güte und Werth. |
|---|---|---|---|---|---|---|---|---|---|
| ansehnlich groß Gm. | - - | - - | röthlich, dunkelroth gestrichelt. Gm. | milde und schmelzend Gm. | trocken Gm. | - - | - - | - - | ein beliebter Koch-Apfel. Gm. |
| groß Gm. | - - | - - | purpurroth, mit langen rosenrothen Streifen. Gm. | desgl. | weinsäuerlich, viel. | angenehm Gm. | - - | - - | desgleichen, dauert gut. |
| 4 1/8", 1 1/2". Wm. | klein, platt Wm. | - - | gelb, an der Sonnenseite hin und wieder roth gestreift. Gm.<br>hochgelb, die Sonnenseite gelblich roth, so sich verläuft. Wm. | desgl. | weinartig süße Gm. | desgl. | - - | bis Januar | desgleichen, dauert gut. |
| kleiner als voriger G. | - - | - - | desgleichen. Gm. | - - | - - | - - | - - | - - | — — |
| 1 7/16", 1 3/8". D.H.<br>1 3/8", 1". H.<br>1 1/2, 1 1/8.<br>Z. 103.<br>1 1/2, 1 1/2. 83.<br>2 1/2, 2 1/8. 95.<br>2 1/8, 2 1/8. 101<br>2 1/2, 1 1/2. Kn.<br>1 1/2, 1 1/2". Wm. | klein, in einer großen Aushölung, die runzlich ist und zuweilen kleine Ribben bildet D.H. H. | lang, in einer breiten und tiefen Ausschweifung. D.H. H.<br>7/8" lang Wm. | von außerordentlich lebhafter und durchdringender Farbe, die Haut an sich ist so zart und fein, als an keinem andern, daher er auch mit derselben gleichsam gierig muß gegessen werden, weil sie zu mehrerer Annehmlichkeit beyträgt, nur muß sie vorher über und über gelb seyn, weil dies erst die Reife anzeigt. Q.<br>fein, glatt, glänzend, anfangs auf grünem Grunde braunroth, bey der Reife aber hellgelb oder weiß und schimmernd roth. D.H. | außerordentlich fein Q.<br>weiß, fest, knackend oder brüchig, ohne Mark D.H. und wird nicht welk H. | viel, H. und süß erfrischend D.H. | hat nicht nach Fenchel [illegible], sondern parfümirten Geschmack Q. angenehm und nicht riechend D.H. | klein, kurz, breit, D.H. doch nach Verhältniß des Apfels vollkommen groß genug und hellbraun wie Pippinkernen H. | bis April Q. oder May; man läßt ihn aber, wo möglich, bis Novbr auf dem Baume D.H. | er schrumpft niemals ein. Q. D.H. H.<br>trägt aber nur ein Jahr ums andere. H.<br>in England muß er nicht recht gerathen, denn Mil. macht wenig aus ihm. |
| 2 1/8", 1 3/8".<br>2 7/16, 1 1/2". D.H. | klein, in einer engen und seichten Vertiefung D.H. | kurz, dünne, ist einer schmalen seichten Höle, die oft mit einem stralichtern Fahl umgeben. D.H. | hart, auf der Sonnenseite dunkelkirschfarben, nach den Seiten schwächer, wo sie entweder zusammenläuft, oder ein grünlich Gelb übrig läßt. Oft ist die ganze Schale roth und goldgelb marmorirt. D.H.<br>gleicht dem kleinen Api. Q.<br>ist aber nicht so roth. C. | sehr weiß, ohne Mark, doch nicht so fest und fein als am kleinen Api D.H. | häufig und ziemlich angenehm D.H. | soll nach Rosen schmecken und riechen D.H.<br>schlechter als der Kleine. C. | dunkelbraun und breit D.H. | dauert sehr lange D.H. | Viele schätzen ihn eben so hoch als den kleinen, besonders an der Rhone. Q.<br>ist aber wirklich nicht so gut. D.H. |
| größer als Api. D.H. | - - | - - | dunkelbrauner als Api, fast schwarz. D.H.<br>oder ganz schwarz. C. | - - | - - | - - | - - | nicht so lange als Api D.H. C. | wird endlich pelzig D.H. |

daß eine Seite vom Anfang an eher zu tragen anfängt als die andere: so kann man doch durch das vorgeschlagene Mittel desto sicherer seyn.

Abbildungen liefert D.H. auf der XI. und Kn. auf der XII Platte, die beyde der Natur ähnlich sind, welche Aehnlichkeit aber schwerlich bey den vom Herrn Zink auf der X Pl. N. 83 und auf der XII. N. 95 und 105 abgebildeten zu finden; ungeachtet er sie für die wahren ächten Pommes d'Apis ausgiebt. Der 103te hingegen auf der XIII Platte, welcher der unächte seyn soll, möchte der Form nach unter allen andern der ächte seyn; wenn nur seine Reife nicht im October und die Dauer bis Pfingsten angegeben wäre. Der Zusatz bey letztern rührt wohl nicht vom Herrn Consistorialrath her: „in Frankreich treiben die Damen viel Kurzweil mit diesen Aepfeln" — also mit andern nicht?

Außer diesem allgemein bekannten Api beschreibt D.H. noch zwey andere: den großen und den schwarzen Api. Vom erstern gesteht er selbst, daß er dem kleinen nicht beykäme, und hätte also meines Erachtens den ihm von Qvintinye beygelegten Namen, Rosenapfel, beybehalten sollen; obgleich sich in seinem Aeusserlichen einige Aehnlichkeit mit dem Api findet. Daß aber der schwarze wohl eigentlich derjenige Apfel seyn könne, den wir den schwarzen Borstorfer nennen, kann aus Vergleichung desjenigen, was oben Num. I. beygebracht worden, beurtheilet werden.

Rother Api. Daß der rothe oder Kardinals-Api, wie er bey H.H. heißt, kein anderer, als der gewöhnliche, in guten Jahren fast über und über roth gewordene Api sey, hat Kn. richtig bemerket, und

Weisser Api. Bey dem weißen Api, den H.H. auch Melappe oder Melappia nennt, fällt mir bey, daß im Französischen Api Eppich heißt, und daß Plinius des Aepfels Melapis Namen von der Verwandtschaft mit Eppich herleitet; sollte dieß etwa der, seit kurzem so benannte Petersilien-Apfel seyn? denn Apium sativum oder hortense ist Garten-Eppich oder Petersilie.

| | Name der Hauptart und Vaterland. | Abänderungen dieser Hauptarten. | Gleichbedeutende Namen beyder Arten. | Beschaffenheit des Baumes an sich selbst. | Das Laub oder die Blätter u. deren Stiele. | Die Blüthe und deren Blätter. |
|---|---|---|---|---|---|---|
| XXXIV | An. Arzney-Apfel Z. Deutschland. | — — | — — | — — | — — | — — |
| XXXV | Gülderling, weisser englischer. | — — | Z. N. 100. — | — — | — — | — — |
| XXXVI | - - gelber englischer. | — — | Z. N. 50. — | — — | — — | — — |
| | | Gülderling, rode | s. CL. 6. | | | |
| | | - - geele | CL. | | | |
| | | - - - grauwe enk. | das. 2. | | | |
| | | - - - - dubb. | - 3. | | | |
| | | - - fransche | - 1. | | | |
| | | - - spaansche enk. | - 4. | | | |
| | | - - - - dubb. | - 5. | | | |
| | | - - soete en kelde | - 7. | | | |
| | | - - - dub-belde | - 8. | | | |
| XXXVII | *Holaart* — Kn. Holland. (Zimmet-Apfel.) | — — | Soete Holaart Kn. Kaneel-Soete Kn. Binder-Soete Kn. v.O. Flaamse Holeers Pll. Soete Kant-Appel Pll. Pomme de Canel Z. Hl. 19. H.H. (84. Hollarsen aus Flandern Eich. | treibt stark, trägt aber wenig, und ist dem Krebse unterworfen. Kn. | — — | — — |
| XXXVIII | *Leyer-Apfel* JB. Deutschland. | — — | — — | — — | — — | — — |
| XXXIX | *Oranje-Appel* Kn. Holland. | — — | Engelsche Oranje-Appel Kn. | von gutem Gewächs und trägt stark. Kn. | — — | — — |
| XL | *Striepeling*, Sommer- Holland. Kn. (Streifling.) | — — | Sommer-Streifling H. Marienthaler H. XII. | wächst und trägt gut Kn. | — — | — — |
| XLI | - - *Herbst-* | — — | — — | treibt und trägt gut Kn. | — — | — — |
| XLII | - - *Winter-* | — — | Winter-Streifling H. Marienthaler H. XII. Sarium-Apfel Eich. (hat viel Aehnlichkeit mit dem Sonnen-Apfel) Streimlings-Apfel JB. Wollischer Streimlings-Apfel JB. | wächst ziemlich und ist tragbar. Kn. doch nur ein Jahr ums andere. H. die Triebe sind kurz, dünne, braunroth, getüpft und mit feiner Wolle, wie mit Staube belegt, die Augen klein, spitz, liegen platt an, und sind also kaum sichtbar; die Träger stehen gut vor. H. | 1½ Zoll lang, 1½ Zoll breit, am Rande stark gezahnet; der Stiel 1 Zoll lang. H. | 1½ Zoll im Durchmesser, jedes Blatt, so oval, und inwendig schön roth gezeichnet, ist 1½ Zoll lang und ¾ Zoll breit. H. |
| | | 1 Soete Striepeling Kn. | — — | wie der Winter-Streifling. Kn. | — — | — — |

**Arzney-Apfel.** Den Arzney-Apfel, welchen Zink auf der X Platte N. 80 abgebildet, habe ich auf die Api's folgen lassen; theils, weil Z. meynt, daß er denenselben im Geschmacke ziemlich gleich komme; theils aber, weil er der äußern Abbildung nach (so viel sich nämlich aus diesen Kupferstichen abstrahiren läßt) die Größe ausgenommen, mit dem nur gedachten Petersilien-Apfel überein kömmt.

**Weisser und gelber engl. Gulderling.** Diese beyden beym Zink N. 50 und 100 abgebildeten Gülderlinge kenne ich nicht und muß um Nachricht bitten: ob es von den Knoopschen Gülderlingen wirklich unterschiedene Arten sind, und unter welche Rubrik sie eigentlich gehören?

**Der Zimmet-A., Holaart.** Wird vom Knoop auf der II. von Z. aber auf der XI Pl. N. 84 abgebildet; bey erstern hat er fast das Ansehen als des Z. weißer Englischer Gülderling N. 100.

**Leyer-Apfel** JBauhin giebt Abbildung und Beschreibung davon. Die Farbe ausgenommen hat er Aehnlichkeit

| Fruchtgröße. | Fruchtauge. | Fruchtstiel. | Farbe und Beschaffenheit der Haut. | Fleisch. | Saft. | Geschmack und Geruch. | Kernen und Kernhaus. | Zeit der Reife. | Güte und Werth. |
|---|---|---|---|---|---|---|---|---|---|
| $2\frac{3}{8}$", $2\frac{1}{8}$". Z. | - - | - - | grüngelblich und roth, Sommer ganz grün vom Baume. Z. | fest, doch mild Z. | wenig, aber vortreffl. u. gewürzhaft. | hoh, ansehnlich, gemäs. weinsäuerl. | - - | bis Febr. Z. | — — |
| $1\frac{7}{8}$, $1\frac{7}{8}$. Z. | - - | - - | hellgrün, sodann gelblich weiß, zuweilen mit rothen Backen. Z. | fein, mild Z. | angenehm Z. | doch weinsäuerlich Z. | - - | bis März Z. | — — |
| $1\frac{7}{8}$, $1\frac{7}{8}$. Z. | - - | - - | mit schönen zitronfarbenen Backen, bräunlich. Z. | schneeweiß, zart. Z. | fein Z. | delicat weinig Z. | im Gehäuse ist oft ein gezuckerter Zitronsaft, dergleichen man sonst nicht findet Z. | October bis Jan. Z. | — — |
| $2\frac{1}{8}$, $1\frac{7}{8}$. Kn. $2\frac{1}{8}$, $2\frac{1}{8}$". auch größer Z. | klein, fein, etwas tief Z. mittelmäßig, ganz platt oben auf. Hk. | sehr dünne, 1 Zoll lang. | eine Seite gelblich, die andere durchaus schön roth, zuweilen mit einigen braunen Puncten oder Flecken. Kn. grünlichgelb und roth. Hk. | mild, Kn. überaus fein. Z. | fein, süß Kn. und saftig Hk. | sehr angenehm Kn. doch gewürzhaft Z. Hk. | hat gemeiniglich 20 Kerne Z. | bis April Kn. Febr. Z. | einer der besten süßen Aepfel. Kn. vortrefflich. Z. |
| klein, länglich, verschieden. 2, $1\frac{7}{8}$. JB. | sehr klein JB. | dünne und sehr lang 1". JB. | roth, mit noch röthern Streifen und Puncten. JB. | weiß JB. | süße JB. | angenehm JB. | - - | bis May JB. | — — |
| 2", 2". Kn. | - - | - - | glatt, eben, gelb, sehr oft rings herum mit blaßrothen starken ununterbrochenen Strichen oder gefleckt. Kn. | milde, gelb Kn. | gewürzhaft Kn. | angenehm Kn. | - - | Decbr und Jan. Kn. | vom ersten Range Kn. |
| $2\frac{1}{8}$", $2\frac{1}{8}$". Kn. | - - | - - | glatt, gelblich weiß, oder ganz blaßroth, auch blaßkarmoisin gestreift. Kn. | mild Kn. | nicht sonderlich. Kn. | nicht fein Kn. | - - | Sept. und Octbr. Kn. | vom dritten Range Kn. |
| $2\frac{1}{8}$", $2\frac{1}{8}$". Kn. | - - | - - | glatt, gelblich, und rings herum blaßroth gestreift. Kn. | ziemlich mild, unter der Schale röthlich Kn. | stark, nicht gar fein, säuerlich Kn. | ziemlich angenehm Kn. | - - | Oct. Novbr. Kn. | zum dritten Range Kn. |
| 3, $2\frac{7}{8}$. Kn. 3, $2\frac{7}{8}$" und überaus platt H. groß JB. $2\frac{1}{8}$, $2\frac{1}{8}$. — — | klein, in einer glatten, nicht tiefen Höhle, um welche einige nicht sehr merkliche Erhöhungen sind. H. klein. JB. | der dünne 1 Zoll lange Stiel steht in einer glatten seichten Vertiefung H. mittelmäßig lang JB. 1" und dicke. | glatt, gelblich, rings um mit schönen und feinen rothen Streifen. Kn. einige, so die Sonne nicht haben treffen können, haben nur auf einer Seite lange rothe Streifen, auf der andern Seite aber sind sie gelbgrün. H. schön, oben weißlich, unten röthlich, stark roth gestreift und punctirt. JB. | mild Kn. weißgelb, zähe ledern H. ziemlich fest JB. | säuerlich-süße Kn. häufig und süße H. sauer JB. | nicht gar fein Kn. doch ganz gut und hat einen außerordentlich schönen Geruch, auch giebt es viel Zwillingsfrüchte darunter. H. | sehr vollkommen und dunkelbraun, das Kernhaus ist enge und dichte H. — | bis Februar Kn. vom Novbr bis April H. | vom dritten Range Kn. doch zu Muße, zum Trocknen und Backen besonders wegen seiner Süßigkeit ganz vortrefflich. H. |
| 3, $2\frac{1}{8}$. Kn. | - - | - - | wie Winter-Streifling. Kn. | - - | süß Kn. | nicht fein, schlecht Kn. | - - | - - | gemeiner süßer Apfel. Kn. |

lichkeit mit dem Juppenschwenker. Vielleicht sind beyde so nahe mit einander verwandt, als der Leyerklang mit dem Juppenschwenken.

Der Orange-Apfel. Ist auf Knoops VIII Platte abgebildet und meines Wissens außer Holland wenig bekannt, es müßte denn unter einem andern Namen seyn.

Die Streiflinge. Die vom Knoop auf der II. V und VI Platte abgebildeten Streiflinge sind in Deutschland bekannt, und fallen nach Gelegenheit an Güte besser aus, als in Holland; wie solches der allhier vom Henne beschriebene so genannte Marienthalische Streifling bezeuget. Indessen können sie doch nicht anders, als für Wirthschaftsäpfel gelten. Der süße Streifling mag wohl nur Holland eigen seyn?

Die von JBauhin abgebildeten und beschriebenen Streimlings-Aepfel halte ich, ihrer Größe, Form und übrigen Aehnlichkeit wegen, mit vorigen für einerley, und habe sie also hier mit angeführet.

| | Name der Hauptart und Vaterland. | Abänderungen dieser Hauptarten. | Gleichbedeutende Namen beyder Arten. | Beschaffenheit des Baumes an sich selbst. | Das Laub oder die Blätter u. deren Stiele. | Die Blüthe und deren Blätter. |
|---|---|---|---|---|---|---|
| XLIII | Gros-Faros D.H. C. Frankreich. | — — | Kaiser-Apfel Hl. 20. | stark von Wuchs, die Triebe dick, lang, stark, dunkelbraunröthlich, mit einigen kaum sichtbaren Puncten. D.H. | $1\frac{3}{4}''$ lang, $2\frac{1}{8}''$ breit, fast elliptisch, mit großen, tiefen, spitzen Zähnen, die nochmals gezahnt sind. D.H. | $2\frac{1}{4}''$ im Durchmesser, öffnet sich aber nur wenig, jedes Blatt $1\frac{1}{12}''$ l., $\frac{3}{4}''$ br., innen blaßroth, außen etwas stärker, in der Mitte der Länge mit einem starken Bug. D.H. |
| XLIV | *Reinette, franche* Frankreich. (Französischer Renett-Apfel.) | — — | Reinette franche ou blanche Q. I. 201. Hl. 13. | wird groß und trägt gut, die Triebe sind dicke, lang, stark, im Schatten grün, an der Sonne röthlich, mit Wolle versehen und punctirt. D.H. verlangt trockenen Boden. Kn. | $1\frac{3}{4}''$ lang, $2\frac{1}{8}''$ breit, tief und nochmals gezahnet, länglich, an beyden Enden spitz; der Stiel 1 Zoll lang. D.H. | $1\frac{3}{4}''$ im Durchmesser, jedes Blatt $\frac{5}{8}$ und $\frac{1}{2}$ Zoll, außen hellroth gefleckt, auch innen gefärbt, in der Mitte am breitesten 2c. D.H. |
| | | 1 Varietäten des D.H. | — — | — — | — — | — — |
| | | 2 Reinette franche rousse D.H. | Reinette des Larmes C. | — — | — — | — — |
| | | 3 Reinette rouge D.H. | Reinette rouge d'hyver Z. 74. 109. Reinette du Roi H. VII. Reinette de la Reine vL. Granaat-Renet, van von Zugtelen vL. Rothe Renette Hl. 12. | ist groß und tragbar, die Triebe dicke, lang, punctirt, unten grün, gegen die Spitze röthlich, die Augen kurz, sehr platt, die Träger breit und ausgehöhlet. D.H. die Triebe ungemein gerade, die Augen nahe an einander 2c. H. | dunkelgrün H. $3\frac{1}{4}''$, $2\frac{1}{4}''$, fast oval, mit großer tiefen und spitzen Zahnung, die nochmals ausgezackt ist. Die Stiellänge $\frac{5}{8}$ bis 1 Zoll. D.H. | $1\frac{11}{12}''$ im Durchschnitte, ein Blatt $\frac{11}{12}$ und $\frac{7}{12}''$, oval, am Rande gerunzelt oder zerknuppelt, außen schwach kirschfarben, inwendig noch blässer. D.H. dabey am Boden breiter als an der Spitze. H. |
| XLV | *Reinette de Bretagne* Frankreich. D.H. | — — | Hl. 13. — | — — | — — | — — |

Der dicke Faros-Apfel. Ich habe Frankreich zum Vaterlande dieses Apfels angesetzet, weil ich ihn blos beym Dü Hamel finde. Sollte er aber von der Insel Faros, oder Pharos, den Namen haben, so könnte er wohl der Illyrische heißen, wiewohl es auch in Sicilien und Algarbien Oerter giebt, die Faros heißen. Zieht man blos seine regelmäßige Rundung und rothe Farbe in Betrachtung, so könnte man auf die Gedanken kommen, daß es der vom Plinius angeführte Sceptianische Apfel sey, dessen Röthe, so wie bey andern, vom Pfropfen auf Maulbeerbäume entstanden seyn soll.

Ich kenne ihn blos aus Dü Hamels Beschreibung und dessen Abbildung auf der IV Platte; er muß aber von dem Renett aus Bretagne nicht viel unterschieden seyn.

Der kleine Faros-Apfel kömmt seiner Form wegen unten Num. CLX vor.

Der Französische Renett. Der Uebereinstimmung des Innerlichen dieses Apfels mit dem Grauen und der Gleichheit mit dem Weißen habe ich oben Num. V und VI gedacht; ich werde also hier nichts weiter hinzusetzen, als daß ich diesem Französischen Renett, nicht allein den, von Dü Hamel selbst angegebenen, sondern zugleich

| Fruchtgröße. | Fruchtauge. | Fruchtstiel. | Farbe und Beschaffenheit der Haut. | Fleisch. | Saft. | Geschmack und Geruch. | Kernen und Kernhaus | Zeit der Reife. | Güte und Werth. |
|---|---|---|---|---|---|---|---|---|---|
| 2¾", 2½", im Durchschnitte völlig rund D.H. sehr groß, platt. C. | sehr breit weit offen, in einer Vertiefung mit platten Boden, um welche einige Erhöhungen D.H. | kurz, in einer tiefen Aushöhlung D.H. | sehr glatt, fast überall dunkelroth, mit kleinen noch dunklern Streifen oder langen Flecken. Die Schattenseite ist gemeiniglich nicht so dunkelroth, auch allda die Streifen hellröther, vielmals ist sie gar nicht gefärbt, die Aushöhlung am Stiele aber mit braunen Flecken umgeben. D.H. | fest, fein, weiß, unter der Schale etwas roth gefärbt D.H. brüchig C. | sehr gut und häufig. C. | ganz erhaben. D.H. | groß, in großen Fächern, zwischen denen die Fruchtachse hohl ist. D.H. | bis Februar D.H. C. | vom ersten Range. |
| 3", 2½". D.H. 3¼", 2½". Kn. | klein, in einer weiten flachen Vertiefung, die mit Beulen umgeben, so flache Rippen bilden. | dicke, kurz, in einer sehr breiten und tiefen Aushöhlung D.H. | glatt, hellgrün mit braunen Puncten, von runder, dreyeckiger rc. Figur, runzelt sich aber bey der Reife und wird bleichgelb; bisweilen ist an der Sonnenseite etwas roth mit hellrothen Puncten, am Stiele ist der Rand der Höhle grün oder grau. D.H. soll der weißen Renette in allem gleichen, und wohl gar mit derselben einerley seyn. Kn. | fest, weiß, bey höchster Reife etwas gelblich D.H. | zuckerhaft D.H. | erhaben u. angenehm D.H. | hellbraun, platt und breit. D.H. | vom Februar an bis wieder Aepfel werden D.H. | wird wegen Schönheit und Güte von jedermann, geachtet C. und für die beste gehalten, bekömmt aber bey starker Reife einen üblen Geruch und schrumpfet zusammen. D.H. |
| platt, auch länglich mit Ecken. | in einer breiten, die ist, am Rande ebenen Höhle D.H. | in eben solcher Höhle wie das Auge D.H. | gelb, fällt ins Graue, mit kleinen braunen Puncten und noch dunkelbraunern Flecken. D.H. | - - | - - | - - | - - | - - | runzelt sich und wird welker als die andern. D.H. |
| länglich, größer als petite hative C. | - - | - - | mit vielen braunrothen Flecken, die meistens eine längliche Figur haben, bey gehöriger Reife ist er roth und gelb schielernd. D.H. | fester als die petite hative C. | erhaben. C. | - - | - - | - - | dauert lange. C. |
| 2¾", 2½". D.H. 2½", 2¼". H. VII. runder und nicht so groß als andere. C. | klein, in einer seichten mit Beulen umgebenen Vertiefung D.H. sehr groß, in einer glatten Vertiefung H. VII. | lang, in einer breiten und tiefen Höhle D.H. 1" lang, in einer glatten Vertiefung, über einige ist ein Stück Fleisch gewachsen. H. | sehr glatt, etwas glänzend, die Sonnenseite stark mit Schönroth angelaufen u. mit kleinen hellgrauen Puncte versehen; die andere Seite ist weiß oder hellgelb mit kleinen grauen Puncte. D.H. C. glatt, glänzend, eine Seite hochroth mit gelb u. roth marmorirten Flecken, die andere gelb mit vielen kleinen grauen Stippen, oft mit langen, doch ununterbrochenen Streifen vom Auge bis zum Stiele. H. VII. | fest, weiß, ins gelbliche fallend D.H. weißgelb, sehr zart u. mürbe H. fest W. | häufig D.H. dabey süß, angenehm und lecker haft, und behält ihn lange. H. VII. | noch mehr erhaben säuerlich, als an der gewöhnlichen Franz. Renette. D.H. | klein, vollkommen, etwas länglich, nicht sonderlich spitz. D.H. hellbraun, in engen Gehäusen, u. hat unter alle Renetten die mehresten. H. | beynahe so lange als die Französische Renette. D.H. bis April, sodann wird sie welkig H. | schrumpft nicht so sehr als die Franz. Renette ein. D.H. wird niemals welk und ist daher allen andern Renetten vorzuziehen. H. aber noch nicht recht gemein, und rarer als andere. W. C. |
| 2½, 2⅓, und 2½, 2⅓. D.H. | in einer engen seichten am Rande ebenen Höhle D.H. | dünne, ⅝" l. in einer sehr engen Vertiefung, die glatt u. mit Grau bedecket ist, so mit Strahlen aufhört D.H. | rauh, an der Sonnenseite dunkelroth mit noch dunklern fast braunen Streifen, die Halbschattenseite schönroth, dunkler gestreift, die Schattenseite theils hellroth, theils schön goldgelb. Alle rothe Oerter sind mit großen gelben, alle gelbe aber mit braunen Puncten versehen. D.H. | fein, ziemlich fest, gleichsam brüchig, weiß, ins gelbliche fallend, und stark riechend. D.H. | häufig, zuckerhaft D.H. | erhaben, doch nicht so säuerlich, als andere gute Renetten. D.H. | hellbraun, breit, platt, am Ende spitzig. D.H. | bis Anfang des Januar D.H. | sehr gut. D.H. |

gleich auch den braunrothen Französischen und den rothen, als dergleichen Varietät beygefüget, weil sie nur in sehr geringen Stücken unterschieden sind.

Abbildungen des Französischen Renett giebt Du Hamel auf der XIV. und Knoop auf der IX Platte, die ziemlich überein stimmen, und des Rothen Zink auf der IX Platte N. 74, und auf der XIII. N. 109; wovon aber letzterer um das Auge herum aussieht, wie eine umlaufende Sonne mit vielfarbigem Feuer bey Lustfeuerwerken, folglich sehr unnatürlich.

Die unter den Synonymen angeführten Namen: Reinette du Roi, und Reinette de la Reine, klingen sonderbar; vermuthlich sind sie in Deutschland und Holland erfunden worden, um etwas ganz vortreffliches anzuzeigen. Was läßt sich aber wohl für ein Begriff damit verbinden, wenn es ja recht auffallend seyn sollte, warum nicht lieber Reinette-Rojale-Imperiale de Heliogabale?

Renett aus Bretagne. Von diesem Apfel bin ich, der Beschreibung nach, ungewiß, ob er unter die Abänderungen des grauen Renett zu rechnen, oder eine besondere Art ausmachet; zumal da er sich nicht länger als bis Ausgangs December halten soll.

| | Name der Hauptart und Vaterland. | Abänderungen dieser Hauptarten. | Gleichbedeutende Namen beyder Arten. | Beschaffenheit des Baums an sich selbst. | Das Laub oder die Blätter u. deren Stiele. | Die Blüthe und deren Blätter. |
|---|---|---|---|---|---|---|
| XLVI | Aa. *Renet van Sorgvliet* Holland. Kn. | — — | Hl. vl. W. — | — — | — — | — — |
| XLVII | *Rambour* — Q. Frankreich. | — — | Rambour franc D.H. Rambour blanc Z. H.H. Charmant blanc Z. Rambour aigre H.H. Gelber Leder-Apfel Hl. 6. C. Mh. M. III. 171. rother und grüner Sommer-Rambour. Elsh. Lothringer, oder durch einen Druckfehler Cambour. JB. Pomme de notre Dame. Gm. Pomme de Rambourg Enc. Oec. | muß wegen Schwere der Früchte hochstämmig seyn. Q. ist schön stark und fruchtbar, die Triebe groß, lang, stark, violetbraunroth, mit dicker Wolle und kleinen Puncten. D.H. | einer Hand lang und breit, dergleichen an keinem andern Baume. Z. $1\frac{1}{2}$", $2\frac{1}{12}$", fein, tief, und nochmals gezahnt, außen sehr wollig. $1\frac{1}{4}$ Zoll der Stiel lang. D.H. | $1\frac{1}{2}$" im Durchschnitt, ein Blatt $\frac{1}{2}$, $\frac{7}{12}$, unten gerunzelt und daselbst breiter als an der Spitze, hellkirschroth gefleckt. D.H. |
| | | 1 Rambour d'Orleans Z. N. 17. | Rother Leder-Apfel Hl. 7. | gleicht dem Rambour frank D.H. | wie voriger D.H. | wie voriger D.H. |
| XLVIII | *Rambour d'hyver* Frankreich. D.H. C. | — — | Rambour rouge Z. 52. H.H. | gleicht demselben D.H. | dergleichen D.H. | dergleichen D.H. |
| | | 1 Rambour verd et gris Z. 51. | — — | — — | — — | — — |
| | | 2 Rambour doux H.H. | | | | |
| | | 3 Rambour noir H.H. | | | | |
| XLIX | Pauliner, rother Z. Deutschland. | — — | Z. N. 40. — | — — | — — | — — |
| L | - - gelber Z. | — — | Z. N. 106. — | — — | — — | — — |
| LI | - - wintergrüner Z. | — — | Z. N. 71. — Courtpendu blanc Hl. 17. | — — | — — | — — |
| LII | Palöhe-Apfel H. Deutschland. | — — | — — Sommer- Winter- } Pallier Elsh. | von Ansehen und Größe hat er seines gleichen nicht, die Triebe sind dicke, lang, schwarzbraun mit weißen Puncten und wolligtem Wesen, die Knospen lang, spitz, deutlich zu sehen, die Träger stehen gut vor. H. | sehr groß, 5" und $2\frac{1}{2}$", dunkelgrün, an beyden Enden spitz, stark gezahnt. Der Stiel 1 Zoll lang. H. | 1 Zoll im Durchschnitt, jedes Blatt 1 Zoll lang, ½ Zoll breit, und stark löffelmäßig ausgebogen, innen und außen roth. H. |

Renett von Sorgvliet: Gleiches muß ich auch von diesem Renett sagen. Knoop bestimmt nicht einmal: ob er eine rauhe oder glatte Haut habe. Der Abbildung nach bey demselben auf der IX Platte kömmt er mit dem Französischen Renett sehr überein.

Der Rambour. Diese Art Französischer Aepfel ist sehr zeitig in Deutschland bekannt worden, und deren Stämme kommen allda gut fort; wie man denn dergleichen an verschiedenen Orten findet, deren Stärke und Größe von einem sehr hohen Alter zeugen. Wegen des brüchigen und etwas pelzigen Fruchtfleisches, das bey dem rohen Genusse gar sehr zu spüren ist, heißt er mehrentheils Leder-Apfel.

In England ist nach Millers Anzeige der Sommer-Rambour bekannt, aber nicht geachtet; in Holland muß es weder dieser, noch der Winter-Rambour seyn, weil deren Knoop nicht erwähnet, oder, er müßte ihm einen andern Namen gegeben haben, z. B. Sonnen-Apfel, Nelken-Apfel u. s. w.

Dü Hamel hat den Sommer-Rambour auf der X Platte abbilden lassen, und Zink giebt vier Abbildungen, die aber so wenig mit anderer, als seinen eigenen Beschreibungen überein stimmen. Die auf

| Fruchtgröße. | Fruchtauge. | Fruchtstiel. | Farbe und Beschaffenheit der Haut. | Fleisch. | Saft. | Geschmack und Geruch. | Kernen und Kernhaus. | Zeit der Reife. | Güte und Werth. |
|---|---|---|---|---|---|---|---|---|---|
| 3½", 2½". Kn. | - - | - - | grünlich gelb, braun punctirt und gefleckt, zuweilen an einer Seite etwas röthlich. Kn. | mild Kn. gelb, hart, und doch dabey mürbe M. | angenehm Kn. süß. M. | lieblich Kn. aromatisch M. | - - | Jan. Febr. Kn. | vom ersten Range Kn. |
| 3, 2½. D.H. wohlgestalt, etwas platt und groß Hk. C. der größte unter allen nach l'ecole de J.<br>—<br>— | groß, in einer mittelmäßigen Vertiefung, mit weit vorstehenden Beulen umgeben. D.H. | kurz, in einer engen, aber tiefen Aushöhlung. D.H. Hk.<br>.. | schön, groß, auf einer Seite grün, auf der andern rothgestreift. Q. JD.<br>an der Sonnenseite weißlich, rothgestreift, auf der andern sehr hellgelb, in der Stielvertiefung aber grau verlaufen. D.H.<br>ganz glatt, wohlgestalt, hell gelb und an der Sonnenseite schön rothgestreift. Hk.<br>weiß, dick und breit. Dah.<br>weiß mit wenig roth gestreift. C.<br>blendend weiß, an der Sonnenseite kleine rosenfarbene Sprenkel, auch wohl hellrothen Backen. Z. | etwas gröblich, aber gekocht leicht und gut D.H.<br>nach Z. gar fein.<br>zarter JD. | etwas säuerlich, wird aber durchs Feuer sehr angenehm D.H.<br>ziemlich viel Z.<br>säuerlich JD.<br>— | rohe sehr säuerlich, aber deswegen zu Compots sehr vorzüglich D.H.<br>hochsäuerlich Z.<br>und angenehm. Mh. | sind der Frucht gemäß groß D.H. | August, Sept. Q. Oct. D.H. Z.<br>muß nicht überreif werden. D.H. | ist wegen seiner Frühe sehr geachtet. C.<br>und zum Schmoren, Backen und Muß vortrefflich. Q. Mh.<br>doch aber auch zärtlich, und sobald er braune Flecken bekömmt, wird er raub und pelzig. Z. |
| 2½, 2½. Z. | - - | - - | glatt, wohlgestalt, braun und roth. Hk. roth. Dah. | mild. Z. | gut. Z. | gut. Z. | - - | Ende Sept. Hk. bis Nov. Z. | wird leicht mehlig. Z. |
| 3½", 2½". D.H.<br>3½, 2½. Z. sehr groß C.<br>— | in einer mittelmäßig breite Tiefe, um welche Beulen, die ihn zuweilen eckig machen. D.H. | dick, kurz, tief, innen in einer weiten Aushöhlung. D.H. | glatt, an der Sonnenseite gelb, an der andern weißlich grün, erstere mit blutrothen, letztere mit hellrothen Puncten und Streifen. D.H.<br>an der Sonnenseite schön wie Marmor. Z.<br>ganz grün. C. | ziemlich zart, weiß, ins Grüne fallend D.H.<br>etwas pelzig. Z. | genugsam Z.<br>erhaben D.H.<br>säuerlich C. | gut, doch mit einem herbe Nachschmack D.H.<br>nach Wein Z. | klein und übel gebildet. D.H. | bis Jan. Z. od. bis May D.H. | sowohl roh als gekocht und zu Compots gut. D.H.<br>besonders köstlich für Kranke. C. |
| 2½, 2½. Z.<br>— | - - | - -<br>— | ganz grau, an der Sonnenseite zuweilen ein rother Backen. Z. | brüchig, grünlich. Z. | ziemlich. Z. | wie Renetten. Z. | - - | bis Januar Z. | wird bey üblem Wetter oft fleckig und reißt auf. Z. |
| 3½, 2½. Z. | - - | - - | roth. Z. | fest. Z. | mittelmäßig. Z. | gut. Z. | - - | bis Dec. Z. | — — |
| 2½, 2½. Z. | - - | - - | gelb und roth. Z. | gelb, fest. Z. | geringe. Z. | härtlich, doch ziemlich. Z. | - - | bis April Z. | hält sich lange ohne Faulen. Z. |
| 2½, 2½. Z.<br>— | oben zugezogen. Hk. | sehr kurz, tief im Fleische sitzend. Hk. | grün, etliche mit rothen Backen, werden blaßgrün und endlich gelb. Z.<br>hellgrüngelb, an der Sonnenseite sehr wenig röthlich. Hk. | fest. Z. | mittelmäßig. Z. | leidlich. Z. | - - | bis April Z. | von sehr langer Dauer. Z. |
| 3½", 2½". H. | in einer ziemlichen Vertiefung, um welche Höcker, die unmerklich herunterlaufen. H. | 1 Zoll lang, in einer glatten tiefen Grube. H. | glatt, mittelmäßig dick, grüngelb mit eingesprengten dunkelgrünen Puncten, auch an der Sonnenseite, jedoch selten, roth, die mehersten sind bleichgelb. H. | weiß, zart und mürbe, von besonderer Festigkeit. H. | in Menge, ungemein süß. H. | nicht pikant oder hochfein. H. | lang, spitz, vollkommen, feste im Kernhause. H. | bis April H. | guter wirthschaftlicher Apfel. H. |

auf der II Platte Charmant blanc N. 11, und Rambour d'Orleans N. 17, sind Sommer-, und die auf der VI Platte mit den Namen: Rambour verd et gris N. 51, und Rambour rouge N. 52, Winter-Früchte.

Pauliner-Aepfel. Außer Zinken finde ich diesen Apfel nicht, als bey Hk, und bey des letztern Pauliner ist es noch ungewiß, ob er mit erstern einerley ist, weil er ihn mehr länglich als platt angiebt.

Die Umrisse der drey unter den angeführten Nummern in der Ziukschen Sammlung befindlichen Zeichnungen sind fast einerley, und blos die Farben an selbigen unterschieden; vielleicht ist es einerley Apfel von verschiedenen Bäumen und in verschiedenen Jahren gemalet.

Palsbe-Apfel. Dieser Apfel wird allein von Henne beschrieben; wie er anderer Orten in Deutschland genennt wird, ist mir unbekannt. Der Beschreibung nach hat er viel Aehnliches mit dem Francatu. Gleicher Aehnlichkeit wegen habe ich den von JBauhin abgebildeten so genannten Kern- oder Zenith-Apfel, als eine Abänderung desselben beygefüget.

| | Name der Hauptart und Vaterland. | Abänderungen dieser Hauptarten. | Gleichbedeutende Namen beyder Arten. | Beschaffenheit des Baums an sich selbst. | Das Laub oder die Blätter u. deren Stiele. | Die Blüthe und deren Blätter. |
|---|---|---|---|---|---|---|
| LII | Paröhe-Apfel H. Deutschland. | 1 Zellischer Kern-Apfel J.D. | Zenith-Apfel J.D. Matthias-Apfel J.D. | — — | — — | — — |
| LIII | *Roos-Appel* Kn. Holland. (Rosen-Apfel.) | — — | Pomme rosée H.H. | treibt gut, wird groß und tragbar Kn. | — — | — — |
| | | 1 Rosette d'Automne Z. N. 21. | — — | — — | — — | — — |
| | | 2 Passe rose platte C. 3 Double fleur H.H. Rosen-Apfel Z. N. 60. Pomme rose Kn. | f. XX, CXXXVII. XXXII; CLXI. 1. | sehr tragbar Z. | — — | — — |
| LIV | *Rosette d'Eté* Z. (Sommer-Röslein.) | — — | Z. N. 9. Hl. 4. | | | |
| | | 1 Rosette d'Eté marbrée Z. N. 7. | Hl. 5. — | — — | — — | — — |
| LV | *Pomme de Chartreux* Frankreich. Z. (Carthäuser-Apfel.) | — — | Z. N. 31. — | — — | — — | — — |
| LVI | Cardinals-Apfel Deutschland. | Rother Cardinals-Apfel. | Pomme de Cardinal rouge Z. N. 19. | — — | — — | — — |
| | | 1 Weißer Cardinals-Apfel. | Pomme de Cardinal blanche Z. N. 17. | — — | — — | — — |
| LVII | Teller-Apfel Deutschland. | Der weiß und rothe Teller-Apfel. | Z. N. 27. — | — — | — — | — — |
| | | 1 Der gelbe Teller-Apfel. | Pfund-Apfel Z. N. 79. Hl. Winter-Apfel N. 18. | — — | — — | — — |

Der Rosen-Apfel.

Der Rosen-Aepfel giebt es so viele, daß es schwer wird, sie zu unterscheiden oder zu bestimmen, ob es besondere Arten oder Abänderungen anderer Aepfel sind. Um hierinnen mit der Zeit mehrere Aufklärungen hoffen zu können, will ich die in diesem Verzeichnisse vorkommenden zusammen hieher setzen und vorläufig darüber meine Gedanken mittheilen:

1) la Pomme rose des Quintinye, soll dem Api ähnlich sehen.
2) la Pomme rose und Grand-Api sind beym Dü Hamel einerley.
3) Pomme rose des Knoop auf der I Platte.
4) Rosette d'Automne auf Zinks III Platte N. 21.
5) Rosen-Apfel bey Zink VII Platte N. 60.
6) la Passe rose plate der Carthäuser, soll auch dem Api ähnlich, aber größer seyn.
7) Pomme rose franche des Knoop auf der V Platte.
8) Rosette d'Eté auf Zinks I Tafel N. 9.
9) Rosette d'Eté marbrée daselbst N. 7.

Die zwey ersten sind ohne Zweifel einerley, und oben Num. XXXII angeführt. Der dritte ist derjenige, so jetzt Num. LIII vorkömmt, und dem ich den vierten, fünften und sechsten, als Abänderungen beygefüget habe. Von diesen drey Abänderungen kömmt die erste der Knoopschen Zeichnung ziemlich nahe; die andere aber, so schon oben Num. XX vorgekommen, sieht nichts weniger als einer Rose ähnlich, so daß es der Einschränkung gar nicht bedurft hätte: „es sähen nicht alle dergleichen Aepfel so schön aus, als der abgebildete;" und die dritte möchte wohl hier Num. LIII 2 nicht am rechten Orte stehen, sondern zu N. XXXII gehören. Der siebente hat auch nicht die geringste Aehnlichkeit mit einer Rose, es

müßte

| Fruchtgröße. | Fruchtauge. | Fruchtstiel. | Farbe und Beschaffenheit der Haut. | Fleisch. | Saft. | Geschmack und Geruch. | Kernen und Kernhaus. | Zeit der Reife. | Güte und Werth. |
| --- | --- | --- | --- | --- | --- | --- | --- | --- | --- |
| klein, rund. J. 2, 1½. JB. | - - klein und flach. JB. | lang, J. ½". JB. | blaßgelb, etwas ins Grüne spielend. JB. | weiß, härtlich. JB. | süße. JB. | angenehm. | - - | - - | in Stücke geschnitten (und getrocknet) ist er lange mit Nutzen zu gebrauchen. JB. |
| 3½", 2½". Kn. | - - | - - | an einer Seite gelblich weiß, vielmal aber fast rund um schön hellroth, dabey durchaus dunkelroth gestreift, schön fürs Auge. Kn. | mild. Kn. | etwas herbe Kn. | nicht gar zu fein. Kn. | - - | Oct. Nov. Kn. | Mittelsorte, mehrentheils zum Kochen. Kn. |
| 2½, 1⅞. auch größer. Z. | - - | - - | unvergleichlich schön roth gestreift. Z. | fest, wie Borsdorfer, oft unter der Schale röthlich. Z. | nicht viel Z. | zwischen süß und sauer, doch angenehm. Z. | - - | Oct. Nov. Z. | er muß bald genossen werden, weil er leicht fault. Z. |
| 2⅛, 2½. Z. | - - | - - | rings um rothe, viele aber nur auf einer Seite rosenfarbige Streifen; einige sehen einer wolligten Pfirsiche ähnlich. Z. | weiß, mit rothen Adern. Z. | nicht allzu viel. Z. | hochsäuerlich. Z. | - - | Anfangs Septbr. Z. | dauert nur vierzehen Tage. Z. |
| 2⅞, 2½. Z. | - - | - - | wunderschön gelb und roth (wie die rothen Calvillen), glänzt wie gefirnißt; wenn er überreif, spaltet er sich ½" von oben und eben so viel von unten, daß man durch und durch sehen kann, welches aber seiner Güte nicht schadet. Wenn die Schale schneeweiß wird, ist er recht reif. Z. | schneeweiß auf einer, und rosenfarb auf der andern Seite. Z. | weinsäuerlich. Z. | gut und angenehm. Z. | um das Kernhaus ist ein rother Circul, wie bey den rothen Calvillen. Z. | Ende Aug. u. Anfang Septbr. Z. | hält sich nur vierzehen Tage, ist zärtlich und fault bald. Z. |
| 3½, 2½. Z. | - - | - - | braun, wird aber auch röthlicher. Z. | mild. Z. | ziemlich. Z. | nicht sonderlich. Z. | - - | blos Nov. Z. | das äußerliche Ansehen ist das Beste an ihm. Z. |
| 3½, 2½. Z. | - - | - - | blaß- und dunkelroth, welches sich in einander verläuft, ohne Streifen. Z. | - - | weinsäuerlich. Z. | mittelmäßig. Z. | - - | Oct. Nov. Z. | überreif bekommt er Flecken und wird mehlig. Z. |
| 3⅞, 3½. Z. | - - | - - | auf gelbem Grunde schönroth gefleckt und gestrichelt. Z. | milde, weiß Z. | reichlich und delicat Z. | besonders hoch, wie Calville. Z. | - - | bis Februar Z. | bekömt auch leicht Flecken, ist sonst hochzuschätzen. Z. |
| 3½, 2½. Z. wird auch größer. Z. | - - | - - | von innen kommt er zwar mit dem rothen Cardinals-Apfel Z. N. 19 überein, in der Farbe aber ist er verschieden. Z. | - - | weinsäuerlich. Z. | sehr mittelmäßig. Z. | - - | Octbr. und Novbr. Z. | das äußerliche Ansehen ist das Beste an ihm. Z. |
| 4" breit 3½" hoch. Z. | - - | - - | anfangs grün, im Liegen gelb, auch wohl mit rothen Backen. Z. Hk. | feste, derb. Z. | mittelmäßig. Z. | süßsäuerlich Z. | - - | Novbr. bis Febr. Z. | gut zu Compots und zum Backen, nur im Nothfalle zum Rohessen. Hk. |

müßte denn eine gelbe seyn sollen; eher möchte man ihn für einen Gülderling halten. s. unten N. CLXI. Den achten habe ich Num. LIV folgen lassen, und ihm den neunten als eine Abänderung beygesellet, ungeachtet ich glaube, daß sie im Grunde einerley und Passe-Pommes sind.

**Carthäuser-Apfel.** Da, wie schon gedacht, den in der Zinkschen Sammlung vorkommenden Abbildungen und Beschreibungen wenig zu trauen ist, so vermuthe ich, daß dieser und der Kastanien-Apfel einerley, und blos aus Chataigner, Chartreux gemacht worden sey.

**Cardinals-Aepfel.** Die beym Zink allein vorkommenden Cardinals-Aepfel haben auf dessen III Platte N. 19 und auf der VII. N. 57 eben die Form, wie die bereits oben N. XLIX, L und LI angeführten Pauliner-Aepfel, nur daß sie etwas größer gezeichnet sind; auch in Ansehung der Zeit der Reife und der Güte stimmen sie mit denenselben überein. Da nun Hk. unter den Sommer-Aepfeln N. 11 die Hiesen-Joopen- oder Cardinals-Aepfel für einerley annimmt, erstere aber in der Form gänzlich von den Zinkschen Cardinals-Aepfeln abweichen, weil sie parabolisch, diese aber platt sind: so halte ich dafür, daß gedachte Zinksche Pauliner- und Cardinals-Aepfel von einerley Art sind.

**Celler-Apfel** Vom erstern dieser bey Z. abgebildeten Aepfel glaube ich, daß er ebenfalls zu den Paulinern gehöret, und auf der IV Platte N. 27 nur ein Stück derselben gewählt worden, das sich in der Farbe von den andern unterschieden hat.

Der zweyte oder gelbe, IX Pl. N. 79, ist bekannt genug; aber

Der dritte, XII Pl. N. 98, ist es weniger, und vielleicht dessen sonderbarer Name le grand Pigeon blanc gar nicht, da er mit den Pigeons weder in Güte, noch Form und Größe Aehnlichkeit hat.

| | Name der Hauptart und Vaterland. | Abänderungen dieser Hauptarten. | Gleichbedeutende Namen beyder Arten. | Beschaffenheit des Baums an sich selbst. | Das Laub oder die Blätter u. deren Stiele. | Die Blüthe und deren Blätter. |
|---|---|---|---|---|---|---|
| | Aa | | | | | |
| LVII | Teller-Apfel — Deutschland. | 1 Der gelb und rothe Teller-Apfel | Le grand Pigeon blanc Z. N. 98. | gemeiniglich am Spalier gegen Mittag am besten. Z. | — — | — — |
| LVIII | *Quince-Appel* Mll. England. (Quitten-Apfel.) | — — | Quitten-Apfel Hl. Coler. | bleibt sehr klein. Mll. also am Spalier am besten. Hl. | — — | — — |
| LIX | Glas-Apfel Elsh. | — — | Wm. 705[e]. — | — — | — — | — — |
| | Aaa. Platt, rings um mit Ecken und Ribben. | | | | | |
| LX | *Pomme d'Etoile* Q. Frankreich. (Stern-Apfel.) | — — | Pomme etoilée DH. Z. N. 77. Pomme d'Etoile a longue queue C. Q. III. 202. Gm. 28. JB. | — — | — — | — — |
| | | 1 Stern- od. Kant-Apfel Hl. N. 16. | — — | will guten Boden haben. Hl. | — — | — — |
| LXI | Rosenhäger, großer Deutschland. | — — | H. XI. — Rosenhägener rother und weißer. Elsh. Ulmer. JB. | lebhaft, wird hoch und sehr alt; die Triebe mittelmäßig stark und nicht gar lang, dunkelbraun ins Blaue fallend, mit einigen weißen Puncten, an der Spitze staubig; die Knospen dicke, breit, nicht gar lang; die Träger gut vorstehend. H. | 4 Zoll lang, 2½ Zoll breit, dunkelgrün, scharf gezahnt, am Ende nicht gar spitz und gleichsam hin und her gewunden. Der Stiel 1 Zoll lang. H. | 2 Zoll im Durchschnitt, jedes Blatt 1 Zoll lang, ¾ Zoll breit, aus- und inwendig schön roth marmorirt. H. |
| | | 1 Kleiner Rosenhäger | H. XI. — | — — | — — | — — |
| LXII | *Pomme de Prince* Z. Deutschland. (Fürsten-Apfel.) | — — | Z. N. 104. — | — — | — — | — — |
| LXIII | *Pomme-Poire* DH. Frankreich. (Birnen-Apfel.) | — — | Espece de Reinette grise. DH. C. Pomme Poire tardive HH. Mh. III. 312. Girandette CB. | — — | — — | — — |
| | | 1 Pomme-Poire Kn. | Grauwe Peer-Soete Kn. Kaysers-Soete Kn. Soete van Dekker Kn. | treibt gut, wird groß, trägt reichlich, wird aber leicht krebsig. Kn. | — — | — — |
| | | 2 — — | Witte, of blanke Peer-Soete Kn. | — — | — — | — — |

**Quitten-Apfel** Ist in hiesigen Gegenden noch nicht bekannt, ich weis also auch nicht, ob er der Form nach hier am rechten Orte stehe. Nach Millers Ausspruche soll er ein vortrefflicher Sommer-Apfel seyn.

**Glas-Apfel.** Von den Glas-Aepfeln, deren Cordus gedenket, hat Weinmann auf der 705 Pl. e eine Abbildung gegeben. Nach erstern soll deren Fleisch wie dunkel Glas durchsichtig seyn. Vielleicht sind diejenigen dadurch gemeynt, die bey ihrer Reife wasserschliffig oder wasserdröhnig werden.

**Stern-Apfel.** Der von Q. und DH. beschriebene Stern-Apfel ist wohl schwerlich einerley mit dem Kant- oder Stern-Apfel des Hl, noch weniger mit dem, so in Z. Sammlung X Pl. N. 77 abgebildet ist. Vom letztern scheint es gar, als wenn er nicht nach der Natur, sondern nach einer Beschreibung gemalet wäre. Denn schwerlich wird sich ein Apfel finden, der 8 oder 9 so regelmäßige Ausbauchungen mit rothen Einfassungen, und statt der Blüthe einen Stern mit eben so viel Spitzen hätte. Ich wenigstens habe noch keinen gesehen. Der von J.Bauhin abgebildete Pomum pentagonum scheint am natürlichsten zu seyn.

Nach

| Frucht-größe. | Fruchtauge. | Fruchtstiel. | Farbe und Beschaffenheit der Haut. | Fleisch. | Saft. | Geschmack und Geruch. | Kernen und Kernhaus. | Zeit der Reife. | Güte und Werth. |
|---|---|---|---|---|---|---|---|---|---|
| 3¾", 3½". Z. | - - | - - | er kann nicht schöner gemalt werden, wird je länger je mehr gelb ꝛc. Z. | feste Z. | nicht viel Z. | ziemlich Z. | - - | bis Februar Z. | — — |
| 2", 1¾". Mll. | - - | fast ohne Höhle wie eine Quitte Mll. | auf einer Seite gelb, auf der andern röthlich. Mll. Hl. | - - | - - | besonders gut. Mll. | - - | Septembr. Hl. | auf drey Wochen vortrefflich. Mll. |
| 4½", 3¼". Wm. | behält grüne Bluthblätter. | - - | schmuzig gelb und bräunlich ins Weiße verlaufend, mit kleinen einzelnen braunen Puncten Wm. | - - | - - | - - | - - | - - | — — |
| - | | - - | | | | | | | |
| 2", 1¾", in fünf Ribben getheilt DH. 3", 2". Z. 2½", 1½". JB. | fast der Frucht gleich, hinter den fünf Ausschnitten desselben sind 5 Beulen. DH. | sehr lang, in einer starken, aber nicht breiten Vertiefung. DH. | glatt, wie am Api, auf der Sonnenseite nicht so lebhaft roth, sondern mehr pommeranzenfarbig, auf der andern Seite aber gelber. DH. Q. theils gelb, theils röthlich und gelb punctirt. JB. | ziemlich fest, etwas grob, fällt ins gelbe und ist unter der Haut schwachroth DH. | säuerlich DH. Q. säuerlich-süß. | nach Holz-Aepfeln DH. guten Geschmacks u. Geruchs. | groß und schwarz DH. | bis April Q. und Junii DH. | bedeutet nicht viel Q. hält sich aber sehr lange. DH. ist bey den Italienern hoher als bey uns geschätzt. Gm. |
| platt, eckig, wie mit Benden. Hl. | hier wie ein Stern gebildet. Hl. | - - | gelb und roth. Hl. | - - | - - | angenehm Hl. | - - | - - | — — |
| 3", 2½" von oben bis unten dreymal stark ausgebogen. H. 2⅞", 2⅛". JB. | tief H. klein JB. | 1 Zoll lang in einer weiten glatten geräumigen Vertiefung. H. dicke, ⅛" L. JB. | glatt, grün, im Reifen blaßgelb, an der andern Seite gemeinroth gestreifet. H. gelblich mit etlichen rothen Streifen. JB. | weißgelb, gut und mürbe, nur nicht dichte genug, sondern locker. H. | mittelmäßig, ziemlich süße H. | nicht fein oder lecker-haft H. | gesund, groß, dunkelbraun, das Gehäuse geräumig H. | Novbr. bis März H. | einer der besten zum Kochen und Backen, auch im Nothfalle zum Rohessen erträglich. H. |
| 2", 1¾". | - - | - - | — — | - - | - - | - - | - - | - - | — — |
| 2½, 2⅜. Z. | - - | - - | rothbraun auf grünem Grunde; viele bekommen einen gelben Streif vom Auge bis zum Stiele, wie der Englische Carolin. Z. | grünlich Z. | hoch, gewürzhaft Z. | angenehm Z. | - - | bis May, ja bis zum August Z. | ein vortrefflicher Apfel. Z. |
| - - - | - - | soll hier spitz zulaufen, wie eine Birn. Mh. | dunkelgrün, mit einem grauen Gewebe überzogen, der grauen Renette ähnlich, doch schwerlich eine Varietät. DH. | hart DH. C. | ohne Saft DH. | wenig erhaben DH. | - - | bis April DH. C. | sein Verdienst, daß er lange dauert. DH. |
| 3½", 2½". Z. | - - | - - | gelblich, wenn er reif ist, mit grauen od. braunen Puncten u. Strichen, wie die gelbe Renette, zuweilen einerseits röthlich. Kn. | mild Kn. | süß Kn. | angenehm Kn. wie Birnen Pl. | - - | Sept. Oct. Kn. | guter süßer Apfel Kn. |
| - - | - - | - - | ist auch gelblich, aber fast gar nicht gefleckt, sonst von vorigen nicht unterschieden. Kn. | - - | - - | - - | - - | - - | — — |

Rosenhäger. Nach der Beschreibung ist er auf die Art, wie der Stern-Apfel, aber nur dreymal ausgebauchet. Er kömmt hierinn etwas mit des Knoops weißen Platten Num. LXV überein; wogegen JBauhins Ulmer nicht so sehr ein- und ausgebogen ist.

Fürsten-Apfel. Dieser bey Z. auf der XIII Pl. N. 104 abgebildete Apfel ist mit dessen auf der VI Platte N. 47 so genannten Engländischen Carolin bis auf die Farbe einerley, nur soll sich jener sehr lange halten.

Birnen-Apfel. Nach Münchhausens Th. III. S. 312 soll dieser Apfel am Stiele keine Höhle haben, sondern das Fleisch über denselben herüber gewachsen seyn. Es findet sich aber dieses weder bey der Beschreibung des Birn-Apfels vom Du Hamel, noch bey der Abbildung des grauen Birnsüßen beym Knoop auf der II Platte; es muß also kein gewöhnlicher, sondern nur seltener Fall seyn. Nach der griechischen Benennung CBauhins wäre er mit dem eben vorgekommenen Muß-Apfel einerley, welcher beym Tabernämontan Melapia heißt; und HHesse nennt den weißen Api, den ich für den Petersilien-Apfel halte, auch Melappia. Es fehlt also hier noch sehr an genauen Vergleichungen und Auseinandersetzungen.

 Ist

# Platte Aepfel

| | Name der Hauptart und Vaterland. | Abänderungen dieser Hauptarten. | Gleichbedeutende Namen beyder Arten. | Beschaffenheit des Baums an sich selbst. | Das Laub oder die Blätter u. deren Stiele. | Die Blüthe und deren Blätter. |
|---|---|---|---|---|---|---|
| LXIV | Mar. Dorke Martens Kn. Holland. | — — | — — | wird groß und trägt sehr stark. Kn. | — — | — — |
| LXV | Witte platte Appel Holland. Kn. | — — | Witting Kn. Wittling Kn. | von gutem Gewächs und tragbar. Kn. | — — | — — |
| LXV. | Wyn-Appel Kn. Holland. (Wein-Apfel) {witte rode. | — — | Grote Wyn-Appel Kn. Dragonder Appel Kn. Wein-Apfel Z. 72. Pomme Vineuse H.H. | ut, stark, und wenn er alt geworden, tragbar. Kn. | — — | — — |
| | | 1 Wein-Aepfel Elsh. | Bliensbacher Weinling JB. | — — | — — | — — |
| | | | Weinfürchen Gm. 142. | — — | — — | — — |
| | | | Beller-Wein-Apfel od. Saihling JB. | — — | — — | — — |
| | | | Baller-Schribling J. | — — | — — | — — |
| | | | Wartemberger Wein-Apfel. JB. | | — — | — — |
| LXVII | Erveling, Somer of Herfst Holland. | — — | Hondertmerk Kn. Elsh. Fransche Hondertmerk Pl. Engelsche Karolyn Pl. Kürbis-Apfel Pl. | treibt gut stark Holz, wird groß und tragt gut. Kn. | | — — |
| LXVIII | - - sorte- Kn. | — — | — — | treibt wacker und trägt stark. Kn. | — — | — — |
| LXIX | - - Winter- Kn. | — — | — — | von gutem Gewächs und ziemlich tragbar Kn. | — — | — — |
| LXX | Pomme quarrée JB. | — — | Gm. 29. — | — — | — — | — — |
| LXXI | Hartlinge Elsh. | Schal-Hartling. | Härtling im Walde. Schell-Apfel JB. | — — | — — | — — |
| | | 1 Berle-Hartling. | Roth-Hartling JB. Roth-Hartling vom Walde. JB. | — — | — — | — — |
| | | 2 Weißer Hartling. | Weißer von Boll und von Zelle J. Blanc duré. | — — | — — | — — |
| | | 3 Matthias-Hartling. | Beißbrecher JB. | — — | — — | — — |
| | | 4 Sauer-Apfel. | Großer Gm. 148. Kleiner Gm. 149. | — — | — — | — — |
| LXXII | Pfaffen-Apfel Cord. | — — | Zenendling JB. großer und kleiner. | — — | — — | — — |
| LXXIII | Wetrich-Aepfel | Gerl-Wettich JB. | Bliensbacher Wettich. | — — | — — | — — |
| | | 1 Grün-Wettich JB. | — — | — — | — — | — — |
| | | 2 Wälsch-Wettich JB. großer und kleiner. | — — | — — | — — | — — |

**Der Martins-Apfel** Ist beym Knoop auf der II Platte abgebildet; muß aber wohl nur in Holland, und auch da nicht allgemein bekannt seyn, weil seiner sonst niemand gedenket.

**Der weiße platte Apfel** Ist beym Knoop auf der V Platte zu finden und dessen schon vorher bey Num. LX erwähnet worden.

**Wein-Apfel roth u. weiß.** Der weiße ist auf Knoops VIII Platte abgebildet, und vermuthlich soll N. 72 auf Zinks IX Pl. derselbige seyn; ob die übrigen fünf angeführten bloße Spielarten sind, kann ich nicht behaupten.

**Ervelinge.** Der Sommer-Erveling ist beym Knoop auf der IIIten, der süße auf der VI. und der Winter-Erveling auf der XII Platte vorgestellet. Man hat mich versichert, daß ersterer mit dem Englandischen Carolin einerley, und nur wegen Stamm und Boden zuweilen in der Farbe unterschieden wären. Mich deuchtet, es sind eben dieselben, die man in Sachsen Eck-Aepfel nennt.

Unter

| Frucht-größe. | Fruchtauge. | Fruchtstiel. | Farbe und Beschaffenheit der Haut. | Fleisch. | Saft. | Geschmack und Geruch. | Kernen und Kernhaus. | Zeit der Reife. | Güte und Werth. |
|---|---|---|---|---|---|---|---|---|---|
| 2½″, 2¼″. — Kn. | - - | - - | glatt, gelb, im Liegen wird er etwas fettig. Kn. | mild Kn. | ziemlich — Kn. | nicht fein Kn. | - - | Sept. und Oct. Kn. | guter Koch-Apfel Kn. |
| 3″, 2″. Kn. | - - | - - | glatt, weißlich, an der andern Seite hellroth oder rothgestreift Kn. | mild Kn. | schlecht Kn. | gemein Kn. | - - | Sept. Oct. Kn. | bloßer Koch-Apfel. Kn. |
| 3½, 2½. Kn. 4, 3½. Z. | - - | - - | glatt, weißlich grün, der weiße; mehr roth aber der erbe. Kn. | - - | viel, theils säuerlich. Kn. | angenehm, aber nicht fein Kn. | - - | Oct. Nov. Kn. schlecht. Z. | zum Kochen, Dünsten und Cyder sehr gut. Kn. |
| 3½ und 2½″ groß. JB. | - - | kurz JB. | schön, weißlich und röthlich. | weiß, zarte. | säuerlich. | — | — | | |
| 2½, 2½. JB. | - - | - - | | | | - - | - - | Oct. Nov. | — — |
| 2½, 2. JB. | groß, vorstehend. JB. | lang JB. | blaßgrün und röthlich. Gen. weißlich, an der Sonnenseite röthlich. | feste, zart. weiß. | weinsäuerl. | angenehm. | - - | April. | — — |
| 2½, 1½. JB. | kleiner. | - - | eben so. | | desgl. | desgl. | - - | May. | — — |
| klein, rund, | groß. | - - | schön weiß. | desgl. | desgl. | desgl. | - - | | — — |
| 2, 1½. JB. | | | | weiß, zarte. | desgl. | - - | - - | April | — — |
| 4, 3. Kn. | - - | - - | glatt, gelblich, ins Grüne fallend, zuweilen an einer Seite blaßroth, oder stark rothgestreift. Kn. | mild Kn. | gemein Kn. | nicht fein Kn. | - - | Oct. Nov. Kn. | Koch-Apfel. Kn. |
| 3½, 2½. Kn. | - - | - - | gelblich, an der Sonnenseite mehr od. weniger blaßroth. Kn. | mild Kn. | süßsäuerlich Kn. | gut Kn. | - - | Nov. Dec. Kn. | guter süßer Koch-Apfel. Kn. |
| 3, 2½. Kn. | - - | - - | glatt, gelblich, ein wenig mit zarten braunen Puncten besprenget, oft an einer Seite blaßröthlich oder rothgestreift. Kn. | mild Kn. | gemein Kn. | nicht fein Kn. | - - | Febr. März Kn. | Koch-Apfel. Kn. |
| ziemlich groß. | hat allda 4 bis 7 Ecken. | - - | gelb, schwarz punctirt. | - - | säuerlich-süße. | wohlschmeckend und riechend. | - - | im Winter eßbar. | — — |
| 2½, 1½. JB. 2½, 1½. JB. | - - | lang. | gelblich, die Sonnenseite röthlich gestreift. JB. | - - | säuerlich-süße. | - - | - - | - - | dauert wohl drey Jahre. |
| 1½, 1½. JB. 2, 1½. JB. | - - | lang. | eine Seite gelblich, die andere röthlich, schön weiß punctirt. JB. | weiß, harte. | fader. | - - | - - | - - | — — |
| 2½, 1½. JB. | klein. | kurz, dünne. | weiß, etwas gelblich, gegen den Stiel röthlich. JB. | härtlich, feste. | - - | schmackhaft | - - | May. | — — |
| 2½, 2½. JB. | wenig vorstehend. JB. | kurz, dicke. JB. | röthlich gestreift und punctirt. JB. | weiß, harte. | sauer. | - - | - - | May. | zum Backen. |
| — - - | - - | - - | spielt aus dem Weißen ins Grüne und Gelbliche und hat weiße durchsichtige Puncte. | fest und zarte. | weinsäuerlich. | - - | - - | bis im Winter. | — — |
| 2, 1½. JB. 1½, 1½. JB. | - - | mittelmäßig lang, dünne, ½″. JB. | weiß, hin und wieder gelblich. | weiß, härtlich. | ziemlich süße. | - - | - - | von guter Dauer. | — — |
| 1½, 1½. JB. | klein, tief. | ziemlich lang. | weißgelblich. | harte, gelblich. | sauer. | - - | - - | Februar. | — — |
| 1½, 1½. JB. | desgl. | eben so. | spielt vom Gelblichen ins Grüne, etwas röthlich und punctirt. | - - | desgl. | - - | - - | - - | — — |
| 2½, 2. JB. 2, 1½. JB. | groß und tief. | desgl. | schön, weiß, oben röthlich und punctirt, bisweilen etwas gelblich. | weiß, zarte. | desgl. | schmackhaft | - - | May. | — — |

Hartlinge. Unter den von JBauhin angeführten Hartlingen soll der Schell- oder Schäl-Apfel an drey Jahre dauern. Sie haben allesammt eine sehr zierliche Form, müssen aber nur zum Wirthschaftsgebrauch taugen. Der Breithartling hat besondere Aehnlichkeit mit dem Api.

Pfaffen-Aepfel. Sie müssen zu Cordus Zeiten in großen Ansehen gestanden haben, weil er sie Augustiner und Bischöffliche nennt; mit denen, die ich von dieser Größe kenne, habe keine Vergleichung ausfündig machen können.

Wettich-Aepfel. Ungeachtet die Wettich-Aepfel den Beschreibungen nach allesammt ziemlich sauern Saft haben, so wünschte ich doch, solche näher kennen zu lernen; um sie mit andern in hiesiger Gegend vergleichen zu können.

| | Namen der Hauptart und Vaterland. | Abänderungen dieser Hauptarten. | Gleichbedeutende Namen beyder Arten. | Beschaffenheit des Baumes an sich selbst. | Das Laub oder die Blätter u. deren Stiele. | Die Blüthe und deren Blätter. |
|---|---|---|---|---|---|---|
| LXXIII | Aan. Wettrich-Aepfel | 3 Klein-Wettrich JW. | — — | — — | — — | — — |
| | | 4 Weiß-Klein-Wettrich JW. | — — | — — | — — | — — |
| LXXIV | Knöllein — | — — | Wm. 703d. Hoffm. | — — | — — | — — |
| LXXV | Breitlings-Apfel | — — | Wm. 706f. Tabern. | — — | — — | — — |
| | B. Hyperbolisch, nämlich am Auge dünner als am Stiele, ohne Ecken und Ribben. | | | | | |
| LXXVI | Fenouillet, gris D.H. le petit Frankreich. (Anis- oder Fenchel-Apfel.) | C. Q. H.H. Duh. | Anis D.H. Pomme d'Anis Q. C. Gorge de Pigeon Kn. Anis-Appel Kn. Venkel-Appel Kn. Fenouillet uit Vriesland vL. Fyn-Noljet uit Vriesland vO. Fyn-Noljet uit Vrankryk vO. Spice-Apple Ml. 14. Claßen-Appel Pl. Pomme de Raisin Pl. Fenchel- od. Anis-Apfel Hl. Z. M. 108. | von mittelmäßiger Größe und zarten Trieben, welche lang, gerade, mit feiner Wolle bedeckt, hellgrau oder hellbraunroth, etwas ins Violette fallend. Die Knospen lang, nicht sehr spitz, die Träger stehen weit vor. D.H. Holz und Blätter weißlich. Mh. Ml. C. trägt stark. Kn. | klein, länglich, schmal, 1½" lang, 1" breit, endigen sich mit einer schmalen Spitze, sind weißlichgrün, fein, nicht tief gezahnt, riemenförmig gekrümmt, die Ribbe macht unten einen Bogen; der Stiel ist 1½ bis 1⅔ Zoll lang. D.H. | 1⅔" im Durchschnitt, jedes Blatt ⅔ Zoll lang, ⅔ Zoll breit, am Nagel gerunzelt oder zerfasert, außen kirschroth gestreckt und inwendig ziemlich stark roth gefärbt. D.H. |
| | | 1 Retel, le petit D.H. | — — | — — | — — | — — |
| LXXVII | - - gris le grand | — — D.H. Duh. | Pomme d'Epice H.H. | — — | — — | — — |
| | | 1 Retel, le grand D.H. | — — | — — | — — | — — |
| LXXIIX | - - jaune | — — | Kn. Ecole de Jard. Drap d'or D.H. | treibt gut, aber fein Holz, wird nicht sehr groß, trägt aber stark. Kn. | — — | — — |
| LXXIX | - - blanc | — — | Kn. Mh. Ec. de Jard. Duh. H.H. Courpenda blanc H.H. | — — | — — | — — |

Knölleins- und Breitlings-Aepfel

Gleiches gilt auch von den Knölleins-Aepfeln, die Weinmann zwar abbilden und illuminiren lassen, davon aber weiter gar keine Beschreibung giebt.

Fenchel- oder Anis-Aepfel.

Diese Aepfel gehören eigentlich unter das Renettengeschlecht, und zwar zu dem Grauen, denn ihr Aeußerliches und Innerliches stimmt zu sehr mit denenselben überein. Die Form hindert nichts daran, denn nicht alle rauhe Renetten sind platt.

Quintinye gedenket nur einer Art, nämlich des kleinen Anis-Apfels; Du Hamel aber nicht nur eines kleinen, sondern auch eines großen, von denen jeder wieder Abänderungen hat; desgleichen auch eines rothen und gelben. Vom kleinen grauen giebt er auf der V Platte eine Zeichnung.

Knoop hat auf der IX Platte den gelben abgebildet. Ich habe dessen Beschreibung allhier eingerücket, weil er ihn rauh angiebt; Du Hamels Beschreibung aber bereits bey dem gelben Kurzstiele beyge-

| Fruchtgröße. | Fruchtauge. | Fruchtstiel. | Farbe und Beschaffenheit der Haut. | Fleisch. | Saft. | Geschmack und Geruch. | Kernen und Kernhaus. | Zeit der Reife. | Güte und Werth. |
|---|---|---|---|---|---|---|---|---|---|
| 1⅞", 1⅝". J.D. | klein und tief. | lang. | weiß, mit Gelb gemischt, die Sonnenseite röthlich. | weiß. | sauer. | von gutem Geschmack u. Geruch. | - - | - - | — — |
| 1⅞", 1⅝". J.D. | - - | kurz. | ganz weiß. | weiß. | desgl. | - - | - - | - - | — — |
| 2⅝", 2". Wm. | - - | 1" lang, nicht dünne. Wm. | am Auge grünlich, spielt weiter unten ins Gelbliche, am Stiele braunroth verlaufend. Wm. | - - | - - | - - | - - | - - | — — |
| 4⅜", 2⅞". Wm. | tief Wm. | ½ Zoll lang Wm. | eine Seite ist grüngelb, die andere verläuft sich grün in feine und hat einzelne dunkelgrüne Puncte. Wm. | - - | - - | - - | - - | - - | — — |
| 2", 1¾". D.H. 2⅛, 1⅞. Z. 2⅛, 1⅞. Kn. klein, mehr lang als rund. C. etwas länglicher als Goldpippin Ml. rundlich. Hl. | etwas tief, aber eben D.H. mit kleinen Erhöhungen. Kn. | dünne und ziemlich lang. D.H. — — | grau, ins fahlrothe spielend, nicht lebhaft. Q. rauh anzugreifen, graurothfahl, auf der Sonnenseite schwachroth gefärbt, auch zuweilen mit Warzen. D.H. graulich. C. er kann wegen seiner grauen schmutzigen Farbe mit einer grauen Renette verwechselt werden. Hl. | sehr fein Q. zarte Ml. ohne Geruch und sehr gut, so lange er nicht zu welk ist, denn alsdenn wird er pelzig. D.H. | sehr fein Q. und gewürzt D.H. — | riecht nach Anis oder Fenchel Q. wenn er anfängt zu welken. D.H. nach Hl. aber soll er nur so lange nach Anis riechen, als er frisch ist. | kurz, vollkommen, und sehr spitzig. D.H. — — | vom Anfang Decbr bis Februar D.H. und März Q. | vom ersten Range, wird aber leichte welk. Q. es sagen aber die Carthäuser, daß er etwas welk erst rechte vortrefflich wäre. |
| - - | - - | - - | wie voriger, gemeiniglich mit Warzen. D.H. | fest. D.H. | - - | - - | - - | Novbr bis März D.H. | wird selten pelzig D.H. |
| 2⅛"; 2⅝". D.H. | etwas tief D.H. | kurz, dicke. D.H. und tief einstehend. Hl. | grau, ins Rehfarbene spielend, (couleur de ventre de biche) zuweilen mit Warzen. D.H. | fein und zarte, fast besser als der kleine. D.H. | sehr fein, ohne Geruch. D.H. | erhaben, nach den Kräutern seines Namens riechend. Q. | kurz, vollkommen, sehr spitz. D.H. | Decbr bis Febr. D.H. | fast noch besser als der kleine. D.H. |
| — | - - | - - | wie der große graue Anis. D.H. | - - | - - | - - | - - | Novbr bis März D.H. | wird auch nicht leicht pelzig. D.H. |
| 2⅜, 1⅞. Kn. | - - | kurz Kn. | rauh, dicke Schale, gelb, hier und da, wie die gelben Renetten gefleckt und getipfelt, auch manchmal einer Seits etwas röthlich. Wenn nicht diese rauhe Schale und seine Form thäte, so könnte man ihn am Baume für einen Pepping ansehen. Kn. | fest, gelblich Kn. | saftig, gewürzhaft. Kn. | lieblich, nach Anis oder Fenchel. Kn. | - - | Jan. Febr. Kn. | vom ersten Range. Kn. |
| - - | - - | - - | nicht so grau oder braun, sondern heller als voriger. Kn. | - - | - - | - - | - - | - - | sehr rar. Dah. |

beygebracht, weil sie mir dort schicklicher schien, und derselbe nicht genau bestimmt, ob seiner rauh oder glatt sey? Ich weis aber nicht, ob ich recht gethan, wie ich bereits bey Num. XI angemerket habe.

Der rothe Anis des D.H. ist bereits bey dem Kurzstiele Num. IX beschrieben, weil es der eigentliche Kurzstiel oder Bardin des Qvintinye ist.

Außer diesen führt Knoop noch einen weißen und einen süßen Anis-Apfel an, von welchen ersterer wohl ein weißer Kurzstiel, letzterer aber ein Holländisches Product aus Kernen ist.

Von allen diesen Varietäten habe, außer dem rothen glatten Kurzstiel, keinen genau zu beobachten und zu vergleichen Gelegenheit gehabt. Es deuchtet mir aber nach den Beschreibungen des eigentlichen grauen Anis-Apfels, daß solcher in Zinks Sammlung auf der XIII Pl. N. 108 in Ansehung der Farbe gut genug getroffen seyn möchte, wenn nur das unnatürliche reguläre Fünfeck statt der Blüthe nicht angebracht wäre.

| | Name der Hauptart und Vaterland. | Abänderungen dieser Hauptarten. | Gleichbedeutende Namen beyder Arten. | Beschaffenheit des Baums an sich selbst. | Das Laub oder die Blätter u. deren Stiele. | Die Blüthe und deren Blätter. |
|---|---|---|---|---|---|---|
| LXXX | 8. *Fenouillet doux* | — — | Soete Anis-Appel Kn. Soete Venkel-Appel Kn. | von gutem Gewächs, wird mittelmäßig groß und trägt stark. Kn. | — — | — — |
| | | Violette soll eine Varietät des Fenouillet seyn. | | | | |
| LXXXI | *Renet van Aizema* Holland. Kn. | — — | Renet van Aizema Kn. | hat gut Wachsthum, wird groß, ist aber nicht sehr tragbar. Kn. | — — | — — |
| LXXXII | *Renet, forte geele* Kn. Holland. (Gelber süßer Renett.) | — — | Geel-grauwe Renet Kn. Soete Goud-Renet Kn. | hat schon stark Holz, wird groß und trägt stark. Kn. | — — | — — |
| LXXXIII | *Renet, forte grauwe* Holland. Kn. (Grauer süßer Renett.) | — — | Soete franche Renet Kn. Reinette grise musquée Kn. Soete Renet musque vK. Reinette d'hyver sucrée Z. 81. Hk. | treibt wacker Holz, ist aber nicht gar tragbar. Kn. | — — | — — |
| LXXXIV | *Renet non pareil* Kn. Holland. (Der unvergleichliche Renett.) | — — | — — | gut Gewächs und sehr tragbar. Kn. | — — | — — |
| LXXXV | *Renet van Montbron* Holland. Kn. | — — | Kn. Hk. — | — — | — — | — — |
| LXXXVI | *Non pareil* Mll. W. England. | — — | Non pareille D.H. C. Le Nonpareil Wh. | wächst sehr stark. Mll. ist aber doch auch gut ans Espalier. Hk. die Triebe lang, mittelmäßig dicke, hellbraun ins Violette fallend, etwas punctirt und mit einem hellgrauen Gewebe überzogen; die Augen groß, am Ende gleichsam gespalten, die Träger breit und cannelirt. D.H. | 2½ Zoll lang und 2 Zoll breit, dunkelgrün, an beyden Enden schmal, die Zahnung groß und tief, aber nicht sonderlich spitz; der Stiel 1½ Zoll lang. D.H. | 1¼ Zoll im Durchschnitte, die Blätter 1 Zoll lang und ¾ Zoll breit, außen lebhaft roth, inwendig roth verwaschen. D.H. |
| LXXXVII | *Pigeonnet* D.H. Frankreich. (Taubenfarbiger Apfel) | Haute bonté. — — | Pigeonnet, la pomme de, C. Pigeon panaché Hk. Passe Pomme d'Automne Hk. Jerusalems-Apfel Hk. D.H. | die Triebe dicke, an jeder Knospe etwas gebogen, braunroth, mit wenig kleinen Puncten und sehr feiner Wolle, die Augen lang, platt, zugespitzt, die Träger stehn ziemlich vor. D.H. | länglich, rinnenförmig, einwärts gebogen, auch wohl ein wenig gerollt, doppelt gezahnt, 3 Zoll lang, 2 Zoll breit; der Stiel ¾ Zoll lang. D.H. | öffnet sich nicht sonderlich. 1¾ breit, die Blätter viel länger als breit, stark löffelförmig, fast ganz weiß oder sehr schwachroth gefleckt. Die Kelchausschnitte sehr lang und schmal. D.H. |

Renetten. Von denen hier Num. LXXXI bis LXXXV nach einander folgenden Renetten, findet man den von Aizema und Non-Pareil bey Knoop auf der IX, den von Montbron auf der X, den gelben und grauen süßen aber auf der XII Platte abgebildet. Vermuthlich hat blos der Erstere glatte, die vier andern aber rauhe Haut.

Non-Pareil. Dieser Apfel ist äußerlich von dem Non-Pareil-Renett des Knoop verschieden. Denn derselbe hat glatte, letzterer aber, der Beschreibung nach, rauhe bräunliche Haut. In der Form kömmt er fast der Knoopschen Abbildung seiner Renette bey, nur daß er am Auge nicht so platt ist, und mit seinem Stiele fast das Ansehen eines noch nicht ausgebreiteten Champignons hat.

Miller lobet ihn nach Verdienst und vergleicht ihn mit dem Haute bonne oder vielmehr Haute bonté der Franzosen; wenn er aber letztern für größer als den Non-Pareil angiebt, so muß es nur in England seyn. In Deutschland und Frankreich sind sie an Größe einander gleich, oder vielmal gar umgekehrt.

Ob die beyden Namen, Engländischer Pipping und Reinette d'Angleterre, welche ihm Hk. zugleich beyleget, richtig sind, ist wohl sehr zu zweifeln.

Eine Abbildung giebt D.H. auf der XII Pl. N. 2, die aber nach den Früchten, so ich gesehen, am Auge ebenfalls zu breit ist.

Qvintinye

| Fruchtgröße. | Fruchtauge. | Fruchtstiel. | Farbe und Beschaffenheit der Haut. | Fleisch. | Saft. | Geschmack und Geruch. | Kernen und Kernhaus. | Zeit der Reife. | Güte und Werth. |
|---|---|---|---|---|---|---|---|---|---|
| 2¾", 2¾". Kn. | - - | - - | rauh, wie die Renetten, gelblichbraun oder zimmetfarben auf grünlichgelbem Grunde. Kn. doch von der gelben süßen Renette unterschieden. Kn. | fest, rauh. Kn. | süß und säuerlich. Kn. | gut. Kn. | - - | - - | vom zweyten Range süßer Aepfel. Kn. |
| 2¼, 2¼. Kn. | - - - | - - | gelb mit mehr oder weniger braunen Flecken. Kn. | mild Kn. | lieblich Kn. | ziemlich angenehm Kn. | - - | Jan. Febr. Kn. | vom ersten Range. Kn. |
| 2¼, 2¼. Kn. | klein und sehr flach Kn. | - - | rauh, grob und dicke Schale, auf gelbem Grunde gelbgraulich gefleckt, auch an einer Seite etwas röthlich; hat viel Aehnlichkeit mit dem süßen Anis-Apfel Kn. | fein Kn. | süß Kn. | angenehm und hochfein. Kn. | - - | Jan. Febr. Kn. | unter süßer Koch-Apfel. Kn. |
| 2¼, 2¼. Kn. | klein, flach Kn. | - - | wie die grüne Renette. Kn. | fein Kn. | süß Kn. | lieblich, biesamhaftig. Kn. | - - | Jan. Febr. Kn. | vom ersten Range. Kn. |
| 3, 2¼. Kn. | - - | - - | rauh, in grünlichgelbem Grunde blaßbraun getipfelt und gefleckt, sieht also weißbräunlich aus. Kn. | mild, grünlichgelb Kn. | lieblich Kn. | gut, fein. Kn. | - - | Jan. Febr. Kn. | vom ersten Range. Kn. |
| 3, 2¼. Kn. | - - | - - | rauh, gelb oder fuchsfarben, an der Sonnenseite zuweilen bräunlichroth; gleicht dem grauen Pipping. Kn. | mild Kn. | ziemlich fein Kn. | angenehm. Kn. | - - | Febr. März Kn. | auch vom ersten Range. Kn. |
| 2¾", 2¾", oben fast allemal im Durchschnitte rund, nicht aber so nach unten zu. D.H. nach Ml. kleiner als haute bonté. s. auch M. | groß, in einer ebenen engen seichten Aushöhlung D.H. nach M. gar erhaben. | ¾-1" lang, in einer ebenen, aber sehr ausgeschweiften Höhlung D.H. schwach ins | glatt, gelblichgrün, mit sehr kleinen braunen Puncten, auch vielmals großen braunen Flecken. An der Sonnenseite selten etwas roth. Bey höchster Reife wird er hellgelb und schrumpft ein wie die Französische Renette. D.H. — schmutzig gelb, ein wenig röthlich, fein getipfelt. Ml. Hl. | weiß, ins Gelbe fallend, nicht so feste wie bey den Renetten D.H. ins Grünliche fallend M. | häufig und süße M. angenehm, mit kleiner Säure erhaben, dem der Renetten sehr nahe kommend. D.H. | sehr gut, minder riechend als die Renetten. D.H. vielmehr riecht er nach Violwurzel. Mh. | vollkommen, stark zugespitzt; hellbraun, mittelmäßig groß, die Fächer groß — D.H. | Jan. Febr. März D.H. bis May Mh. Hl. oder bis Pfingsten. M. | einer der besten bisher bekannten. Ml. besonders zum Backen vortrefflich. Mh. muß aber möglichst lange am Baume bleiben. M. denn überreif wird er pelzig und abschmeckend. D.H. |
| 2¼" breit 2⅛" hoch D.H. — | klein und nicht tief D.H. ohne Verwerfung, oben auf. Hl. | kurz, dick, in einer seichten Vertiefung D.H. -- | roth, auf der Sonnenseite kleine dunkelrothere Streifen, auf der andern Seite aber verläuft sich das Rothe schwächer bis ins Hellgrüne, und ist daselbst überall mit kleinen hellrothen Streifen versehen. D.H. | weiß und fein. D.H. | angenehm D.H. | sehr angenehm. D.H. | - - | bis Ende Octbr. D.H. | wird ungeachtet seiner kurz. Dauer hochgeschätzt. D.H. |

Quintinye hat blos den Namen Jerusalem, rühmet aber den Apfel nicht sonderlich.

Pigeons, Taubenfarbige Aepfel.

Dü Hamel machet einen Unterschied unter Pigeonnet und Pigeon, wovon ersterer mehr, der andere weniger Roth haben soll.

Knoop, Zink und Henne beschreiben den rothen Pigeon.

Heinike gedenket eines weißen und rothen, außerdem noch eines gestreiften, der aber ohne Zweifel ein Passe-Pomme ist, weil er unter den Sommer-Aepfeln steht.

Der so genannte Eyer-Apfel soll auch eine Art Pigeon seyn, und

Münchhausen behauptet III Th. 321ste Seite, daß der weiße und rothe Pigeon einerley wären.

Ich will meine Bemerkungen mittheilen und um mehrere Belehrung bitten. — Einige Bäume, die ich als Pigeons erhalten hatte, trugen in guten Jahren Früchte von verschiedener Größe und Form, die theils ganz roth waren und nur an der Schattenseite heller aussiehen; theils aber an der Sonnenseite roth, an der Schattenseite aber weißlich waren. In andern Jahren waren wenig ganz rothe dabey; viele davon aber ganz weiß mit etlichen Strichen an der Sonnenseite. Andere dieser Bäume trugen beständig Früchte, die an einer Seite roth, an der andern aber weiß, rings um schwächer oder stärker roth gestrichelt erschienen. Niemals war ein ganz rother, wie bey erstern dabey, überdem die Haut glatter und pergamentartiger als bey jenen; jedoch am Baume ebenfalls mit dem bekannten Dufte versehen.

| | Namen der Hauptart und Vaterland. | Abänderungen dieser Hauptarten. | Gleichbedeutende Namen beyder Arten. | Beschaffenheit des Baums an sich selbst. | Das Laub oder die Blätter u. deren Stiele. | Die Blüthe und deren Blätter. |
|---|---|---|---|---|---|---|
| LXXXIIX | b. *Pigeon* — D.H. Frankreich. | — — | Coeur de Pigeon D.H. Jerusalem D.H. Pigeon rouge H. IV. desgl. Hf. 22. Z. 99. Jerusalems-Apfel H. Rother Tauben-Apfel H. Hf. HH. Duif-Appel und Passe pomme Kn. | von mittelmäßigem Wuchs, doch zuweilen sehr ansehnlich, trägt sehr früh, besonders als Fächer. In strengen Wintern leidet er gern vom Froste. Die Triebe an alten Hochstämmen lang und dünne, an Spalierbäumen stark, dicke und lang, braun und grün, mit etlichen weißen Puncten, am Ende mit feiner Wolle. Die Augen spitz, lang, dicke, wie schimmlich; die Träger stehen gut hervor. H. | 1½" lang, 2" breit, gezahnt, etwas gebogen und runzlicht, am Ende sehr spitz, die jüngsten sind blaßgrün gelblich und unten wie schimmlich; also im Sommer vor allen andern sehr kenntlich. Der Stiel 1 Zoll lang. H. | 1½" im Durchschnitte, jedes Blatt 1 Zoll lang, ½ Zoll breit, löffelförmig, inwendig roth marmorirt, einige fast ganz weiß; die fünf Blumenhalter oder Kelchspitzen sind die längsten von allen Apfelblüthen. H. |
| | | 1 Pigeon blanc. | Weißer Tauben-Apfel Hf. Varietät des D.H. Jerusalems-Apfel, in der Mark. | fast von gleichem Gewächs wie voriger. | — — | — |
| | | 2 Pigeon verd. | Hasenkopf, in der MMark. | — — | — — | — — |
| LXXXIX | *Dolphyn* — Kn. Holland. | — — | Dolphyn triomphant Kn. Soete Dolphyn Kn. Soete Bellefleur Kn. Soete Pigeon Kn. Soete Passe-Pomme Kn. Passe-Pomme douce Kn. | treibt viel Holz, wird groß, trägt aber nicht stark. Kn. | — — | — — |
| XC | Hechts-Apfel — Deutschland. | — — | Z. N. 41. Hf. N. 5. | — — | — — | — — |
| XCI | *Bloem-Soete, Somer of Herfst.* Holland. (Blumensüßer.) | — — | Hollandsche Soete Kn. Goede Soete Kn. Kandy-Soete Kn. vO. Goe-Soete vGros. | treibt stark, ist tragbar, wird aber deshalb nicht allemal gar groß. Kn. | — — | — — |
| XCII | - - *Witte-* | — — | — — | wächst gut, und ist ziemlich tragbar. Kn. | — — | — — |
| XCIII | - - *Winter-* | — — | — — | wächst groß, hat gut Holz, trägt aber nicht so gut als der Herbstblumensüße. Kn. | — — | — — |

versehen. Es entstanden ferner bey erstern Früchten sehr oft im December oder Januar braune Flecken, die Anfangs ganz platt blieben, endlich aber doch unter sich faulten, welches bey den andern nicht geschah. Ich muß also schließen, daß es wirklich zwey verschiedene Arten Pigeons giebt. Der eine, welchen man insgemein schlechtweg Pigeon nennt, und der andere, so insbesondere Jerusalems-Apfel heißt: so daß der eine ungefähr dem Pigeon des DH, der andere aber dem Pigeonnet desselben gliche.

Außerdem habe ich den grünen Pigeon angeführet, der gemeiniglich Hasenkopf genannt wird. Er ist der dauerhafteste unter den Pigeons, aber nicht von so feinem Geschmacke. Bis im Januar bleibt er ganz grün, sodann aber wird er weißlich wie der Calville, ohne einige Röthe anzunehmen. Früchte von einem dergleichen Baume an der Mitternachtsseite blieben bis Anfangs April unveränderlich grün, alsdenn wurden sie etwas weißlich, waren aber ziemlich unschmackhaft. Er hat viel Aehnlichkeit mit dem grünen oder weißen Hiesen-Apfel.

Abbildungen findet man bey DH. XII Pl. N. 3, beym Kn. auf der XI und bey Z. auf der XII Pl. N. 99; letzterer so sonderbar wie gewöhnlich, desgleichen beym Henne.

Dieser

| Fruchtgröße. | Fruchtauge. | Fruchtstiel. | Farbe und Beschaffenheit der Haut. | Fleisch. | Saft. | Geschmack und Geruch. | Kernen und Kernhaus. | Zeit der Reife. | Güte und Werth. |
|---|---|---|---|---|---|---|---|---|---|
| 2¼″, 2″, auch kleiner. D.H. 2½, 2″. H. 2½, 2¾. Z. | mit der Frucht gleich, zwischen etlichen kleinen wenig vorstehenden Beulchen und mit den langen und schmalen Ausschnitten des Kelchs umgeben. D.H. H. | dünne, bis 1″ lang, in einer engen, aber tiefen Aushöhlung. D.H. H. die Frucht sitzt nicht feste am Stiele. W. | fein, glatt, glänzend, hart, von schielender schwacher Rosenfarbe, mit gelben Puncten. Nachdem man von einer oder der andern Seite diesen Apfel ansieht, ist die Farbe veränderlich und derselbe gleichsam mit blauem Dufte angelaufen. D.H. Hl. wie Florentiner Lack mit Bleyweiß, oder wie eine schöne Hyacinthenzwiebel. H. glänzend purpurfarb. Z. | fein, delicat, körnig, leicht, fest, sehr weiß und bisweilen unter der Haut röthlich. D.H. zart, leckerhaft, wie Schnee im Munde schmelzend —H. halb röthlich, halb weiß. Z. | von angenehmer Säure, die bey völliger Reife noch angenehmer und süßer wird. D.H. sehr häufig, dergleichen nur noch bey dem Englischen Goldpippin zu finden H. unter allen am meisten W. | sehr fein, angenehm. D.H. diesem Apfel ganz besonders eigen. — | schwarzbraun H. vollkommen, klein, sehr stark zugespitzt, gemeiniglich nur mit vier Fächern, die ein ✝ bilden, bisweilen gar nur drey, selten aber fünfe. D.H. | Decbr. bis Februar D.H. bis April H. | gut für Gesicht und Geschmack. D.H. es wachsen oft fünf bis sieben Früchte auf einem Auge, welches prächtig anzusehen H. |
| 2⅜″, 2⅛″. | etwas tiefer als voriger. | lang und dünne. | auf der Schattenseite wie weiches Wachs. D.H. nämlich, glatt, glänzend, hellgelb, an der Sonnenseite aber schönroth gestrichelt und gezeichnet. | feste Hl. aber gelblicher als des vorigen. | sehr angenehm. | kommt vorigem beynahe gleich. | hat mehrentheils fünf Samenfächer. | höchstens bis Febr. | ist zu rechter Zeit genossen eben so gut als der rothe. |
| 2¼″, 2⅛″, gr. ux. und kleiner. 2⅜″, 2⅛″. Kn. | mit der Frucht gleich. | - - | glatt, ganz grün, nach Weihnachten, wird er etwas gelblicher. grünlichgelb an einer, an der andern Seite aber, zuweilen auch rings herum, rothviolenfarben; noch unberührt mit einem Duft oder Wasen wie die Pflaumen bedeckt. Kn. | weißlich grün. fest Kn. | sehr säuerlich. süß Kn. | gegen voriges nicht sonderlich. angenehm, fein. Kn. | hat fünf Samenfächer. | Febr. März. Decbr und Jan. Kn. | hält sich lange ohne welk zu werden. ein sehr guter süßer Winter-Apfel. Kn. |
| 3⅛, 2⅞. Z. auch höher und schmäler. Hl. | - | - - | schön, wohlgestalt, hellgrün, mit dunkelrothen Streifen oder Flammen. Hl. gelb und roth, im letztern dunkler roth gestrichelt oder geflammt. Z. | brüchig, mild Z. | häufigen und süßen Z. Hl. | vereinigt Z. reizend Hl. | - - | bis Febr. Z. Hl. | — — |
| 2⅛, 2⅜. Kn. | klein, sehr flach, ohne Vertiefung Kn. | kurz und dicke. Kn. | an der Sonnenseite, zuweilen rings um, schönroth mit dunklern Streifen, an der Schattenseite lichtgelb, blaßroth gestreift. Kn. | mild Kn. | köstlich süß Kn. | angenehm Kn. | - - | Sept. Oct. Kn. | vom ersten Range. Kn. |
| 2½, 2⅛. Kn. | klein, flach, um dasselbe erl. Narben. | kurz, nicht allzu dicke. | glatt, gelblichweiß, nach dem Auge zu punctirt. Kn. | mild Kn. | mittelmäßig süße Kn. | gut Kn. | - - | Septbr bis Novbr. Kn. | vom zweyten Range. Kn. |
| 3, 2⅜. Kn. | mittelmäßig groß, in einer regulären, flachen Aushöhlung. Kn. | - - | glatt, an der Sonnenseite braunroth, an der andern gelblich; zuweilen überall fein gestreift. Kn. | mild Kn. | süße Kn. | angenehm Kn. | - - | Decbr bis Jan. Kn. | vom ersten Range. Kn. |

**Der Dolphyn.** Dieser Apfel gehöret wegen seiner Farbe und Dauer eher zu den Pigeons als zu den Passe-Pommen, weil diese keinen Duft oder staubigen Ueberzug haben wie jene und die Calvillen. Wenn alle Früchte dieser Art die beym Knopp auf der II Platte abgebildete Form haben, so wäre dessen Name mit Recht von der Aehnlichkeit mit einem Delphin herzuleiten.

**Hecht-Apfel.** Wie dieser zu einem Fischnamen gekommen, ist wohl ein Problem. Aus Zinks Abbildung V Pl. N. 41 läßt es sich so wenig einsehen, als aus Hl. Beschreibung der Winter-Aepfel N. 5.

**Der Blumensüße Apfel.** Von dieser Art Aepfelstämme habe ich ebenfalls aus Neugierde von Holland kommen lassen; so wie viel mehrere süße Holländische Aepfel, ich muß aber bekennen, daß ihre Früchte mir und andern ziemlich abgeschmackt vorkommen, obschon gebohrne Holländer allhier viel Rühmens davon machen. Vielleicht machet sie eine besondere Zubereitung in ihrem Vaterlande angenehmer, und über den Geschmack Einzelner, so wie vielleicht über den Geschmack ganzer Nationen, läßt sich überhaupt nicht gut urtheilen.

# Hyperbolische Aepfel

| | Name der Hauptart und Vaterland. | Abänderungen dieser Hauptarten. | Gleichbedeutende Namen beyder Arten. | Beschaffenheit des Baums an sich selbst. | Das Laub oder die Blätter u. deren Stiele. | Die Blüthe und deren Blätter. |
|---|---|---|---|---|---|---|
| XCIV | B. *Blanke Rabauw* Kn. Holland. vD. (Blumensauer.) | — — | Bloem-Sour Kn. | treibt und trägt gut. Kn. | — — | — — |
| XCV | *Grauwe Rabauw* Kn. | — — | Blauwe Rabauw vL. Raban Elsh. Pomme de Rateau Gm. | treibt und trägt gut. Kn. | — — | — — |
| XCVI | *Pomme de Taffetas* Mh. | — — | — — | — — | — — | — — |
| XCVII | *Rojale d'Angleterre* England. C. | Sommer-Qveening Ml. | — — | — — | — — | — — |
| | | 1 Winter-Qveen Mh. | Grosse Bretagne HH. | — — | — — | — — |
| XCIIX | *Russet*, England. | Royal-Russet Ml. | Royal-Russeting Ml. Leather-coat-Russet Ml. | wird groß, schön, und sehr tragbar. Ml. | — — | — — |
| | | 1 Wheler's Russet Ml. | — — | — — | — — | — — |
| | | 2 Pile's Russet Ml. | — — | — — | — — | — — |
| | | 3 Sharp's Russet Ml. | — — | — — | — — | — — |
| XCIX | *Codling*, England. | — — | Pomme de Cuisine HH. | wird mittelmäßig groß. Ml. | — — | — — |
| | | 1 Kentish Fill-basket Ml. | — — | — — | — — | — — |
| C | *Margaret-Apple* England. Ml. | — — | Margarethen- oder Magdalenen-Apfel Hl. Pomme de Madelaine HH. Augustiner Tab. Obst. A. Menz. | von mittelmäßiger Größe. Ml. und also gut ans Spalier zu setzen. Hl. | — — | — — |
| CI | Heinings-Apfel. | — — | — — | — — | — — | — — |
| CII | Sey-Apfel. | — — | Sag-Apfel Elsh. Kern-Apfel. | — — | — — | — — |
| | | 1 Weißling JB. | — — | — — | — — | — — |
| CIII | Pole-Apfel Gm. | — — | Jorthardt Gm. 135. Menz. | — — | — — | — — |
| | | 1 Weißer Pole-Apfel | Gm. 145. — | — — | — — | — — |

Eine Abbildung des Sommer- und Herbstblumensüßen Apfels ist auf Knoops II Platte, vom weißen auf der IIten, und vom Winterblumsüßen auf der VII Platte, vom Blumensauern oder blanken Rabau aber auf dessen V Platte.

Blumensauer Apfel. Letzterer findet schon mehr Liebhaber allhier, als die drey erstern.

Grauer Raban. Den grauen Raban habe ich wegen Aehnlichkeit der Form und des Namens dem blanken folgen lassen. Er ist aber vom vorigen sehr unterschieden; vermuthlich hat er eine rauhe Haut, gehöret zu den Renettenarten, und ist wie der Veentjes, aus einem dergleichen Kerne entstanden. Die Abbildung davon findet man auf Knoops VI Platte.

Taffet-Apfel. Er hat fast die Form und Größe wie der von Z. beschriebene Pomme de Satin: nur daß letzterer ganz grün vorgestellet ist, ersterer aber schneeweiß sälle, fast die zarteste Haut unter allen Aepfeln hat, und um die Jahrszeit seiner Reife sehr zu schätzen ist. Die Bäume sind etwas ekel und werden in hiesiger Gegend leicht krebsig. Ich weis nicht, in wie weit der Schnee-Apfel, der Pariser Carthäuser, diesem

| Fruchtgröße. | Fruchtauge. | Fruchtstiel. | Farbe und Beschaffenheit der Haut. | Fleisch. | Saft. | Geschmack und Geruch. | Kernen und Kernhaus. | Zeit der Reife. | Güte und Werth. |
|---|---|---|---|---|---|---|---|---|---|
| $2\frac{1}{4}$", $2\frac{1}{2}$". Kn. | klein, flach, mit etlichen Beulchen. | kurz, ziemlich dicke. | an der Sonnenseite blaßroth, dunkler gestreift, an der andern grünlichweiß, auch wohl ganz blaßroth gestreift. Kn. | mild. Kn. | säuerlich Kn. | ziemlich angenehm und gut. Kn. | - - | Sept. Oct. Kn. | ersten Rangs. Kn. |
| $2\frac{1}{4}$. $2\frac{1}{2}$. Kn. | - - | - - | gelblich, lichtbraun oder dunkelzimmetfarben gefleckt oder punctirt, an einer Seite etwas hellröthlich. Kn. | etwas zähe und trocken Kn. | wenig. Kn. | lieblich, aber nicht fein. Kn. | - - | Dec. Jan. Kn. | ist kaum mittelmäßig. Kn. |
| $2\frac{1}{4}$", $1\frac{3}{4}$". | - - | - - | schön weiß und so zart als der feinste Taffet. | mürbe. | lieblich. | angenehm. | - - | Julius. Mh. | ein schöner früher Apfel. |
| - - | - - | - - | — — | - - | - - | - - | - - | - - | ein guter Tisch-Apfel. Mll. |
| außerordentlicher Größe: C. | - - | lang. Mh. | — — | zarte und leichter. C. | - - | - - | - - | - - | — — |
| groß. Mll. | - - | - - | schön, dunkelröthlich. Mll. | gelblich Mll. | - - | - - | - - | vom Octbr bis April zu brauchen. Mll. | ein guter Tisch- und einer der besten Küchen-Aepfel Mll. |
| mittelmäßig groß Mll. | - - | dünne. Mll. | die Sonnenseite ist hellröthlich, die andere aber blaßgelb. Mll. | feste. Mll. | lieblich säuerlich. Mll. | gut. Mll. | - - | hält sich auch lange. Mll. | guter Tisch- und vortrefflicher Koch-Apfel. Mll. |
| kleiner als voriger. Mll. | - - | - - | an der Sonne röthlich, im Schatten dunkelgrün. Mll. | feste. Mll. | säuerlich Mll. | angenehm Mll. | - - | bis April. Mll. | so gut als voriger. Mll. |
| - - | - - | - - | — — | - - | - - | - - | - - | - - | Tisch-Apfel. Mll. |
| - - | - - | - - | — — | - - | - - | - - | - - | Julius. | der früheste in England. Mll. |
| ziemlich groß. Mll. | - - | - - | — — | - - | - - | - - | - - | Ende des Julii. Mll. | sehr gut zu Backwerk. Mll. |
| mittelmäßig groß Mll. | - - | - - | blaßgrün einer, und blaßröthlich anderer Seits. Mll. | feste. Mll. | frisch. Mll. | angenehm Mll. | - - | Julius. Mll. hält sich nicht lange. Mll. | einer der frühesten nach dem Codling folgend. Mll. |
| $2\frac{3}{8}$", 2". J.B. | dessen Blätter stehen vor. | kurz. J.B. | weißgelblich und grünlich, an einer Seite röthlich gestreift. J.B. | - - | säuerlich. | - - | - - | vom Decbr bis May. | — — |
| $2\frac{3}{8}$", $1\frac{5}{8}$". J.B. | klein. | kurz, $\frac{5}{8}$". J.B. | weißgelblich, die Sonnenseite roth und gestriemt. schön, wie Venusmuscheln gefleckt. J.B. | weiß. | weinartig. | - - | - - | Febr. rc. | — — |
| $2\frac{3}{8}$", $2\frac{1}{4}$". J.B. | mittelmäßig. J.B. | kurz, dünne J.B. | weiß mit vielen milchweißen Puncten. J.B. | - - | - - | - - | - - | - - | — — |
| - - | - - | - - | auf einer Seite rothbraun, auf der andern blässer, röthlich gestriemt. Gm. | zart, milde, schwammig, schmelzend. | säuerlich und viel Gm. | angenehm Gm. | - - | bis mitten im Winter. Gm. | — — |
| kleiner. Gm. | - - | - - | spielt aus dem Grünen ins Weißliche. Gm. | - - | - - | - - | - - | - - | — — |

diesem ähnlich seyn mag, da ich ihn nicht gesehen habe. Auch kann ich nicht sagen: ob ein gewisser Apfel, den ich unter dem Namen Pomme de Cire erhalten, eine Abänderung ist. Das Weiße des letztern fällt mehr ins Gelbliche, auch ist die Schaale nicht so fein.

Englische Aepfel.

Die Num. XCVII, XCVIII 1. 2. 3, XCIX 1, und C genannten Englischen Aepfel, nämlich: der Sommerkönigs-, Winterkönigs-, braunrother Königs-, Wheler's-, Pile's-, und Scharp's braunrothe Aepfel, der Kochapfel, Kenter-Korbfüller und Margareth-Apfel, sind meines Wissens in Deutschland nicht bekannt; sie werden von Mll. vorzüglich gerühmet, und wären also auch wohl werth, bey uns gepflanzet zu werden, wo anders nicht schon einige unter andern Namen denenselben gleich kommen: welches sich, bis davon ausführlichere Beschreibungen erscheinen, noch nicht bestimmen läßt.

Heinings- Sey- und Pols-Apfel.

Diese dreyerlen Aepfel habe ich ihrer Form wegen hier Platz nehmen lassen; ich kann aber außer dem bereits Beygefügten nichts weiter sagen, als daß die erstern bey J.Bauhin abgebildet sind.

| Name der Hauptart und Vaterland. | Abänderungen dieser Hauptarten. | Gleichbedeutende Namen beyder Arten. | Beschaffenheit des Baumes an sich selbst. | Das Laub oder die Blätter u. deren Stiele. | Die Blüthe und deren Blätter. |
|---|---|---|---|---|---|
| bb. Hyperbolisch um das Auge herum eckig x. | | | | | |
| CIV Capendu — D.H. Frankreich. | — — | — — | die Triebe mittelmäßig dicke, länglich, röthlichbraun mit kleiner Puncten, an den Knoten etwas eingebogen. Die Augen breit und kurz; die Träger etwas ausgehöhlt, nicht weit vorstehend. D.H. | 3 Zoll lang, 1½" breit, am Stiele schmäler als an der Spitze, fein und doppelt gezahnt. Der Stiel 1½ Zoll lang. D.H. | ¾ Zoll im Durchschnitte, ein Blatt ⅝" lang, $\frac{5}{12}$" breit, fast oval, löffelförmig, außen schwach rosenfarben, innen ein wenig gefleckt. D.H. |
| | 1 le gros Capendu rouge C. | — — | — — | — — | — — |
| CV Passe Pomme d'Eté Frankreich. (Früher kurzdauernder Apfel.) | — — | Calville d'Eté D.H. Pomme de St. Jean D.H. Passe pomme rouge rother August-Apfel H. XVII. | mittelmäßig groß, sehr lebhaft und fruchtbar; die Triebe dünne, wie mit Mehl bestreut, mit etlichen kaum sichtbaren Puncten, an der Sonnenseite dunkelbraunroth in dunkelviolet spielend, auf der andern heller, die Knospen dicke, wenig gespitzt, nicht so platt und eben wie andere, die Träger klein, wenig vorstehend. D.H. | 1¾", 2". länglich, oval, gegen das Ende spitzer als gegen den Stiel, regelmäßig, fein und nicht tief, doch an den jungen Trieben breiter und tiefer gezahnt. Der Stiel 1 bis 1½ Zoll lang. D.H. Die Blätter an den jungen Trieben werden oft durch Insecten mit schwarzem Staube beschmutzt. H. | $\frac{11}{12}$ Zoll im Durchschnitte, die Blätter ¾" lang, $\frac{5}{12}$" breit, löffelförmig, sehr tief ausgehöhlt, außen roth gefleckt, und inwendig auch etwas gefärbt. D.H. |
| CVI Passe Pomme rouge Frankreich. | — — | Z. N. 4. 5. 12. Hl. 1. C. Dah. Pommes Grillotes J.B. | die Triebe dünne, hell braunroth, wenig punctirt, mit perlgrauem Gewebe und sehr feiner Wolle überzogen. Die Augen klein und kurz, die Träger etwas ausgehöhlt und stehen weit vor. D.H. trägt stark. C. | 2½" lang, 1$\frac{5}{12}$" breit, gegen den Stiel am breitesten, fein, nicht sonderlich tief, aber spitz gezahnt. Der Stiel 1½ Zoll lang. D.H. | 1¼" im Durchschnitt, ein Blatt ¾" lang und ⅝" breit, am Ende schmal, außen lebhaft roth gefleckt, einige ganz roth, inwendig ziemlich gefärbt. D.H. |
| | 1 Passe Pomme rouge d'Automne D.H. C. | Passe pomme rouge dedans H.H. - - coteliée H.H. - - d'hyver H.H. - - royette Z. 20 Pomme d'Outre passe D.H. Passe Pomme générale D.H. C. mit der Nachricht, daß er aus Bretagne herstamt. H.H. | — — | — — | — — |
| | 2 Passe Pomme blanche | D.H. Dah. H.H. Der frühe weiße Apfel Hl. | hochstämmig trägt reichlich. Hl. | — — | — — |

**Capendu.** Der Name Capendu und Courtpendu wird vielfältig verwechselt, allein nach D.H. Beschreibung sind beyde Aepfel sehr unterschieden. Des erstern langer Stiel widerspricht dem Namen Kurzstiel schon genug, und die in der Haut vertieften Puncte scheinen etwas Characteristisches an demselben zu seyn.

Er würde kleiner als Api, ja der kleinste unter allen Aepfeln seyn, wenn er nach D.H. Beschreibung nur ½ Zoll dick und ½ Zoll hoch wäre. Es zeuget aber dessen Zeichnung auf der XIII Platte, daß es ein Druckfehler, und derselbe wenigstens 1½ Zoll breit und 1½ Zoll hoch seyn muß.

**Passe-Pomme's.** Der Name saget so viel: daß sie von kurzer Dauer sind; sie könnten also im Deutschen: Bald vorübergehende, oder kurzdauernde Aepfel heißen. Einige werden zu Anfange Augusts, andere zu Ende desselben reif; keine Sorte aber ist länger als 14 Tage bis 3 Wochen zu gebrauchen.

Eigentlich sind die Sommer-Calvillen, Passe-Pomme's und Cousinetten dergleichen frühzeitige kurzdauernde Aepfel, und letztere gleichsam Cousins oder Verwandte der Passe-Pommen; wie aber die Obstnamen überhaupt gar sehr gemißbraucht werden, so geht es auch insbesondere mit diesen. Es giebt, oder es soll Passe-Pomme's geben, die im Octbr und Novbr reif werden, als z. B. die bey Z. III Pl. N. 20 abgebildete Passe pomme royette, und es giebt Cousinetten, die bis Januar, Februar

und

| Fruchtgröße. | Fruchtauge. | Fruchtstiel. | Farbe und Beschaffenheit der Haut. | Fleisch. | Saft. | Geschmack und Geruch. | Kernen und Kernhaus. | Zeit der Reife. | Güte und Werth. |
|---|---|---|---|---|---|---|---|---|---|
| 3", 3". D.H. nach dessen Zeichnung aber: 2", $1\frac{3}{4}$". | breit, in einer stark ausgeschweiften tiefen Höhle. D.H. | ziemlich lang und steckt sehr tief in der Frucht. D.H. | an der Sonnenseite dunkelroth und fast schwarz, auf der andern heller, purpurroth mit ganz ungefärbten Flecken; über und über mit fahlen, etwas in die Haut vertieften Puncten bedeckt. D.H. | ziemlich fein, etwas gelblich, unter der Haut aber röthlich. D.H. | säuerlich und ziemlich angenehm. D.H. | den Renetten sehr nahe kommend. D.H. | - - | bis Ende des März. D.H. | — |
| länglich. E. | - - | - - | — — | sehr brüchig E. | sehr süße. E. | - - | - - | hält sich lange. E. | — — |
| $1\frac{3}{4}$", $1\frac{5}{8}$", zuweilen $1\frac{5}{8}$", $1\frac{3}{4}$". D.H. 2", $1\frac{5}{8}$", auch 2", 2". H. | enge geschlossen, platt auf der Frucht zwischen 5 höhern und 5 niedern Beulen, die zuweilen gar bis an den Stiel gehen und Ribben bilden. D.H. | dicke, $\frac{5}{8}$ Zoll lang, in einer glatten, weiten und tiefen Höhle. D.H. | harte Haut, an der Sonnenseite schön dunkelbraunroth, auf der andern heller, die von den Blättern bedeckt gewesenen Stellen sind wie weißes Wachs. D.H. | weiß, zuweilen auf der Sonnenseite etwas roth, es wird leicht stockerig D.H. oder teigig H. | nicht überflüssig D.H. | nicht besonders erhaben. D.H. | ziemlich vollkommen, sehr dunkelbraun D.H. klein, aber wohl die mehresten von allen, denn da andere selten 12 bis 15 haben, so hat dieser 18 bis 20 Kernen. H. | Anfangs August. D.H. | er dauert nicht lange, ist aber, ehe er recht reif wird, zu Compots in dieser Jahreszeit ganz vortrefflich. D.H. |
| $1\frac{5}{8}$" breit, $1\frac{1}{16}$" hoch. D.H. | klein, in einer $\frac{1}{8}$" tiefen Ausschweifung D.H. | dünne, $\frac{1}{2}$ Zoll lang, in einer glatten, weiten und tiefen Aushöhlung. D.H. | an der Sonnenseite schön lebhaft roth, auf der andern etwas schwächer, die mit Blättern bedeckt gewesenen Stellen sind nicht roth. D.H. sehr blühend und zum Malen schön. E. | weiß, auf der Sonnenseite schwachroth D.H. und sehr zart. E. | angenehm D.H. | nicht sonderlich erhaben, zumal wenn er sehr reif ist. D.H. | klein und braun D.H. | August. D.H. der allerfrüheste. E. | zu Compots kann er schon Ende Julii gebraucht werden. D.H. wird leicht pelzig. Dah. |
| $2\frac{1}{8}$", 2". | - - | - - | schönroth. D.H. wie Carmin. E. gleicht einem Rosenblatte. Z. 20. | fast ganz, theils hell-, theils lebhaft roth. | genugsam Z. | besser als voriger. Dah. Z. | - - | vom August E. Oct. Nov. Z. 20. | vortrefflich. Dah. der leichteste unter den Aepfeln. E. |
| 2", $1\frac{3}{4}$". | - - | - - | hellgelb, an der Sonnenseite röthlich. Hk. nicht so viel rothes als die andern. D.H. | ganz weiß. | - - | - - | - - | hält sich länger als die rothen. | wird leicht mehlig. Hk. |

und März dauern. Letztere gehören unstreitig zu den Winter-Calvillen, wie bereits Qvintinye sehr richtig angemerket hat.

Die Passe-Pomme's sind entweder ganz roth, oder sie haben weniger Rothes. Ganz rothe beschreibt D.H. unter folgenden Namen:

1) Sommer-Calville, von dem er auf der I Platte eine Zeichnung giebt.
2) Rother Passe-Pomme.
3) Rother Herbst-Passe-Pomme und
4) Cousinotten.

Hierher gehören vielleicht Zinks Abbildungen auf der I Platte N. 4 und 9.

Alle diese rothen Aepfel haben Stellen, die ganz weiß sind, wo sie nämlich dicht mit Blättern bedecket gewesen.

Gelb und rother gedenket D.H. und Dahüron unter dem Namen weißer Passe-Pommen; und hierher möchten Zinks Abbildungen I Platte N. 5 und 7, desgleichen Knoops auf der I Platte entweder seiner so genannter Sommer-Kron-Apfel gerechnet werden können.

Auch

| | Name der Hauptart und Vaterland. | Abänderungen dieser Hauptarten. | Gleichbedeutende Namen beyder Arten. | Beschaffenheit des Baums an sich selbst. | Das Laub oder die Blätter u. deren Stiele. | Die Blüthe und deren Blätter. |
|---|---|---|---|---|---|---|
| CVII | Bb.<br>*Cousinette d'Eté* D.H. C.<br>Frankreich. | — — | eine Art Passe pomme D.H.<br>Cousinotte D.H.<br>Cuisinot d'Eté Kn. H.H.<br>Cuisinot rulpé Kn.<br>Qvisinot Kn. Pl.<br>Couleur de Chair Kn.<br>Soomer-Kroon-Appel Kn.<br>Soomer-Aagt Kn. vO.<br>Tarw (Waizen) Appel Kn.<br>Passe-Calville Elch.<br>Polster-Apfel. | treibt gutes, feines Holz und trägt sehr stark. Kn. | — — | — — |
| | | 1 Wohlriechender August-Apfel Gm. | Gm. 11. — | — — | — — | — — |
| CVIII | *Cousinette d'hyver* D.H.<br>Frankreich. | — — | eine Art Calville Q.<br>eine Art Passe-Pomme D.H.<br>Cousinotte D.H.<br>Gros-Cousinot H.H.<br>Kroon-Appel Kn. vL.<br>Fyne Kroon Kn.<br>Aagt-Appel Kn. vO.<br>Engelsche Aagt Kn.<br>Hollandsche Aagt Kn.<br>Lekkerbetje Kn.<br>Engelsche Aagt, of Lipping van Jan Puik vO. | von feinem Holzgewächse, wird groß und trägt gut. Kn.<br>hochstämmig ist er am besten. Dah. | — — | — — |
| | | 1 Rode Kroon-Appel | Rode Kroon Kn.<br>Tulp-Kroon Kn.<br>Rode Aagt Kn.<br>- - enkelde vO.<br>- - dubbelde -<br>- - suure -<br>- - soete Kn. | — — | — — | — — |
| | | 2 Cousinotte longue H.H. | | | | |
| | | 3 Cousinotte ronde H.H. | | | | |
| | | 4 Kruis-Appel Kn. | Kruis Appel van Gelder Kn.<br>Gelders Kruis Kn.<br>bastaard Kroon Kn.<br>Bastaard-Aagt Kn. | treibt gutes Holz, ist aber zu tragbar, um groß werden zu können Kn. | — — | — — |
| | | 5 Rode Kruis-Appel Kn. | Rod Gelders Kruis Kn.<br>Rode Bastaard Kroon Kn.<br>Rode Bastaard-Aagt Kn. | wie voriger. Kn. | — — | — — |
| CIX | *Doux* D.H. *le grand*<br>*le petit*<br>Frankreich. | — — | aus der Normandie D.H.<br>Doux à trochet D.H.<br>Pomme douce Kn.<br>Doucette H.H.<br>Pomme dœuje N.Hov.<br>Süßling Tabern.<br>Honig-Apfel Menz.<br>Most-Apfel J.B. | wächst stark und trägt häufig, die Triebe sind grün, die Augen stehen sehr nahe an einander und die Blüthen setzen gerne Frucht an. D.H. | mittelmäßig groß, oval, glatt, fein gezahnt, endigen sich mit einer Spitze, die Adern stehen nicht weit vor und die Stiele sind lang. D.H. | die Blüthen setzen, wie gedacht, gerne Früchte an, daher dieselben recht büschelweise (à trochet) zusammenhangen. D.H. |

Auch bey diesen sind einige von der Sonne niemals beschienene Flecken ganz weiß wie Wachs. Von Calvillen aber unterscheiden sie sich besonders dadurch: daß sie keinen Duft, Staub, oder wie man bey einigen Blumensorten saget, keinen Puder haben.

Winter-Cousinetten. Ich habe vorher erwähnet, daß diejenigen Aepfel, so man Winter-Cousinetten nennt, nicht zu den Passe-Pommen, sondern zu den Calvillen gezählet werden müßten. Meine Ursachen sind folgende: 1) weil der Name Passe-Pomme keinem Dauer-Apfel zukömmt; 2) weil der Winter-Cousinetten Fleisch nicht weiß, oder unter der Schale röthlich, sondern mehr gelblich und fester ist, und 3) weil sie staubig oder gepudert sind.

Hierher

| Frucht-größe | Fruchtauge | Fruchtstiel | Farbe und Beschaffenheit der Haut | Fleisch | Saft | Geschmack und Geruch | [illegible] und Kernhaus | Zeit der Reife | Güte und Werth |
|---|---|---|---|---|---|---|---|---|---|
| 1⅞", 1⅞", wie der Sommer-Passe-Pomme D.H. 2¼", 2¼". Kn. klein. C. | – | – | glatt, wachsgelblich weiß und blaßroth gestreift. Kn. dessen Streifen sind sehr lebhaft roth. D.H. C. | mild Kn. | ziemlich herbe Kn. | angenehm Kn. | – | August D.H. August und Sept. Kn. | ein sehr guter Sommer- oder Herbst-Apfel Kn. |
| 2", 1⅞". | tief. | kurz. | spielt aus dem Zitronengelben ins Weiße. Gm. wird überreif fettig. | weiß. | weinartig. | angenehm. | – | Aug. Sept. | von kurzer Dauer. |
| 1⅞", 1⅞". D.H. 2¼", 2¼". Kn. klein und zugespitzt Dah. | – | lang und dünne. Q. | glatt, blaßgrüngelblich, mehr oder weniger blaßroth gestreift. D.H. Kn. | fein, gelblich. Kn. | sehr sauer Q. säuerlich. Dah. angenehm, gewürzhaft Kn. | fein und gut. Kn. | – | Jan. und Februar. Q. D.H. Kn. | ein guter Tisch-Apfel. Kn. |
| 2¼", 2¼". Kn. | – | – | sehr glatt, glänzend, lichtroth, und in solchen dunklerroth zierlich gestreift oder geflammt, fast wie einige Tulpensorten; mit einem trockenen Tuche stark abgerieben kann man sich in seiner Schale spiegeln. Kn. | sehr gelblich Kn. | fein Kn. | sehr angenehm. Kn. | – | Jan. Febr. Kn. | einer der besten Tisch-Aepfel, den einige Holländer für den allerbesten halten, gedünstet oder gebacken dem Gülderling gleich. Kn. |
| 2⅛", 2⅛". Kn. | – | – | kömmt von außen völlig mit dem ersten Kron-Apfel überein, nur nicht von innen. Kn. | gelblich Kn. | nicht fein Kn. | gemein Kn. | – | Febr. und März. Kn. | blos zum Kochen. Kn. |
| zuweilen etwas länglicher. Kn. | – | – | ist nicht so stark gestreift als der rothe Kron-Apfel, sondern allein hochroth. Kn. | gelblich Kn. | schlecht Kn. | nicht fein, sondern gemein. Kn. | – | Febr. und März. Kn. | gemeiner Koch-Apfel. Kn. |
| 2¼", 2¼" der große, und 1⅞, 2" der kleine. D.H. 2¼", 1⅞". Kn. | nicht sonderlich offen in einer seichten mit fünf kleinen Beulen umgebenen Vertiefung D.H. | ziemlich dick, kurz, grün, in einer tiefen, aber nicht weiten Aushöhlung | glatt, grün, zuweilen wird sie gelb, die Sonnenseite schwach braunroth gestreift, auch die andere Seite mit dergleichen, jedoch ganz blassen Streifen. D.H. braungraulich, etwas röthlich, mit harter dicker Schale, gleich den grauen Renetten. Kn. | fest, ohne Mark, weiß etwas ins Grüne fallend. D.H. | süße, angenehm, aber nicht sonderlich erhaben. D.H. | süße, fast ohne Geruch. D.H. | vollkommen, breit und kurz. D.H. | Decbr. bis März. D.H. Kn. | guter süßer Koch-Apfel. Kn. |

Hierher gehören nun meines Erachtens nicht allein die von Q. und D.H. eigentlich so genannten Winter-Cousinetten oder Cousinotten, sondern auch die beym Kn. auf der VII Platte abgebildeten rothen Kron- und süßen Kron-Aepfel, desgleichen der Kreuz-Apfel und rothe Geldersche Kreuz-Apfel, wovon ersterer auf der IV Platte vorgestellet ist; obwohl diese Holländischen allesammt sehr ausgeartet, oder aus Kernen gezogen seyn müssen.

Süß-Aepfel

Die beyden Arten Süß-Aepfel des D.H, der große und kleine, müssen von dem, so Knoop beschrieben, und auf der IV Platte abgebildet ist, verschieden seyn: weil jene glatte, diese aber rauhe

| | Name der Hauptart und Vaterland. | Abänderungen dieser Hauptarten. | Gleichbedeutende Namen beyder Arten. | Beschaffenheit des Baums an sich selbst. | Das Laub oder die Blätter u. deren Stiele. | Die Blüthe und deren Blätter. |
|---|---|---|---|---|---|---|
| CIX | Bb. Doux D.H. le grand le petit Frankreich. | 1 Sucré verd Z. 71. | — — | — — | — — | — — |
| | | 2 Sucré jaune Z. 13. | — — | sehr tragbar. Z. | — — | — — |
| | | 3 Sucré rouge Z. 23. | Sucré plat. Z. 28. | — — | — — | — — |
| CX | Angelier-Appel Kn. Holland. (Streifen-Apfel.) | — — | — — | von gutem Gewächs und ziemlich tragbar. Kn. | — — | — — |
| CXI | Belle-fleur Kn. Holland. | — — | Lange Bellefleur Kn. H.H. dubbelde - Kn. | — — | — — | — — |
| CXII | La Pomme Latin Z. Deutschland. (Atlas-Apfel.) | — — | Atlas-Apfel Hl. 13. Z. N. 37. | — — | — — | — — |
| CXIII | Rambouillet — Frankreich. | — — | Z. N. 36. — | — — | — — | — — |
| CXIV | Paradys-Appel Kn. Deutschland x. | Witte Somer- | Pomme de Paradis H.H. Pomme de Jacob H.H. Pomme de St. Jean H.H. Doucin D.H. Fichet D.H. Heck-Apfel Mh. Vroege Paradis-Appel Kn. St. Jans-Appel Kn. Naantjes-Appel Kn. White Jungeating Mil. Jacobs-Apfel Z. N. 2. The Dutch-Creeper Bl. | wächst klein und niedrig, trägt bald und viel, treibt aus den Wurzeln viele Ausläufer, die zum Pfropfen solcher Bäume sehr dienlich, die niedrig bleiben sollen. D.H. Mh. Kn. | — — | — — |
| | | 1 Weisser Paradis-Apfel Z. 13. | — — | trägt oft und viel. Z. | — — | — — |
| | | 2 Süsser Paradis-Apfel Kn. | Vroege soete P. A. Kn. | — — | — — | — — |
| | | 3 Rode Somer-Paradys-Appel Kn. | Rother Paradis-Apfel Z. N. 30. Hl. 18. | — — | — — | — — |

Haut haben sollen. Ich habe keinen davon gesehen, glaube aber, daß der Süß-Apfel des Knoops nebst dessen Weentjes und grauen Rabau Abänderungen von einerley Art aus Kernen sind.

Der von Z. auf der IX Pl. N. 75 abgebildete grüne Süß-Apfel möchte dem des D.H. beykommen, wenn nur dessen Zeichnungen und Beschreibungen mehr zu trauen wäre. Eben desselben Süß-Aepfel II Pl. N. 13, III Pl. N. 23, und IV Pl. N. 28, werden vermuthlich ausgesuchte Passe-Pommen oder Calvillen seyn. Denn neue Namen zu geben, scheint den Herausgeber gar nicht in Verlegenheit gesetzet zu haben.

Der Nelken-Apfel. Auf Knoops X Platte hat in der Farbe und Schattirung Aehnlichkeit mit dem Winter-Streifflinge und Sonnen-Apfel.

Bellefleur. Es ist Schade, daß Knoop bey diesem Apfel, den er auf der VIII Platte abgebildet, nicht mehrere Kennzeichen angegeben hat, um ihn mit andern vergleichen zu können, und zu sehen: ob er in Deutschland etwa unter einem andern Namen bekannt wäre? Denn ein recht vortrefflicher und in Holland sehr geachteter Apfel muß es seyn; weil man mich versichert hat, daß ganze Ladungen davon nach Amsterdam

| Frucht-größe. | Fruchtauge. | Fruchtstiel. | Farbe und Beschaffenheit der Haut. | Fleisch. | Saft. | Geschmack und Geruch. | Kernen und Kernhaus. | Zeit der Reife. | Güte und Werth. |
|---|---|---|---|---|---|---|---|---|---|
| 2½", 2½". Z. | - - | - - | so wie vorher Du Hamel den Doux beschrieben. Z. | - - | - - | - - | - - | bis März. Z. | der beste süße Winter-Apfel. Z. |
| 2½, 2½. Z. | - - | - - | theils ganz gelb, theils an einer Seite schön roth gefärbt, er bekommt zuweilen Flecke als mit Oele getränkt, ist aber doch gut zu genießen. Z. | brüchig Z. | zuckersüße Z. | angenehm Z. | - - | Sept. Oct. Z. | zu Muß und Backen vortrefflich, daher von Alters sehr geachtet. Z. |
| 2½, 2½. Z. | — | - - | seine schöne rothe Farbe übertrifft fast alle andere Aepfel. Z. | fest, schneeweiß, um das Kernhaus röthlich. Z. | zuckersüße Z. | ziemlich gut Z. | — - | Oct. Nov. Z. | ist in Acht zu nehmen, weil er leicht innen faul wird. Z. |
| 2½, 2½. Kn. | - - | - - | glatt, gelblichweiß, schön rosenfarben gestreift. Kn. | mild Kn. | lieblich Kn. | ziemlich fein. Kn. | - - | Dec. Jan. Kn | vom zweyten Range. Kn. |
| 2½, 2½. Kn. | sehr groß, vertieft. | in einer tiefen Höhle. | gelb, an der Sonnenseite manchmal blaßroth und matt gestreift, dem Pomme Madame ähnlich. K. | mild Kn. | lieblich Kn. | angenehm Kn. | - - | Dec. Jan. Kn. | einer der besten Tisch-Aepfel. Kn. |
| 2½, 2½. Z. | - - | - - | hellgrün glänzend. Hl. mit sehr zarter Schale. Z. | schneeweiß, unvergleichlich mild Z. | überflüßig, zwischen süß und weinsauer Z. Hl. | vortrefflich Z. reizend, angenehm Hl. | - - | October bis December. Z. Hl. | ein sehr guter Apfel. |
| 3, 2½". Z. | - - | - - | weiß, roth gestreift. Z. | mild. | gut, weinsäuerlich Z. | angenehm Z. | - - | Nov. Dec. Z. | wird leicht mehlig, taub und ungeschmackt. Z. |
| 2½, 2½. Kn. 2½, 2. JD. | klein, vertieft. | kurz, ½". JD. | blaßgrünlich gelb. Kn. | mild Kn. grünlich und brüchig Z. | säuerlich Kn. | ziemlich fein Kn. nicht sonderlich Z. | - - | Julius bis August. Kn. | er muß bald abgenommen und frisch gegessen werden, weil er sonst abfällt, mehlig wird, u. allen Geschmack verliert. Z. |
| 2½, 2½. Z. | - - | die meisten ohne Stiel Z. | im Liegen wird er gelb und endlich weiß, ist sehr fettig anzufühlen. Z. | weiß, mürbe. Z. | ziemlich Z. | vortrefflich weinsäuerlich. Z. | - - | Oct. Nov. Z. | er kann gleich vom Baume genossen werden. |
| klein Wh. | - - | - - | gelblich. Wh. | - - | süße Wh. | - - | - - | Jul. Wh. | — — |
| 2½, 2½. Z. | - - | - - | gelb und roth, Z. als wenn er von Wachs gemacht wäre. Hl. | mürbe und weich Hl. brüchig und quittengelb Z. | weinsäuerlich Z. | nicht unangenehm Z. | - - | Oct. Nov. Z. | wird leicht von innen mehlig. Z. ist besser zum Ansehen als zum Essen. Hl. |

sterdam und andern Städten gebracht und gut bezahlet würden. Ob der Unterschied zwischen diesem und ebenfalls Knoops Pomme Madame sehr groß ist, bleibt zweifelhaft.

**Atlas-Apfel.** Damit es nicht blos einen Taffet-Apfel giebt, so kömmt bey Z. auf der V Platte N. 37 auch ein Atlas-Apfel vor, dessen auch Hl. gedenket; er ist mir nicht bekannt worden.

**Rambouillet.** Zink beschreibt und bildet ihn auf der V Pl. N. 36 ab; aber weder aus einem noch dem andern ist es (wie sehr bekannt) möglich, eine Vergleichung mit andern anzustellen. Chambray nennt ihn unter den Cider-Aepfeln der Normandie; er mag ganz gut seyn, ich kenne ihn aber nicht.

**Paradis-Apfel.** Unter dem Paradis- oder Johannis-Apfel versteht man in hiesiger Gegend eigentlich die süßliche Frucht eines Baumes oder Strauches, der entweder für sich in Wäldern oder anderswo von Natur wächst, oder der aus gesäeten Kernen von guten süßen Aepfeln hervorkömmt; so wie hingegen der Säuerling oder Hutzel-Apfel die außerordentlich strenge und herbe Frucht eines sauern Holzapfelstammes ist. Ersterer, und zwar der wilde süße, hat vorzüglich die Eigenschaft, daß er aus seinen Wurzeln beständig neue Triebe oder Ableger machet; welches die aus süßen Aepfelkernen gezogenen Stämme nicht so sehr thun, doch trifft man auch an den jungen Stämmen dergleichen Ausläufer an.

| | Namen der Hauptart und Vaterland. | Abänderungen dieser Hauptarten. | Gleichbedeutende Namen beyder Arten. | Beschaffenheit des Baums an sich selbst. | Das Laub oder die Blätter u. deren Stiele. | Die Blüthe und deren Blätter. |
|---|---|---|---|---|---|---|
| | Hh | | | | | |
| CXV | *Paradys-Appel* Kn. Holland. | enkelde rode Winter | — — | — — | — — | — — |
| | | 1 dubbelde rode Winter | — — | von gutem Gewächs, wird stark, groß, und ist sehr tragbar. Kn. | — — | — — |
| CXVI | *Griet, enkelde* Kn. Holland. | — — | Zwolse Griet Kn. Leuwse Griet Kn. | treibt wacker Holz und trägt stark. Kn. | — — | — — |
| | 1 *dubbelde* | — — | — — | gut Holzgewächs, wird groß und tragbar. | — — | — — |
| | 2 *Roomsche* (Margareth-Aepfel.) | — — | — — | wie voriger. Kn. | — — | — — |
| CXVII | Stettiner, rother Deutschland. | — — | Rother Rostocker H. Eiser-Apfel H. Annaberger H. Z. N. 11. Hk. 10. Pomme de Fer H.H. Ferraut H.H. Rother Rostocker Elsh. | wird vorzüglich groß und alt, auch in schlechten Boden selten krank und ausnehmend tragbar. Die Triebe recht glänzend, schwarzblau oder schwarzbraun, mit vielen weißen Puncten und nur am Ende zart wollich oder schimmlich. Die Knospen dicke, breit, nicht lang; die Träger gut hervorstehend. H. | 3½ Zoll lang, 2½ Zoll breit, dunkelgrün und fein gezahnet. H. Der Stiel 1 Zoll lang. H. | 1½ Zoll im Durchschnitte, jedes Blatt 1 Zoll lang, ½ Zoll breit, löffelförmig, in- und auswendig stark roth gezeichnet. H. |
| | 1 gelber | — — | Weißer Rostocker in der Mittelmark. Z. N. 45. Weißer Rostocker Elsh. | — — | — — | — — |
| | 2 | Berliner Apfel Z. | le petit Courpendu gris, soll in Paris Pomme de Berlin heißen. C. (Z. 105.) | — — | — — | — — |
| CXVIII | Erdbeer-Apfel Deutschland. | — — | Z. N. 62. — | — — | — — | — — |
| CXIX | Krieger-Apfel Z. Deutschland. | — — | Meklenburger W. 13 Z. N. 42. | — — | — — | — — |

Diese beyden Sorten sind aller Vermuthung nach eigentlich der Anfang aller unserer Aepfel in Deutschland, es mögen nun entweder dieselben durch öfteres Umpflanzen, Veränderung und Verbesserung des Bodens, oder durch andere Pflege, an und für sich veredelt worden seyn, oder man mag fremde, schon edlere Arten, durch das Pfropfen auf dieselben gebracht haben.

Es ist von Verschiedenen gewünschet worden, daß man im Stande wäre, dergleichen natürlich gewachsene Stämme in ihrer Jugend genugsam zu unterscheiden, ob sie von süßer oder saurer Art wären, um erstern Falles süße, im andern Falle aber saure bessere Arten darauf zu pfropfen. Von denen, die man in Wäldern aushebt, ist diese Erkenntniß des Unterschiedes schwerlich zu hoffen; da beyde Arten mehrentheils anfänglich strauchweise wachsen und sich ähnlich sind; allein in Kernschulen kann es angehen, wenn man sich die Mühe geben will, die Kernen von süßen und sauern besonders zu sammeln und auszusäen. Im Grunde betrachtet, sollte es scheinen, daß an dieser Absonderung nicht viel gelegen wäre, wenn man sein Augenmerk blos auf hochstämmige Bäume hat; denn man pfropfet ja ohne Unterschied auf Wildlinge allerley Arten Aepfel, ohne erst mühsam zu untersuchen, ob solche saurer oder süßer Art sind. Aber zu Erhaltung niedriger und nicht stark treibender Bäume in kleine Gärten, ist es allemal rathsam, lauter solche Stämme zu erwählen, die an und für sich nicht sehr in die Höhe treiben. In großen Gärten, wo man nothwendig den Bäumen erforderlichen Raum lassen muß, kann man freylich die, zu niedrigen oder Fächern bestimmten, sicher auf allerley Kernstämme pfropfen, und sich nur mit dem Schnitte nach ihren Trieben richten. Allein, gesetzt man pfropfet auf einen süßen Wildling oder Paradisstamm, ohne ihn zu kennen, eine andere stark treibende Art, in der Meynung, einen hohen Stamm von ihm zu ziehen, so wird man finden, daß der Mutterstamm unten schwach bleibt, der obere aber stärker wird, einen Mißstand verursachet und oft Gelegenheit giebt, daß der Wind den obern stärkern Kopf vom schwächern Fuße abbricht und uns das Wiederpflanzen überläßt; wie ich es selbst mit zwey aus Holland erhaltenen Bäumen erfahren habe.

Woher der Name Paradies-Apfel entstanden, läßt sich schwerlich mit Grunde bestimmen.

Von

| Frucht-größe. | Fruchtauge. | Fruchtstiel. | Farbe und Beschaffenheit der Haut. | Fleisch. | Saft. | Geschmack und Geruch. | Kernen und Kernhaus. | Zeit der Reife. | Güte und Werth. |
|---|---|---|---|---|---|---|---|---|---|
| $2\frac{1}{4}''$, $2\frac{1}{4}''$. | - - | - - | ist in allen den folgenden doppelten ähnlich. Kn. | - - | - - | - - | - - | - - | — — |
| 3'', 3''. Kn. | - - | - - | glatt, braunroth, an einer Seite zuweilen grünlich. Kn. eine Varietät hat im hellrothen oder grünlichen Grunde grobe rothe Streifen, so aber vom Boden, Stamme (oder Lage) herkömmt. Kn. | fest. Kn. | ziemlich lieblich. Kn. | nicht hochfein. Kn. | - - | Febr. März Kn. | wird wegen Größe, Dauer, und weil er gut zum Dünsten, sehr geachtet. Kn. |
| $2\frac{3}{4}$, $2\frac{1}{2}$. Kn. | - - | - - | glatt, an einer Seite gelb, an der andern roth. Kn. | mild. Kn. | ziemlich gut Kn. | nicht gar fein. Kn. | - - | Oct. Nov. Kn. | gemeiner Koch-Apfel. Kn. |
| $2\frac{1}{2}$, $2\frac{3}{4}$. Kn. | - - | - - | glatt, eine Seite blaßgrünlich-gelb, die andere röthlich. Kn. | brüchig, grob. Kn. | sauer und herbe. Kn. | nicht gar lieblich. Kn. | - - | Jan. Febr. Kn. | desgleichen. Kn. |
| $2\frac{1}{2}$, $2\frac{3}{4}$. Kn. | - - | - - | glatt, gelber als voriger, durchgehends etwas blaßroth gestreift. | -- - desgl. | - - desgl. | - - desgl. | - - | Jan. Febr. Kn | desgleichen. Kn. |
| $2\frac{1}{2}''$, $2\frac{1}{2}''$. 3'', 3''. H. $2\frac{3}{4}$, $2\frac{1}{4}$. Z. | ist zwischen kleinen Erhebungen enge und tief eingeschlossen. H. | - - | glatt, auf einer Seite dunkelroth, auf der andern hellgrün, welche Farben sich nicht verlaufen, sondern plötzlich abwechseln. In manchen Jahren sind Brandflecken darauf, die Anfangs nur die Schale betreffen, gegen Ostern aber tiefer ins Fleisch gehen. H. | feste und dichte, doch bey dem Genusse mürbe, ohne lederhaftes zurückzulassen H. brüchig. Z. | überflüßig, ungemein süße, mit angenehmer Säure. H. wenig. Z. | nicht hoch fein, doch gut H. gut weinigt. Z. | gesund, vollkommen, dunkelbraun, und sind feste in ihrem Gehäusen. H. | dauert zuweilen bis im August und bleibt doch harte, daß man ihn nicht eindrücken kann, daher der Name Eisen-Apfel H. | vom zweyten Range des Tafelobstes, und unter den wirthschaftlichen der dauerhafteste. H. schätzbar, doch für Faulniß in Acht zu nehmen. Z. |
| $2\frac{1}{2}$, $2\frac{1}{2}$. Z. | - - | - - | glatt, von feiner Schale, Anfangs grünlich, im Liegen aber wird er gelb und röthlich. Z. | weiß, mild Z. | mittelmäßig. Z. | angenehm weinigt. Z. | - - | dauert lange. Z. | ein guter Tisch- und wirthschaftlicher Apfel. Z. |
| $2\frac{1}{2}$, $2\frac{1}{2}$. Z. | - - | - - | gelb und mattroth, in welchem letztern dunklere Streifen. Z. | fest. Z. | weder süß noch sauer Z. | angenehm Z. | - - | bis May. Z. | ein dauerhafter Winter-Apfel. Z. |
| $2\frac{3}{4}$, $2\frac{1}{2}$. Z. | - - | - - | dunkelgelb, schön roth gestreift. Z. | mürbe und brüchig. Z. | wenig. Z. | hohe Weingeschmack Z. | - - | Januar. Z. | — — |
| 3'', 3''. Z. | - - | - - | dunkelgelb und roth. Z. | weiß. W. besonders milde. Z. | viel und süße. W. wenig. Z. | sehr hochweinigt. Z. angenehm W. | - - | Januar. Z. bis März und April. W. | übertrifft den Erdbeer-Apfel. Z. nach dem März wird er mehlig. W. |

Von demjenigen, den die Juden unter diesem Namen zu ihrem Lauberhüttenfeste aus Italien kommen lassen, und dem so genannten Adams-Apfel mit dem Bisse, (auch eine Art Agrumen) sind sie sehr verschieden, und ihr Geschmack kann auch eben nicht paradiesisch genennt werden. Indessen sind die vom Knoop, Zink, Heinike rc. angeführten Aepfel nicht eben Früchte des von mir gedachten süßen, deutschen, wild gewachsenen Paradiesstammes; es sind Abartungen, die schon weit besser sind als jene wilden Früchte, besonders hat der so genannte doppelte Paradies-Apfel, den Knoop auf der XII Platte, doch ohne Aehnlichkeit der Farbe abgebildet, nicht die geringste Uebereinstimmung mit denenselben.

Zinks auf der I Pl. N. 2 abgebildeter so genannter Jacobs-Apfel, ist dem schon einigermaßen cultivirten gemeinen Paradies-Apfel, jedoch nach seiner gewöhnlichen Vorstellungsart, in etwas ähnlich; dessen weißer Paradies-Apfel, II Pl. N. 15, aber sieht aus, als wenn er im letzten Grade des Verfaulens wäre, und zu dem auf der IV Pl. N. 30 hätten auch weder unschicklichere Form noch Farben gewählet werden dürfen, um seine Benennung ganz besonders verdächtig zu machen.

Griet-Aepfel. Diese vom Knoop auf der V und XI Platte abgebildeten Griet- oder Margareth-Aepfel scheinen einige Aehnlichkeit mit dem Englischen Margareth-Apfel N. C zu haben. Da aber letzterer blos als ein Sommer-Apfel beschrieben wird, so ist zu vermuthen, das gegenwärtige nichts anders, als Holländische Abkömmlinge aus Kernen, oder gar andere, mit veränderten Namen begabte Aepfel sind.

Stettiner Apfel. Knoop gedenket des Stettiner-Apfels nicht, ungeachtet er so viele schlechte Holländische Aepfel in seine Sammlung aufgenommen, für welchen dieser deutsche sehr große Vorzüge hat; es kann seyn, daß er ihn unter einem andern Namen aufgeführet hat.

Bey Z. ist der rothe auf der VII Pl. N. 55 und der gelbe auf der VI. N. 45 abgebildet, aber —. Der Berliner, so vermuthlich mit dem rothen Stettiner einerley ist, steht auf der XIII Pl. N. 105.

Erdbeer-Apfel. Er sieht bey Z. VIII Pl. N. 62 ganz artig aus, besonders weil er seine Blüthe bis zur Reife in ihrer völligen Schönheit behalten hat, auch

Der Krieger-Apfel hat V Platte Num. 42 ein besonders gekräuseltes Auge.

| | Name der Hauptart und Vaterland. | Abänderungen dieser Hauptarten. | Gleichbedeutende Namen beyder Arten. | Beschaffenheit des Baums an sich selbst. | Das Laub oder die Blätter u. deren Stiele. | Die Blüthe und deren Blätter. |
|---|---|---|---|---|---|---|
| CXX | Bb. Hardi — . H. Deutschland. | — — | wegen seines vielen und kalten Saftes könnte er Eis-Apfel genennt werden. H. | hat gesund Holz, geht aber mehr in die Breite als Höhe. So lange er jung ist, hat er grüne Schale und Zweige. Die Triebe kurz, dünne, falb und mehlig. Die Augen ziemlich breit, nicht lang, die Träger erhöhet. H. | 4" lang, $1\frac{1}{2}$" breit, nicht gar tief gezahnt, an der Spitze etwas stumpf. Der Stiel $1\frac{1}{3}$ Zoll lang. H. | 2" im Durchschnitt, die Blätter 1 Zoll lang, $\frac{2}{3}$" breit, aus- und inwendig schön roth gezeichnet. H. |
| CXXI | Harzonga-Apfel Z. Deutschland. | — — | Z. N. 91. — | — — | — — | — — |
| CXXII | *Reinette grosse d'Angleterre* D.H. England. | — — | — — | groß, schön und trägt gern, die Triebe dick, lang, stark, braunroth getipfelt, mit dicker Wolle. Die Augen kurz, sehr breit, die Träger breit und platt. D.H. | $1\frac{7}{8}$" lang, $2\frac{1}{8}$" breit, tief und nochmals gezahnt. Der Stiel $\frac{1}{8}$ Zoll lang. D.H. | $1\frac{7}{8}$" im Durchschnitt, jedes Blatt $\frac{7}{8}$" und $\frac{7}{12}$" am Ende elliptisch, am Nagel gerunzelt, außen purpurroth gefleckt, innen wenig gefärbt. D.H. |
| CXXIII | *Pomme de glace* Q. D.H. Frankreich oder Rußland. (Eis-Apfel.) | — — | Transparente D.H. Pomme glacée H.H. Pomme gelée H.H. Pomme d'Astracan C. Mh. Transparente de Moscovie C. Mh. The transparent-Apple Ml. Moscowiter-Apfel Hl. Pomme blanche glacée H.H. | haben den Namen davon, weil sie bey der Reife wie durchsichtig werden, ohne es zu seyn. Q. der Baum an sich selbst bleibt sehr klein. MQ. | — — | — — |
| | | 1 Violette glacée Q. | — — | — — | — — | — — |
| | | 2 glacée noire Q. | — — | — — | — — | — — |
| CXXIV | *Pomme durable un an* Z. Holland. (Dauer-Apfel.) | — — | Pomme durant Kn. Dubbelde geele Renet. Geele dubb. Renet of Krappe Kruin vO. N.Hov. Dubbelde geele Krappe Kreun N.Hov. Z. N. 111. Pomme de bonne durée vL. | gut stark Holzgewächse, ziemlich tragbar, aber dem Krebse unterworfen. Kn. besonders tragbar. N.Hov. | — — | — — |
| | | 1 John-Apple Ml. | Pomme de deux Ans Mh. | — — | — — | — — |
| CXXV | *Paremens* Z. 29. England. | — — | Paramain Hl. Prinzen-Apfel Hl. Herbststreifling Hl. | — — | — — | — — |

**Hardi und Hartung.** Ob der Hartung des Zinks, XI Pl. N. 91, der Hardi des Henne seyn möchte, kann ich nicht bestimmen, da ich unter diesen Namen keinen von beyden kenne; sie möchten ziemlich überein kommen, nur in Ansehung des Saftes nicht.

**Dicker Engl. Renett.** Gehöret zu der Art Französischer oder glatter Renetten, und ist vom Dü Hamel auf der XII Platte abgebildet.

**Eis-Apfel.** Hier fehlet es mir an Gewißheit: ob der Eis-Apfel und der durchsichtige Russische einerley oder verschieden sind. Die Früchte des Baums, so ich unter erstern Namen erhalten, waren nichts weniger als durchsichtig, auch nicht einmal von seiner Haut; an der Sonnenseite hatten sie auf röthlichem Grunde weiße Puncte oder Flecken wie Schimmel, und deren Größe war mittelmäßig. Der Baum ist nachher ausgegangen, und da ihn niemand sehr lobt, habe ich seine Stelle nicht wieder von derselben Art ersetzen wollen.

Abbil-

| Fruchtgröße. | Fruchtauge. | Fruchtstiel. | Farbe und Beschaffenheit der Haut. | Fleisch. | Saft. | Geschmack und Geruch. | Kernen und Kernhaus. | Zeit der Reife. | Güte und Werth. |
|---|---|---|---|---|---|---|---|---|---|
| 3 Zoll breit und 1 Zoll hoch. H. | in einer glatten flachen Höhle, um welche einige Höcker. H. | 1" lang, dicke, mit dem untern Rande gerade, so daß er sich nicht gut brechen läßt. H. | glatt, eine Seite roth mit dunkelrothen Streifen, die andere gelbgrün, so aber bey der Reife gelb wird. H. | etwas grob, doch mürbe H. | so häufig als nicht leicht ein anderer wirthschaftlicher Apfel süße, und kalt wie Eis H. | nicht pikant oder auffallend. H. | lang, spitz, vollständig braun, das Gehäuse fest und enge. H. | Derbe bis May. H. | zu Compots, Mus, Trocknen, Backen etc. in der Wirthschaft sehr gut zu gebrauchen. H. |
| — | | | | | | | | | |
| 2⅜", 2¼", auch größer Z. | — | — — | gelb und roth, im Liegen werden die Farben schöner. Z. | feste. Z. | wenig. Z. | gut, angenehm. Z. | — — | bis May. Z. | — — |
| 3¼" breit, 3" hoch. DH. | in einer sehr tiefen Höhle mit starken Erhebungen, fast wie bey der weißen Calville. DH. | kurz, am Ende dick, in einer breiten ebenen Vertiefung. DH. | anfangs grünlich, mit der Reife hellgelb und mit sehr kleinen braunen Puncten in der Mitte runder weißer Flecke versehen, zuweilen mit großen röthlichen sehr verschiedenen Puncten wie an der Französischen Renette. DH. | etwas lockerer als an der Franz. Renette, u. dem Pelzigwerden unterworfen. DH. | in ziemlicher Menge | nicht so erhaben als bey der Französischen Renette. DH. | klein, spitz, in weiten Fächern. DH. | Derbr bis Febr. DH. | ist mit der weißen Calville zu vergleichen, aber größer. DH. |
| — — | — | — | — | | | | | | |
| 2⅝", 2¼", auch 3⅛" und 3" DH. sehr groß C. | klein, in einer seichten Vertiefung mit Beulen umgeben. DH. | dicke und kurz, in einer tiefen glatten mittelmäßig weiten Ausschweifung. DH. | fein, glatt, glänzend, hellgrün, bey der Reife weißlich, zuweilen an der Sonnenseite gelb mit kleinen lebhaft rothen Flecken, über und über aber mit sehr kleinen weißen Puncten. DH. sehr weiß und mit so feiner Haut, daß man beynahe durchsehen kann. C. | zart, sehr weiß, aber gleich nach der völligen Reife fest, etwas durchsichtig, grünlich, als erfroren od. wie eine eingemachte Angurie. DH. | häufig, mit einer angenehmen Säure erhaben DH. | ungeachtet er überreif und in seiner so genannten Durchsichtigkeit noch ohne zu faulen dauert, so wird er doch ungeschmack. DH. | — — | Jan. und Febr. C. zum Kochen und Backen gut zu gebrauchen. DH. | ist nichts sonderliches Q. mehr etwas besonders als nützliches DH. in England nach er mehlig, unschmackhaft, und ist nicht werth, daß man ihn pflanzet. Mil. |
| — — | — — | — — | violetbraunroth. DH. | — — | — — | — — | — — | — — | soll besser seyn als voriger. Q. |
| 2⅛, 2⅛. Q. | — — | — — | auf der Sonnenseite glänzend dunkelroth, auf der andern aber sehr wenig gefärbt. Q. | — — | — — | roh und unangenehm (grasigt) Q. | — — | dauert bis in den April Q. | nicht sonderlich der Vermehrung werth. Q. |
| 2⅛, 2⅛. Kn. sehr groß. N.Hov. 3, 2¼. Z. | — | — — | rauh, grünlichgelb, blaßbraun oder grau, wie die Renetten gefleckt. Kn. eine Seite gelb, die andere grau. N.Hov. anfänglich grün, sodenn quittengelb und alsdenn ist er erst genießbar. Z. | mild, grünlichweiß. Kn. gelb N.Hov. fest. Z. | ziemlich viel Kn. süße N.Hov. weinsäuerlich. Z. | lieblich, angenehm Kn. | — — | Dec. Jan. Kn. bis in den August und deshalb schätzbar. Z. | ersten Ranges, wird aber leicht welk. Kn. zum Stofen, Braten und Torten ohne Zimmt und Zucker gut. N.Hov. |
| — — | — | — — | — — | — — | — — | — — | — — | — — | soll sich zwey Jahr halten. Mb. ein Cider-A. Mil. |
| 3⅛, 1½. Z. | — — | — — | überaus schön. Z. gelb mit rothen Streifen. Hl. | mild. Z. | genugsam, mehr süß als sauer Z. | vortrefflich Z. | — — | Oct. Nov. Z. | hält sich nicht lange, wird leicht mehlig. Z. |

Abbildungen davon habe ich nicht gefunden.

**Dauer-Apfel, Krappe-Kruin.** Gehöret zu den grauen Renetten, wie schon oben Num. V gedacht, und ist vom Knoop auf der X Platte abgebildet. Zink stellt auf der XIII Pl. N. 111 einen vor, der bis in August dauern soll, und der Holländische Hovenier saget vom doppelten Krappe-Kruin: daß er etwas brüchig Fleisch hätte und nicht gar lange dauern könnte; ob also die als Synonymen des Dauer-Apfels beygesetzte Namen, sowohl als der Englische John-Apfel, hier ihre rechte Stelle haben, bin ich ungewiß.

**Parmens.** Dieser Apfel, der bey Z. IV Pl. N. 29 zu sehen, wird von Hk. mit drey andern Namen beleget. Er paßt sich aber weder zu dem Zinkschen Prinzen-Apfel, noch zu dem Knoopschen Herbststreifling. Ich habe ihm also so lange eine besondere Nummer gegeben, bis ich mehr Nachricht von ihm erhalte; sollte es nicht der Sommer-Parmain seyn?

| | Name der Hauptart und Vaterland. | Abänderungen dieser Hauptarten. | Gleichbedeutende Namen beyder Arten. | Beschaffenheit des Baums an sich selbst. | Das Laub oder die Blätter u. deren Stiele. | Die Blüthe und deren Blätter. |
|---|---|---|---|---|---|---|
| | Bb. | | | | | |
| CXXVI | *Pomme de Castelet* Deutschland. | — — | Z. N. 43. — | — — | — — | — — |
| CXXVII | Schmeer-Apfel Z. Deutschland. | — — | Z. N. 56. — | — — | — — | — — |
| CXXIIX | *Silverling, witte soete* Kn. Holland. (Weißer süßer Silberling.) | — — | Blanke soete Silverling Kn. Silberling Hl. | hat fein Holz, wird aber groß und tragbar. Kn. | — — | — — |
| CXXIX | Bach-Apfel | Rother Bach-Apfel. | W. 706 a. — | — — | — — | — — |
| | | 1 Rother Taurich. | Rother Weibling. Weiblings-Apfel. | — — | — — | — — |
| | | 2 Schäm-Apfel. | Taurich. Schmeiler. | — — | — — | — — |
| CXXX | Ulmer Pfäffling | — — | Ulmer Pfäfling. | — — | — — | — — |
| CXXXI | Tröstlings-Apfel | — — | — — | — — | — — | — — |
| | bbb. Hyperbolische rings um mit Ecken und Ribben. | | | | | |
| CXXXII | *Calville rouge* Q. Frankreich. (Rother Calville.) | Calville rouge d'Eté Q. DH. C. | Rode Somer-Calville Kn. Calville d'Eté de Normandie DH. Cousinotte est une espèce de cette Calville Q. Calville hative Z. 5. Calville platte rouge d'Eté Z. 6. Calv. rojale d'Eté Z. 10. Rothe Sommer-Calville H. Der frühe rothe Hl. Sommer-Erdbeer-Apfel H. Calv. d'Eté petite HH. - - grosse HH. Grosse rouge de Septbre HH. | mittelmäßig groß, lebhaft, sehr fruchtbar, taugt nicht hochstämmig, die Triebe ziemlich dicke, dunkelbraun ins röthliche spielend, mit vielen Puncten und mit feiner Wolle überzogen; die Knospen dicke und die Träger wenig hervorragend H. | ungemein stark, 4" lang 1½" breit, an der Spitze etwas stumpf und ungerade, wie zerkauet, dabey tief gezahnt. Der Stiel 1 bis 1½" lang. H. | 1½" im Durchschnitt, die Blätter 1 Zoll lang, ½ Zoll breit, löffelförmig, innen und außen schön carminroth marmoriert. H. |
| | | 1 Rothe Bastard-Sommer-Calville | Früher rother Hl. | — — | — — | — — |

Castelet- u. Schmeer-Aepfel. Von keinen der beyden Aepfel unter diesen Namen habe ich weiter etwas gefunden, als daß sie bey Z. V Pl. N. 43 und VII Pl. N. 56 abgebildet sind, und daß der Beschreibung nach ersterer nicht viel werth sey; letzterer soll gegen Weihnachten quittengelb werden.

Weißer Silberling. Ist beym Knoop auf der II Platte, aber nicht weiß, sondern gelb abgebildet.

Rother Bach-Apfel, Ulmer Pfäffling, Tröstling. Die dreyerley hier vorkommenden Aepfel finden sich bey JBauhin; sie sind in hiesiger Gegend nicht bekannt, wenigstens habe ich sie nach ihren Beschreibungen unter andern Namen nicht ausfindig machen können. Den rothen Bach- oder Back-Apfel hat Weinmann 705 b abgebildet; er sieht allda, Jonstons Beschreibung gemäß, wie ein über dem Feuer fast schwarz gewordener kupferner Kessel aus. Des Schäm-Apfels Name soll von der schönen Röthe auf weißem Grunde herkommen, so gleichsam die aufgestiegene Schamröthe im Gesichte eines Menschen nachbildet.

Calvillen. Den Calvillen sind so vielerley Benennungen beygeleget worden, daß es schwer fällt, sie zusammen zu finden. Es giebt zwar eigentlich nur zweyerley, nämlich rothe und weiße, aber von einer jeden dieser Arten finden sich wieder solche, die entweder Sommer- Herbst- oder Winter-Aepfel sind.

Durch-

| Fruchtgröße. | Fruchtaugen. | Fruchtstiel. | Farbe und Beschaffenheit der Haut. | Fleisch. | Saft. | Geschmack und Geruch. | Kernen und Kernhaus. | Zeit der Reife. | Güte und Werth. |
|---|---|---|---|---|---|---|---|---|---|
| 1½", 2¼". Z. | - | - | Anfangs grün und gleichsam mit Roth besprützt; nachher wird er gelb. Z. | brüchig Z. | mittelmäßig Z. | weinsäuerlich Z. | - | October bis Decbr. Z. | besser von außen als innen, wird leicht taub und brandfleckig. Z. |
| 1⅞", 2¼". Z. | - | - | grün, im Liegen gelb, auch wohl mit rothen Backen. Z. | gut Z. | ziemlich Z. | angenehm sauer Z. | - | Oct. Dec. Z. | wird um Weihnachten mehlig Z. |
| 1¾, 2¼. Kn. | - | - | glatt, gelb, selten an einer Seite etwas blaßroth. Kn. glatt, gelblich, mit wenig rothen Streifen. Hl. | mild Kn. | süße Kn. | angenehm Kn. | besonders kleines Kernhaus Hl. | Dec. Jan. Kn. | sehr guter Koch-Apfel. Kn. |
| 1⅞, 1⅞. Wm. 1½, 2, auch 1¾, 2¼. JD. | tief Wm. klein JD. | kurz Wm. JD. | stark gefärbt, größtentheils roth und gestrichelt. JD. dunkelbraunroth, so sich ins Grüne verläuft, die Sonnenseite schwarzroth, mit einzelnen ganz weißen Puncten. Wm. | - | weinartig. | angenehm. | - | zu Fastnacht. | — |
| 1¾, 2¼. JD. | - | - | mehr weißgelblich mit erloschenen rothen Streifen und viel weißen Puncten. | hart, gelb. | sauer. | angenehm. | - | von kurzer Dauer. | — |
| 2, 2¼. JD. | - | sehr kurz. | weiß, auch weiß und röthlich, meistentheils ganz röthlich. | weiß, pflaumlich zart. | weinsäuerlich. | angenehm. | - | December. | — |
| 2¼, 2¼. JD. | - | kurz, dicke. | weiß, an der Sonnenseite röthlich. | - | - | - | - | bis gegen Frühjahr. | — |
| 1¾, 2. JD. | klein. | ziemlich lang. ¾". JD. | blaß oder gelblich, röthlich oder gestreift. | - | säuerlich. | - | - | April. | — |
| platter als Herbst-Calville Q. 2¼, 2½. Kn. 1¾, 2, mit zarten Ribben H. mittelmäßig groß, etwas länglich. C. | - | 1½ Zoll lang, holzig. H. Dih. | blutroth, doch nicht so als Herbst-Calville. Q. hart und glatt, wie Pergament, die gänzlich an der Sonne gewesen, über und über roth mit vielen kleinen weißen Puncten; die mehr im Schatten gehangen, nur auf einer Seite roth, auf der andern weißgrün. H. so lange sie am Baume hängen, sind sie mit einem weißlichen Duft bedeckt. Kn. roth und weiß gestreift. C. | zarte Kn. mürbe und sehr weiß unter der Schale, auch noch tiefer gelb H. [illegible] außen roth DH. nicht so roth wie folgende Q. leichte und trocken. C. | reichlich H. ziemlich lebhaft säuerlich DH. angenehm herbe Kn. noch süße genug C. | nach Erdbeeren, er muß aber nicht lange am Baume bleiben, weil er bald teigigt wird H. | vollständig, sehr dunkel, das Kernhaus sehr geräumig H. | Anf. Jul. C. August H. Aug. Sept. DH. Kn. höchstens bis Sept. Q. | einer der besten Sommer-Aepfel, kann aber kaum vierzehn Tage vom Baume gegessen werden, zu Compots ist er in dieser Jahreszeit vortrefflich. H. ist überhaupt wegen seiner Frühzeitigkeit geachtet. C. |
| — | — | — | — | | | | | | |
| — | — | — | — | | | | | | |
| — | — | — | — | | | | | | |
| — | - | - | — | [illegible] | - | sehr schlecht | - | - | — |

Durchgängig haben sie die Eigenschaft, daß die Haut bestäubt oder mit einem Dufte angelaufen erscheint, welches bey den rothen merklicher als bey den weißen ist. Sie haben solches mit den Pigeons gemein, unterscheiden sich aber dadurch von den Passe-Pommen, und daher habe ich oben N. CVIII die so genannten Winter-Cousinetten, Kroh- und Kreuz-Aepfel mit zu den Calvillen gezählet, ob mit Rechte? werde ich von dem Ausspruche der Kenner erwarten.

Auch hier habe ich verschiedene Namen als Synonymen angenommen, die sonst als besondere Arten angesehen werden; weil es mir allzu wahrscheinlich geschienen, daß sie zusammen gehören und nur durch Boden, Cultur, Ausartung u. s. w. Abweichungen erhalten haben. So habe ich

Rother Sommer-

Zum rothen Sommer-Calville, die bey Z. I und II Pl. N. 3, 6 und 10 abgebildeten, unter verschiedenen Namen beschriebenen Calvillen gerechnet, welche von dem bey Kn. auf der I Platte befindlichen sehr verschieden sind. Die auf D.H. I Pl. gehören eigentlich zu den Passe-Pommen, wie schon oben Num. CV erinnert worden.

| N. | Name der Hauptart und Vaterland. | Abänderungen dieser Hauptarten. | Gleichbedeutende Namen beyder Arten. | Beschaffenheit des Baums an sich selbst. | Das Laub oder die Blätter u. deren Stiele. | Die Blüthe und deren Blätter. |
|---|---|---|---|---|---|---|
| CXXVII | Calville rouge. Q.<br>Frankreich.<br>(Rother Calville.) | 1 Calville rouge d'Automne Q. DH. H.H. Mll. | Rode Herfst-Calville Kn.<br>Herfst-Present Kn.<br>Gelders-Present Kn.<br>Cantoor-, vermuthlich Contoir-A. in Hamburg.<br>Kant-Appel Kn.<br>Rode Kant A. Kn.<br>Danziker Kant-A. Kn. Niederl. Hor.<br>Pomme de Framboise H.H.<br>Frambos-Appel Kn.<br>Calville d'automne rougé H.H. Kn.<br>Gestreepte Herfst Calville Kn.<br>Rothe Herbst-Calville H. Mll. N. 11.<br>Pariser großer. Elch.<br>Sonnenfchein. | Jung hat er ein angenehm lebhaft Ansehen, wächst lieber in die Breite als Höhe, daher zu Fächern vorzüglich; wird zuweilen krebsig oder krumpelich, so aber der Fruchtbarkeit nicht schadet. H.<br>Die Triebe mittelmäßig dick, lang, mit kleinen Puncten und feiner Wolle, dunkelbraunroth, an jedem Auge etwas eingebogen; die Knospen kürzer als an Calville blanche, die Trager ziemlich dicht zusammensitzend. DH. | 4 Zoll lang, 3 Zoll breit, sind in der Mitten am breitesten und endigen sich spitzig; die Zahnung groß, spitz, flach, und in solcher kleinere Zähne. Der Stiel 1 Zoll lang. DH. | 1 1/12 Zoll im Durchschnitte, jedes Blatt 1/2 Zoll breit und 3/4 Zoll lang, wie eine Mauerkelle gebildet, außen bestreuth gefleckt und inwendig auch etwas roth. DH. |
| — | — | 3 Rother Bastard-Herbst-Calville. | Süchlinger, im Niedersachsen. H.<br>Zöpfer-Apfel Hoftrp. | | — | — |
| — | — | 4 Calville rouge d'hyver. | Calville rouge de Normandie DH.<br>Merlet DH.<br>Rode Winter-Calville Kn.<br>Sanguinole Kn. DH.<br>Calville sanguinole K.<br>Calville musquée Kn. DH.<br>Calville rouge en dedans et dehors K.<br>Calv. r. d'hyver Z. 61.<br>– longue d'hyv. Z. 66.<br>– d'hyv. Z. 81. 82.<br>– royale d'hyv. Z. 85.<br>– flameuse Z. 87.<br>roth. Himbeer A. Z. 107.<br>rothe Winter Calv. Hf.<br>Himbeer Apfel Hf.<br>Erdbeer Apfel Hf. | Wächst gut, wird mittelmäßig groß, trägt aber nicht gar stark und ist dem Krebse unterworfen. Kn. | — | — |
| | | 5 Coeur boeuf DH. | Rother Ach-Apfel Obersachsen. | | — | — |
| CXXVIII | Calville blanche<br>Frankreich.<br>(Weißer Calville.) | Calville blanche d'eté | Caillot rosat H.H.<br>August-Apfel Z. N. 1.<br>Calv. bl. d'Eté Z. N. 2.<br>Witte Somer Calville Kn. | treibt und trägt gut. Kn. | — | — |
| — | — | 1 Kruid Appel, enkelde Kn. | Vroege Kruid Appel Kn.<br>Kruidling Kn. | desgl. | — | — |
| | | 2 Kruid Appel, dubbelde. | Goslingase Kruidling Kn. | desgl. | — | — |
| | | 3 Kruid Appel, witte. | St. Jacobs-Appel Kn.<br>Lange witte Appel K.<br>Pomme de Paradis ... | sehr tragbar. Kn. | — | — |
| | | 4 Calville blanche d'Automne. | Würz-Apfel Fragus<br>Juffers Kruid Appel Kn.<br>Juffers Kruidling Kn.<br>Juffern Appel Kn. | Hat gut stark Holz, wird groß, ist aber nicht gar tragbar, wenigstens nicht, so lange er jung ist. Kn. | — | — |

Zum rothen Herbst-Calville aber, der bey Kn. auf der III. vorkömmt, ... Apfel der Kn., und den gestreiften Herbst-Calville desselben auch der II. Platte, und ... [illegible]
Zum rothen Winter-Calville, der bey DH. auf der III Platte befindlich, alle die Zinkischen N. 61, 66, 81, 82, 85, 87 und 107, wohin 62 vielleicht auch gehört.

Zum

| Frucht-größe. | Fruchtauge. | Fruchtstiel. | Farbe und Beschaffenheit der Haut. | Fleisch. | Saft. | Geschmack und Geruch. | Kernhaus und Kernkammern. | Zeit der Reife. | Güte und Werth. |
|---|---|---|---|---|---|---|---|---|---|
| 3¼", 3", mit leichten Ribben. D.H. 3, 3¼. H. 3, 3, der Kant-Apfel Kn. 3¼", 3¼", der gestreifte Calville Kn. 3¾", 3¾". J.B. | groß, in einer flachen Vertiefung D.H. | mittelmäßig dicke, in einer sehr engen trichterförmigen nicht sonderlich tiefen, am Rande ebenen Aushöhlung D.H. | sehr glatt, von alten Bäumen an der Sonnenseite dunkelroth an der andern blasser, von jungen Bäumen an ersterer weniger dunkelroth, an der andern gar nicht gefärbt. D.H. H. roth, spielt ins Gelbe. Kn. blutroth. Q. schön apfelgrün. C. die, was außen am allerbesten roth sind, haben auch inwendig das röthste Fleisch, und den angenehmsten Violengeruch, daher sind sie auch die vorzüglichsten. Q. durchaus besonders an der Sonnenseite roth, auch mit weißen Puncten. J.B. | fein, mürbe, leicht, körnig, an alten Bäumen weit [illegible] roth, an jungen aber weiß ins Grüne fallend D.H. H. C. mild Kn. der Kant-Apfel gelblich Kn. zart Z. | angenehm D.H. H. weinigt C. Q. | erhaben nach Wein, und hat einen schwachen Violengeruch. D.H. J. H. nach Rheinwein. Kn. | groß, akke[illegible] und spitzig, in großen Kammern. D.H. H. | Nov. Dec. D.H. von jungen Bäumen noch länger H. der Kant-Apfel und gestreifte Calville Sept. Oct. der Herbst-Calv. Oct. und Nov. Kn. | Knoop zählet die Herbst-Calville unter die guten Koch-, die gestreifte aber und den Kant-Apfel unter die guten Tisch-Aepfel. Letzterer auch zu Compots, Braten und Kochen unvergleichlich. Pied. Hov. |
| - - | - | - - | dem ächten Herbst-Calville sehr ähnlich. | | | weit schlechter als voriger. H. | - - | - - | — — |
| 2¾", 2¾". Kn. 3¼, 2¾. Z. N. 61. 2¾, 2¾. Z. N. 66. 3¼, 2¾. Z. N. 81. 2¾, 2¾. Z. N. 82. | klein und flach. Kn. | — — | glatt, blutroth, durch welches zuweilen etwas gelbliches schimmert. Kn. dunkelrother als am Herbst-Calville. D.H. so trefflich [illegible] gefärbt, daß er fast nicht nachzumalen ist. Z. 61. 66. gelb, mit vielem Roth gestreift und [illegible]. Z. 81. 82. roth und grünlichgelb. Z. 107. | roth, bis ans Kernhaus. D.H. doch milde Kn. einige [illegible]derlich am Auge Z. 61. bräunlich, gelb. Z. 82. fest. Z. 107. | angenehm Kn. und vorzüglicher als die Herbst-Calvillen. D.H. von süß und weinsäuerlich vermischt. Z. | vorzüglich. D.H. und dieser Sorte besonders eigen. Kn. | die Kerne sind in Vergleichung mit der Frucht und dem Kernhause sehr klein, daher klappern sie auch darinnen. D.H. Hl. | Dec. Jan. Kn. bis Jan. Z. Jan. Febr. Q. bis Februar Hl. bis März D.H. bis May Z. 107. | roh und zu Compots gut, überreif aber wird er trocken und mehlig. Q. einer der besten Tisch-Aepfel. Kn. wegen des Aeußerlichen und Innerlichen zu schätzen. Z. |
| - - | - | - | viel [illegible] als der vorige [illegible] | — | — | - - | - - | - - | ist kaum zum Kochen gut. D.H. |
| [illegible] Kn. | | | gelblich [illegible] Kn. | hart Kn. mild Z. | ziemlich Kn. viel Z. | nicht gar fein Kn. gut Z. | - - | Aug. Sept. Kn. | mittelmäßig gut zum Kochen. Kn. dauert nicht lange Z. |
| [illegible], 2¾. Kn. | - | - | [illegible] Kn. | desgl. | ziemlich | nicht fein. | - - | höchstens bis Sept. Q. | gemeiner Koch-Apfel. Kn. |
| größer. | - | - | [illegible] | desgl. | desgl. | desgl. | - - | - - | desgleichen. |
| 2¾, 2¾. Kn. | klein, | flach, | [illegible] weißlich, [illegible] Sonnenseite [illegible] | mild Kn. | viel Kn. | angenehm herbe Kn. | - - | August und Sept. Kn. | gute Koch-Aepfel und wegen Frucht geachtet. |
| 1, 2¾. Kn. | tief, an einer Seite mit einem hohen [illegible] als auf der an[illegible] | - - | [illegible] viele Früchte haben vom Auge [illegible] oder nicht erhabene Streifen, [illegible] Stiel, oder [illegible] erhabene Ecke. | mild Kn. | viel Kn. | angenehm, lieblich, auch stark angenehmer Geruch. Kn. | - - | Septbr und Octbr. Kn. | frisch oder gekocht, einer der besten seiner Zeit. Kn. |

Weisser Sommer- Weisser Herbst-

Der [illegible] Calville sind außer den Zinkischen N. 1 und 8 alle die Gewürz-Aepfel [illegible] auf der I. Platte abgebildet und beschrieben worden. [illegible] Zinkischen Gewürz-Apfel auf der IV. Platte, habe ich wegen seiner spätern Reife, für den weißen Herbst-Calville angenommen.

| | Name der Hauptart und Vaterland. | Abänderungen dieser Hauptarten. | Gleichbedeutende Namen beyder Arten. | Beschaffenheit des Baums an sich selbst. | Das Laub oder die Blätter u. deren Stiele. | Die Blüthe und deren Blätter. |
|---|---|---|---|---|---|---|
| CXXXIII | Bbb. *Calville blanche.* Frankreich. (Weißer Calville.) | 5 Calville blanche d'hyver. | Witte Winter-Calville Kn. Calville blanche à cotés Kn. W. Mhl. Melonne, l'écuf des Jard. Calville tardive D.H. - de Gascogne D.H. Pomme de Framboise W. Französischer Quitten-Apfel Z. 89. Quitten-Apfel Hf. Weißer Erdbeer-Apfel H. Pomme de Fraise Zinkeis. Pomme de Coin D.H. Egge-, Eggeling- oder Eck-Apfel Kirf. Parris- od. Paris-A. Z. Seef-Apfel Mm. 704. Pomme Tapone Mm. 704. | schön, wächst gut und ist fruchtbar; die Triebe sind dicke, lang, gerade, mit sehr kleinen Puncten und feiner Wolle, auf der Sonnenseite braunviolet (Frangkfeuerfarben); auf der andern Seite heller. Die Augen kurz und stumpf, einige kaum sichtbar, die Träger nicht sonderlich erhaben (stehen gut hervor H.) D.H. hoch gezogen sind die Früchte am schmackhaftesten, niedrig größer und reiner. H. | $1\frac{7}{12}$" lang, $2\frac{1}{4}$" breit, werden gegen die Spitze zu schmal, sind groß, tief und rundlich gezahnet; der Stiel ist 1 Zoll lang. D.H. nach H. sind die Blätter 4 bis 5 Zoll lang, $1\frac{3}{4}$ Zoll breit, und der Stiel $1\frac{3}{4}$ Zoll lang. | $1\frac{7}{12}$" im Durchschnitte, die Blätter, so einer Maurerkelle gleichen, 1" lang, $\frac{7}{12}$" breit, sind auswendig lebhaft roth gefleckt und inwendig auch ziemlich stark roth gefärbt. D.H. |
| | | 6 Calville batarde W. | Weißer Himbeer-Apfel Z. 76. Eggeling, in Niedersachsen. H. | — | — | — |
| | | 7 Paasch-Appel Kn. Holland. | Oster-Apfel N. Hov. | ist aus den Kernen des weißen Winter-Calville erzielet. N. Hov. treibt gut, wird aber wegen zu großer Fruchtbarkeit nicht allemal groß. Kn. | — | — |
| CXXXIV | *Postophe* — Frankreich. | Postophe d'Eté D.H. E. | — | die Triebe sind dünne, länglich, einige grün, andere hellbraun, mit einem perlgrauen glänzenden Oberhäutgen u. fein punctirt; die Augen sehr kurz, kaum $\frac{1}{12}$ Zoll lang, die Träger stehen nicht weit vor. D.H. | $1\frac{3}{4}$" lang, $2\frac{1}{4}$" breit, groß, seicht und stumpf gezahnt, in derselben aber nochmals gezahnt, am Stiele schmal, gegen die Spitze zu aber am breitesten. Der Stiel ist $\frac{3}{4}$ Zoll lang. D.H. | $1\frac{1}{4}$" im Durchschnitt, die Blätter $1\frac{1}{2}$" lang, aber $\frac{3}{4}$" breit, öffnet sich nicht sehr; die Blätter sind sehr stark löffelförmig ausgehöhlt und schwach rosenfarbig gefleckt. D.H. |
| | | 2 Postophe d'hyver D.H. E. | — | die Triebe mittelmäßig dick und lang, dunkelbraunroth [illegible] fallend, mit dicker Wolle bedeckt. D.H. die Augen sehr breit, kurz, stumpf, und die Träger breit. D.H. | 3" lang, $2\frac{1}{4}$" breit, platt, oval, mit einer kleinen Spitze, groß, tief und spitz gezahnt, inwendig dunkelgrün, außen aber weißlichgrün. D.H. | groß, schön, öffnet sich völlig, ist $2\frac{1}{4}$ Zoll im Durchschnitte, jedes Blatt $1\frac{1}{12}$ Zoll lang, $\frac{3}{4}$ Zoll breit, außen schwachroth gefleckt, inwendig nur wenig gefärbt. D.H. |
| CXXXV | *Reinette* — Frankreich. | Reinette du Pomier nain D.H. | le petit Pommier nain E. | er bleibt überhaupt sehr klein, wird er aber auf Paradiesstämme gepfropft, bleibt er kaum so groß als ein Nelkenstock, D.H. so daß man ihn in Töpfe oder Kästen pflanzen kann. E. | die ersten Blätter sind mittler Größe, die andern 3 Zoll lang, $1\frac{3}{4}$ Zoll breit, also schmal und tief, fein regelmäßig gezahnet, der Stiel $\frac{3}{4}$ bis 1 Zoll lang. D.H. | — |

Zum weißen Winter-Calville aber, den Kn. auf der XI Pl. vorgestellet, auch dessen eben daselbst abgebildeten Oster-Apfel, nebst Z. Französischen Quitten-Apfel N. 89, und den weißen Himbeer-Apfel N. 76 gerechnet.

Postophin. Von den Postophen gestehe ich meine gänzliche Unwissenheit, und habe auch von denenselben nirgends weiter etwas aufgezeichnet gefunden, als beym Du Hamel. Er läßt sie auf die Calvillen folgen, und der Beschreibung nach ist es wahrscheinlich, daß es Abänderungen davon sind, wie denn überhaupt noch viele andere zu denenselben gerechnet werden können.

Daß

| Fruchtgröße. | Fruchtauge. | Fruchtstiel. | Farbe und Beschaffenheit der Haut. | Fleisch. | Saft. | Geschmack und Geruch. | Kernen und Kernhaus. | Zeit der Reife. | Güte und Werth. |
|---|---|---|---|---|---|---|---|---|---|
| 1½", 2½", scheint aber nicht niedriger zu seyn als der Durchmesser breit ist. D.H. 3½. 3". H. 3½. 3½. Kr. 3½. 3. Wm. | klein, in einer sehr irregulären Vertiefung, umher sind Höcker, die Ribben bilden, die nach unten zu schwächer werden und endlich gar auslaufen. D.H. | dünne, lang, in einer Vertiefung, die eben so lang als der Stiel ist und einen unebenen Rand hat. D.H. | glatt; bleichgelb, bisweilen auf der Sonnenseite schön lebhaft roth. D.H. glatt, glänzend, wie die des Pigeon zarte, blaßgelb und in der Reife ziemlich weiß, die Früchte, so die Sonne recht hat treffen können, haben einen schönen rothen Backen. H. grünlich weiß. Kr. gelblich mit rothen Strichen und weißen rauhen Flecken. J. gelb, an den vorstehenden Ribben roth verwaschen. Wm. | weiß, zart, körnigt, leicht und sehr fein. D.H. | erhaben ohne Säure D.H. wie Champagnerwein mit Erd- oder Himbeer- oder gar Ananas-Safte vermischt. H. | ungemein erhaben. H. | dick und vollständig, aber das Gehäuse für dieselben zu groß, so daß sie oft darinnen schimmlich werden H. die Axe ist hohl. D.H. | ist vom Ende des Decembers bis März eßbar, früher aber ist er sehr herbe. D.H. H. D.H. Kr. W. C. | wird von den Deutschen fast allen andern Aepfeln vorgezogen. vortrefflich. D.H. einer der besten. Kr. bekommt durch Insekten in der Blüthzeit, oft Flecken, die aber nicht tief ins Fleisch gehen und dem guten Geschmack nicht schaden. H. |
| 1½", 1½". J. 76. | - - | - - | hat keine Ecken oder Ribben W. grün, im Liegen gelblich. J. dem Calville ganz ähnlich. H. | brüchig J. | herbe W. ziemlich J. bitter H. | sauer W. J. unangenehm H. | - - | bis Febr. J. | hat nicht das geringste von Himbeeren. J. |
| 2½", 2½", auch wohl platter Kr. | - - | - - | glatt, grünlichgelb, an einer Seite oft röthlich, wie der weiße Winter-Calville. Kr. | nicht fest Kr. sehr gelb N.Hon. | angenehm Kr. | lieblich Kr. | - - | bis April Kr. | gehört zu den besten Tafel-Aepfeln Kr. |
| 2½. 2. D.H. so groß als die weiße Renette. C. | in einer ziemlich großen Aushöhlung mit einigen flachen Beulen. D.H. ist sehr vertieft. C. | lang, am Ende dicke, in einer tiefen Aushöhlung. D.H. | heller roth, als die vom rothen Calville, auf der Schattenseite sind einige Stellen gar nicht gefärbt. D.H. | körnig und unter der Haut öfters ein wenig roth. D.H. | gleicht dem Safte der rothen Calvillen D.H. | - - | hat gemeiniglich nur 4 Samenfächer, die groß sind und große Kerne enthalten D.H. | Ende Augusts rc. D.H. | — — |
| 2½", 2½", mit Beulen und Ribben wie an der weißen Calville. D.H. | klein, in einer ziemlich weiten mit einem höckerigen Rande umgebenen Vertiefung. D.H. | dünne, kurz, in einer glatten, tiefen, nicht sonderlich weiten Aushöhlung. D.H. | sehr glatt und glänzend, auf der Sonnenseite dunkelkirschroth, auf der andern heller, wo die Sonne gar nicht hingetroffen, gelb. D.H. fahlroth. C. | ziemlich fest, fällt etwas ins Gelbe D.H. | fein säuerlich und angenehm. D.H. | nicht so erhaben wie der Renetten, doch gut. D.H. | sind in engen Fächern mehrentheils taub D.H. | hält sich bis in den May und noch länger D.H. | verdienet, daß er gemeiner werde. D.H. |
| 2½ Zoll breit und 2½ Zoll hoch. D.H. | - - | - - | völlig wie die oben beschriebene weiße Renette, und daher ohne Zweifel eine Varietät von derselben, doch sind sie selten an der Sonnenseite punctirt oder röthlich. D.H. | weiß und zarte D.H. | häufig und angenehm D.H. | nicht so erhaben wie andere Renetten D.H. | braun, spitz, platt, nicht sonderlich vollkommen, oft nur mit 4 Samenfächern. D.H. | lange C. vom Decbr. bis Febr. rc. D.H. | sehr gut C. |

Daß die Franzosen diesen Apfel für den deutschen Borsdorfer nehmen sollten, ist gar nicht wahrscheinlich.

Der Renett des Zwergbaums. Gehöret seiner Bestandtheile wegen zum weißen oder Französischen Renett, wegen der Form aber hierher. Eine Abbildung liefert D.H. auf der VIII Platte. Von dieser Art Bäume in Kasten oder Kübel gepflanzt, könnte man in Gewächshäusern mit leichter Mühe zu allen Jahrszeiten frische Renetten haben.

| | Name der Hauptart und Vaterland. | Abänderungen dieser Hauptarten. | Gleichbedeutende Namen beyder Arten. | Beschaffenheit des Baums an sich selbst. | Das Laub oder die Blätter u. deren Stiele. | Die Blüthe und deren Blätter. |
|---|---|---|---|---|---|---|
| CXXXV. | *Haute bonté* Q. Frankreich. | — — | Blandilalie (en Poitou) Q. Schaafsnase Hl. Gülderling Hl. s. auch H.H. C. Ml. | — — | — — | — — |
| CXXXVII | Herren-Aepfel. Deutschland. | Früher gelber Herren-Apfel. | Herren-Apfel Z. N. 16. Pomme de Seigneur H.H. | — — | — — | — — |
| | | 1 Früher rother Herren-Apfel. | Rother Bresilien-Apfel H. X. Presilien-Apfel Gm. 137. Rosen-Apfel Gm. 146. | hat ungemein ansehnlich Holz, wächst groß und hoch, die Triebe sind nicht gar lang, dunkelgrau mit weißen Puncten und feiner Wolle. Die Knospen platt und deren Träger stehen nicht weit vor. H. | 4 Zoll lang, 3 Zoll breit, fein gezahnet; der Stiel ist 1 Zoll lang. H. | 2 Zoll im Durchschnitte, die Blätter 1 Zoll lang, ½ Zoll breit, von innen und außen schön roth gezeichnet. H. |
| | | 2 Weißer Herren-Apfel. | Grote Heer-Appel K. Grote Prinsen-Appel Kn. | treibt wacker Holz, wird groß und tragbar. Kn. | — — | — — |
| | | 3 Weißer Kaiser-Apfel. | Winter-Present Kn. Present rojal d'hyver, soere, saure vO. (K. Pomme Imperiale blanche Z. N. 91. P. Imperiale H.H. Grüner Kaiser-A. Elsh. | — — | — — | — — |
| | | 4 Braunrother Herren-Apfel. | H. XV. | hat starkes gesundes Wachsthum, die Triebe ungewöhnlich lang, stark und dicke, braunroth, einzeln weiß punctirt mit feiner Wolle; die Knospen länglich, deutlich zu sehen, die Träger stehe stark vor. H. | 1¾" lang, 2¼" breit, ungemein dicke, seichte gezahnt, etwas gewunden; der Stiel 1 Zoll lang. H. | 2 Zoll im Durchschnitte, die Blätter 1 Zoll lang und ½ Zoll breit, stark roth gezeichnet. H. |
| | | 5 Rother Kaiser-Apfel. | H. XV. Z. N. 22. Elsh. Eck-Apfel Gm. | — — | — — | — — |
| | | 6 Gros-Faros. 7 Weißer Carolin. | Carline d'Angleterre Karlyn-Appel Kn. Present rojal d'Eté K. Somer-Present Kn. Nonnetjes-Appel vGr. Present-Apfel Elsh. | treibt gut starkes Holz, wird groß und tragbar. Kn. | — — | — — |
| | | 8 Rother Carolin. | Carline d'Angleterre Z. N. 47. | — — | — — | — — |

Haute Bonté. Dieses Apfels ist bereits oben Num. LXXXVI bey dem Non-Pareil gedacht worden, weil sie beynahe von gleicher Güte und nur der Form nach unterschieden sind. D.H. bildet ihn mit dem Non-Pareil zugleich auf der XII Platte ab.

Herren-Aepfel. Daß die Herren-Aepfel ihren Namen mehr von der Größe als Güte führen, ist eine schlimme Anspielung auf große Herren.

Unter den hier zusammengebrachten sind gute, mittelmäßige und schlechte, mehrentheils könnten sie Calvillsartig genannt werden, so wie sie an verschiedenen Orten statt Herren-, Eck-Aepfel heißen.

Der bey Z. II Pl. N. 16 abgebildete müßte wohl eigentlich der kleine Herren-Apfel seyn, dagegen der Knoopsche weiße auf dessen V Pl. seinen Namen durch die Größe behauptet, welches von dem

Zinkischen

| Fruchtgröße. | Fruchtauge. | Fruchtstiel. | Farbe und Beschaffenheit der Haut. | Fleisch. | Saft. | Geschmack und Geruch. | Kernen und Kernhaus. | Zeit der Reife. | Güte und Werth. |
|---|---|---|---|---|---|---|---|---|---|
| 2⅞", 2⅛". D.H. | in einer mittelmäßig breiten und tiefen Aushöhlung. D.H. | ½" lang, dicke, in einer ziemlich tiefen Höhle, die durch die einlaufenden Ribben enge wird. D.H. | weiß, Q. ganz weißlich, glatt, Kl. fein, glatt, hellgrün, bey der Reife gelblich, auf der Sonnenseite mit einigen kaum merklich rothen Stellen. D.H. schön und größer, aber ribbiger als Non-Pareil, auch gelblicher, und das Rothe ist schöner als an diesen. Ml. | weiß, etwas grünlich, dabey zart und delikat. D.H. | süßlich, fast ohne alle Säure. Q. häufig und fein säuerlich. D.H. nicht so scharf als Non-Pareil. Ml. | nicht so lebhaft angenehm als Renetten, etwas zu sehr riechend. D.H. | klein, länglich, stark zugespitzt. D.H. | bis Febr. ja einige bis April. Q. C. D.H. | sehr gut. C. wird eher reif und geht eher vorbey als der Non-Pareil. Ml. |
| 2½, 1⅞. Z. | - - | - - | hellgelb, an der Sonnenseite etwas roth. Z. | fest Z. | ziemlich derblich. Z. | angenehm Z. | - - | Sept. Oct. Z. | dauert 4 Wochen roh und gebacken gut, besonders zu letztern ganz geschält. Z. |
| 4½" breit, 3½" hoch. H. | flach, zwischen einigen Erhöhungen. H. | 1 Zoll lang in einer glatten geraumen Vertiefung H. | recht glänzend glatt und von so schöner rothen Farbe, als sonst bey keinem andern Apfel, denn das Rothe ist über und über mit gelben Flecken bestreuet, oder es scheint: auf einem vortrefflich gelben Grunde das schönste Roth hervor zu quellen. H. rosenroth. Gm. | gar zu locker, mit lederhaftem Mark. H. zarte, fest. Gm. | wenig, oder fast saftlos H. säuerlich Gm. | unschmackhaft. H. | sehr groß, vollständig, lang und spitz, in einem weitläuftigen Gehäuse H. | Ende des Septbr. H. October bis Dec. Gm. | kann nur wenig Wochen zu Muße oder zum Backen gebrauchet werden. H. |
| 3½" breit, 3½" hoch. Kn. | - - | - - | glatt, blaßgelb, an der Sonnenseite zuweilen etwas blaßroth oder breit gestreift. Kn. | milde, fein Kn. | sehr angenehm. Kn. | nicht so herrlich, als man von einem Herren-Ap. vermuthen sollte. K. | - - | Nov. Dec. Kn. | vom zweyten Range. Kn. geht nach zu Tafelobst an. H. |
| - - | - - | - - | weißgelb, roth gestrichelt, ist zärtlich, bekommt bald braune Flecken. Z. | schneeweiß, milde. Z. | etwas süß und doch weinsäuerlich. | doch angenehm. Z. | sehr weites Kernhaus. Z. | October bis Decbr. rc. Z. | guter Tafel-Apfel. Z. |
| 4" breit, 3" hoch. H. | tief mit starken Erhebungen umgeben. H. | 1 Zoll lang, geht tief in die Frucht. H. | eine Seite gelbgrün, die andere bräunlich roth; insgemein hat er auf seiner glatten Schale sehr dunkelbraune Flecken, die aber nicht tief ins Fleisch gehen. H. | feste, weißgrünlich. H. | weinsäuerlich und zur Gnüge. H. | nicht unangenehm, doch auch nicht reizend. H. | lang, vollständig, im einem sehr weiten Gehäuse. H. | Decbr bis April. H. | kann zur Zeit des Mangels, mit auf die Tafel gebracht werden. H. |
| 3⅞" breit, 3" hoch. Z. | - - | - - | blässer und dunkler roth, auf letzterer Seite noch dunkler gestreift. Z. | brüchig, mild. Z. Gm. | weinsäuerlich, sehr angenehm. | angenehm Gm. Z. | - - | Oct. Nov. Z. bis April. Gm. | wird bald mehlig, taub und fleckig. Z. |
| 3½" breit, 3½" hoch. Kn. | - - | - - | gelb, blutroth gestriemt. Gm. glatt, gelblichweiß; im Liegen wird er etwas fettig. Kn. | mild Kn. | angenehm sauer. Kn. | nicht fein Kn. | sehr hohles Kernhaus, oft fehlen die Kerne. Kn. | Sept. Oct. Kn. | ist ein bloßer Koch-Apfel. Kn. |
| 2⅞" breit, 2⅜" hoch. Z. | - - | - - | schön, gelb und roth, im letztern dunkler gestreift, die mehresten mit einem im Rothen vom Auge bis zum Stiele gehenden gelben Streifen, der blos ihm u. dem Prinzen-A. eigen. Z. | - - | - - | - - | - - | Oct. Decbr Z. | — — |

Zinkschen XII Pl. N. 93 noch mehr zu vermuthen, weil er gar Kaiser-Apfel heißt; indessen muß dieser sehr hohles Eingeweide haben, wenn er nur 18, der auf eben dieser Platte N. 93 abgebildete so genannte Grand-Pigeon aber, der nichts größer ist, 26 Loth gewogen hat; außer diesem hat Zink noch einen rothen Kaiser-Apfel auf der III Platte N. 22.

Den Englischen Carlin, den Kn. auf der I Pl. vorgestellt, habe ich seiner Größe und Figur wegen, mit unter die Herren-Aepfel genommen, und den rothen so genannten Carolin des Zinks auf der VI Platte N. 47 folgen lassen.

Es werden bey dieser und andern Anordnung der Aepfel noch vielerley Berichtigungen nöthig seyn, die erst nach mehrern mitgetheilten Nachrichten möglich zu machen sind. Diese

| | Name der Hauptart und Vaterland. | Abänderungen dieser Hauptarten. | Gleichbedeutende Namen beyder Arten. | Beschaffenheit des Baums an sich selbst. | Das Laub oder die Blätter u. deren Stiele. | Die Blüthe und deren Blätter. |
|---|---|---|---|---|---|---|
| | Bbb. | | | | | |
| CXXXVIII | Taurich-Apfel | Taurich-Apfel. | Sommer-Taurich. Bilenspacher. | — — | — — | — — |
| | | 1 Winter-Taurich. | — — | — — | — — | — — |
| CXXXIX | *Suaan-Appel* Kn. Holland. (Schwanen-Apfel.) | Roder Suaan-Appel. | — — | sein Gewächs und sehr tragbar. Kn. | — — | — — |
| | | 1 Geeler soeter Suaan-Appel. | — — | desgleichen. | — — | — — |
| CXL | Kranich-Apfel Z. Deutschland. | — — | Z. N. 65. — | — — | — — | — — |
| CXLI | *Pomme de Perroquet* Deutschland. (Papageyen-Apfel.) | — — | Z. N. 78. H.H. | — — | — — | hat die schönste pfirsichfarbene Bluthe unter allen. Z. |
| | C. Parabolisch, bekanntlich der Durchmesser kleiner als die Höhe, ohne Ecken und Ribben. | | | | | |
| CXLII | *Sommer-Pearmain* England. Mll. | — — | Parmain d'Eté Kn. Peppin-parmain d'Eté Kn. Somer of Herfst Parmain Kn. Somer- of Herfst-Pepping-Parmain Kn. Drue-Parmain Ht. Abrahams-Apfel Ht. | wächst sehr stark. Mll. wird groß und ist tragbar. Kn. | — — | — — |
| | | 1 Loan's Pearmain Mll. | — — | wächst stark. Mll. | — — | — — |
| | | 2 Summer-red-Pearmain Mll. | | | | |
| CXLIII | *Winter-Pearmain* England. Mll. | — — | The Herefordshire Pearmain Mll. Drue Permein d'Angleterre Q. Peppin-Parmain d'Angleterre Kn. Pepp. parmain d'hyv. Engelse Parm Pipp. K. Winter-Parmain Kn. Winter-Pepp. Parm. Kn. vL. Grauwe of blanke Pepping van der Laan Kn. Zeuwsche Pepping K. Peremenes Kn. Paremens Z. N. 29. Perm. Pep. musque vL. | wächst sehr stark. Mll. wird groß und ist sehr tragbar. Kn. | — — | — — |
| | | 1 Parmain rojal Kn. | Engelse Konings of Kings-Peppin Kn. Dubbelde Parmain K. Merveille Parmain K. Parmain rojal de longue duree Kn. vL. Ht. 7. Königs-Apfel. | wächst gut, wird groß und trägt stark. Kn. Mll. | — — | — — |

Taurichs-A. Schwanen-Apfel rc.

Diese beyden Aepfel sind bey JBauhin abgebildet, weiter kenne ich sie nicht.

Wie oben N. LXXXIX und XC zwey Aepfel vorgekommen sind, die vom Delphin und Hechte ihre Namen hatten, so folgen hier dreye nach einander, die von Vögeln benennet werden, warum aber, weis ich nicht.

Der Schwanen-Apfel bey Kn. auf der III Pl. sieht gelb, der Kranich-Apfel bey Z. VIII Pl. N. 65 grün, und der Papageyen-Apfel bey eben demselben X Pl. N. 78 roth und gelb aus.

Der Kranich-Apfel soll zwey Jahr dauern; er müßte auf diese Weise der Englische Johnn-Apfel seyn und, wenn anders die Zeichnung nicht widerstritte, so könnte man den Papageyen-Apfel für den Pomme panachée oder Schweizer-Apfel nehmen.

Es

| Fruchtgröße. | Fruchtauge. | Fruchtstiel. | Farbe und Beschaffenheit der Haut. | Fleisch. | Saft. | Geschmack und Geruch. | Kernen und Kernhaus. | Zeit der Reife. | Güte und Werth. |
|---|---|---|---|---|---|---|---|---|---|
| 2⅔"–2⅞". JD. | klein, flach JD. | kurz JD. | schön weißgelblich u. roth. JD. (der Bürnspacher hat mehr weiß.) | weiß, zart. | weinsäuerlich. | angenehm. | - - | vom Sept. an. | er dauert ziemlich. |
| 2⅔", 2⅞". JD. | flach JD. | länger und dünner JD. | wie voriger. JD. | - - | - - | - - | - - | bis May. | - - |
| 3¼" breit, 3" hoch. K. | - - | - - | glatt, gelblich, an der Sonnenseite blutroth oder also gestreift. Kn. | mild Kn. | ziemlich angenehm K. | nicht gar fein Kn. | - - | Oct. Nov. Kn. | kaum mittelmäßig Kn. |
| 3⅛, 3". K. | - | - - | über und über gelb. Kn. | mild Kn. | schlecht Kn. | unfein Kn | - - | Oct. Nov. Kn. | gemein, süße. |
| 3⅛, 3". Z. | - | - - | grün, wird im Liegen gelb. Z. | mild Z. | mittelmäßig Z. | hochsäuerlich, fein u. angenehm. | - - | vom Octbr bis wieder Octbr. Z. | soll auch zuweilen 2 Jahr dauern. Z. |
| 3⅛–3". H. | - | - - | gelb und grünlich, roth gestreift. Z. | mild, grünlich Z. | gewürzhaft, etwas sauer Z | nicht widrig Z | - - | Jan. Z. | im December anbeißen, hernach bekommt er Flecken und fault. Z. |
| — | — | — | — — | — — | — — | — — | — — | — | — |
| 2⅔" breit, 2¼" hoch. Kn. länglicht. Ml. schön rundlich. Hl. | platt, mit kleinen Ungleichheiten Kn. klein, eingebogen, darum Z. Kn. Hl. | ½ Zoll lang, nicht gar dünne. H. | gelblich und durchaus bräunlichroth. Kn. an der Sonnenseite roth gestreift. Ml. fast ganz roth, nur ein wenig grüngelblich, so durchscheint. Hl. | weich Ml. mild, gelblich Kn. grünlich Hl. | angenehm Kn. gut Hl. | besonders Kn. fein Kn. Hl. | - - | Sept. und Oct. Kn. | einer der besten frühen, sowohl roh als gekocht. Kn. wird aber bald mehlig. Ml. |
| mittelmäßig groß Ml. | - | - - | an der Sonnenseite schön roth, an der andern roth gestreift. Ml. | - - | weinhaft Ml. | - - | - - | - - | wird auch bald mehlig. Ml. Koch-Apfel Ml. |
| 2⅔" breit, 2⅓" hoch. Kn. 1⅛, 1⅛. Z. ziemlich groß, mehr lang als rund. Ml. platter als Isealem. Q. | mittelmäßig vertieft Kn. | - - | an einer Seite schön roth, an der andern so gestreift. Ml. glatt, grünlich, auch an einer Seite etwas bräunlich gefleckt oder punctirt. Kn. | mild Kn. gelblich. | süßer und zuckerhafter als Jerusalem Q. sehr saftig Ml. lieblich Kn. mehr süß als säuerlich Z. | fein und gut Kn. | - - | Nov. und Dec. Ml. Jan. und Febr. Kn. | vom ersten Range Kn. kochet sich gut, findet aber doch nicht bey allen Leckermäulern Beyfall. Ml. |
| 3⅛" breit, 3⅛" hoch. Kn. | in einer platten Höhlung wie am Borsdorfer Hl. | - - | grünlich, an einer Seite bräunlich, fast durchgehends grob punctirt. Kn. besonders schön und wohlgestalt, goldgelb, allenthalben schön roth gestreift. Hl. | mild Kn. gelb Hl. | lieblich Kn. | fein Kn. angenehm Hl. | - - | Febr. März Kn. den ganzen Winter durch Hl. | vom ersten Range Kn. |

Es wird an allen dreyen nicht viel verloren seyn, wenn man sie auch nicht im Garten hat; aber Irrthümer und große, durch die Namen veranlaßte, Erwartungen der Liebhaber vermindern zu können, wünschte ich mehrere und zuverläßigere Nachrichten von ihnen.

Pearmain's. Vorläufig muß ich anmerken, daß mir die Uebersetzung von Pearmain durch Birn-Apfel nicht deutlich genug scheint. Denn man kann darunter einen Apfel verstehen, der einer Birne an Gestalt ähnlich, welches hier doch der Fall nicht ist. Nach dem Engländischen aber, so viel ich davon verstehe, sollte es, obwohl etwas weitläuftiger: der Birnen Stelle vertretender, oder: der Apfel so gut als Birne, heißen und alsdenn würde des Quintinye Drue Permain d'Angleterre durch: Traun, so gut als eine

| | Name der Hauptart und Vaterland. | Abänderungen dieser Hauptarten. | Gleichbedeutende Namen beyder Arten. | Beschaffenheit des Baums an sich selbst. | Das Laub oder die Blätter u. deren Stiele. | Die Blüthe und deren Blätter. |
|---|---|---|---|---|---|---|
| CXLIV | Bruinderling Kn. Holland. | — — | Bruinder Kn. Zwart-get Kn. | von gutem Gewächse, wird groß und trägt stark. Kn. | — — | — — |
| CXLV | Eyer-Appel Kn. Holland. | — — | Weyburger Kn. Soete Wyburger v. Ge. Eyrus-Apfel Elsh. | treibt gut und ist tragbar. Kn. | — — | — — |
| CXLVI | Brand-Appel Kn. Holland. | — — | vO. — — | von gutem Gewächse, sehr tragbar. Kn. | — — | — — |
| | | 1 Soete Brand-Appel | Kn. vO. — | wie voriger. Kn. | — — | — — |
| CXLVII | Gänse-Apfel Kurl. | — — | Maidenzischen Gm. Seewarliting 16 Pomme Iapone Taf. | — — | — — | — — |
| CXLIIX | Bach-Apfel JB. | Gestreifter Bach-Apfel Geibling. | Streibling Gm. 109. Feinsterling Gm. 110. | — — | — — | — — |
| | | | Bach-Apfel Gm. 99. | — — | — — | — — |
| CXLIX | Kleiner — | — — | Gm. 134. — | — — | — — | — — |
| CL | Ce: Parabolisch, um das Auge herum eckig. Gulderling — Holland. | Geele Gulderling. | Enkelde Gulling Kn. Fyne Gulling Kn. Goud Appel Kn. Gulderling Hl. Schaafsnase Hl. Haare bunte Hl. Einfacher Gulderling Elsh. | treibt gutes feines Holz, trägt gut, wird aber nicht groß. Kn. | — — | — — |
| | | 1 Fransche Gulderling. | Fransche Gulling. | von feinem Gewächse, aber stark tragend. Kn. | — — | — — |
| | | 2 Grauwe Gulderling. | Enkelde grauwe Gulling Kn. Fyne grauwe Gulling Kn. | trägt gut, hat aber nur schwach Holz und wird nicht groß. Kn. | — — | — — |
| | | 3 Dubbelde Grauwe Gulderling Kn. | — — Doppelter Gulderling Elsh. | von gutem Holzwuchs, wird groß, ist aber nicht sehr tragbar. Kn. | — — | — — |
| | | 4 Spaansche Gulderling Kn. | Bramboos-Appel Kn. Winter-Framboos-Appel Kn. | treibt wacker Holz, und wenn er zu Jahren gekommen, trägt er gut. Kn. | — — | — — |

Birne, ausgedrücket werden können; ich sollte also meynen, man behielte das Wort Parmain im Deutschen bey.

Es ist zu verwundern, daß Du Hamel diese Aepfel nicht anführet, da solche doch Q. schon gekannt hat, und sie ihrer ganzen Beschaffenheit nach, gewiß allezeit mehr als mittelmäßig sind.

Den Sommer-Parmain bildet Kn. auf der II Platte ab. Ich kann nicht davon urtheilen, da ich keinen Baum davon habe und mich nicht besinne, die Frucht gesehen zu haben. Vermuthlich ist N. 29 auf Z. IV Platte, der Beschreibung nach eben derselbe, ob er wohl sehr groß gezeichnet ist, und folglich hätte ich ihn mit Unrecht unter die Winter-Parmains gesetzet.

Der vierte Apfel auf der XI Knoopschen Platte, bey welchem kein Name steht, soll vielleicht der Winter-Pearmain seyn; er hätte aber unten etwas dicker gezeichnet und bey mehrerer Reife gemalt werden sollen, denn er steht noch zu grün aus.

Auf der XII Platte findet man auch den Königs-Parmain (Pearmain rojal), weil solchen Kn. als eine besondere Art beschreibe. Ich habe von beyden Arten Bäume aus Holland bekommen, allein daben bemerket: daß unter den Früchten des gewöhnlichen Winter-Parmains, einige sehr große, dem vom Königs-Parmain völlig gleichkommende, und dagegen an letztern auch viele kleine hervorgebracht wurden. An Blüthe und Laub habe aber gar keinen Unterschied angetroffen; so daß ich beynahe vermuthe: die so genannten Königs-Parmains sind blos auserlesene Früchte des gewöhnlichen von Mil. allein angeführ-

| Fruchtgröße. | Fruchtauge. | Fruchtstiel. | Farbe und Beschaffenheit der Haut. | Fleisch. | Saft. | Geschmack und Geruch. | Kernen und Kernhaus. | Zeit der Reife | Güte und Werth. |
|---|---|---|---|---|---|---|---|---|---|
| 2½" breit, 2½" hoch. Kn. | liegt tief Kn. | - - — | glatt, dunkelrothbraun, fast schwärzlich, dunkler als irgend ein anderer. Kn. | morsch Kn. | gemein Kn. | nicht gar lieblich Kn. | - - | Febr. März Kn. | ein gemeiner Koch-Apfel, dauert aber lange. Kn. |
| 2½", 2½". Kn. | tief Kn. | - - | glatt, gelblichweiß, zuweilen auch an der Sonnenseite etwas röthlich. Kn. | mild Kn. | ziemlich Kn. | angenehm Kn. | - - | Oct. Nov. Kn. | Mittelsorte. Kn. |
| 2½", 2½". Kn. | groß und tief Kn. | - - | einer Seits gelblich, auf der andern blaßlich roth, über und über schön hellroth gestreift, auch mehr oder weniger mit schwarzen oder gebrannten Flecken. Kn. | mild Kn. | ziemlich lieblich Kn. | nicht sehr fein Kn. | - - | Dec. Jan. Kn. | ist kaum mittelmäßig. Kn. |
| — | | — | | - - | — | | | | |
| 2½", 2½". | - - | - - | desgleichen. Kn. | mild Kn. | süße Kn. | schlecht Kn. | - - | - - | schlechter süßer Koch-Apfel, Kn. |
| - - | - - | ohne Stiel Gm. | schön, eine Seite gelblich, die andere gelblich, roth gefleckt. Gm. | - - | weinsäuerlich Gm. | - - | - - | Dec. Gm. | — — |
| 2½, 2½ JB. 2½, 2½ JB. | klein JB. flach JB. | dicke, kurz. | eine Seite gelblich, röthlich gestriemt, die andere röthlich, dunkler gestriemt. | hart. | sauer. | doch angenehm. | - - | Frühjahr. | hauptsächlich zum Backen. |
| - - | - - | — - | weißgelblich, hin und wieder milchweiß gefleckt. | hart, gelblich. | säuerlich. | angenehm. | - - | - - | — — |
| - - | - - | — - | eine Seite gelblich, die andere röthlich. Gm. | zarte. | säuerlich-süße. | angenehm und wohlriechend. | - - | - - | — — |
| — | - | — | — | | | | | | |
| 2½" breit, 2½" hoch. Kn. | - - | - - | glatt, hellgelb, oder Zitronenfarben. Kn. glatt, ganz weißlich. Hf. | milde, fein und gelblich Kn. | gewürzhaft Kn. | angenehm Kn. sehr gut Hf. | - - | Dec. Jan. Kn. | einer der besten Tafel-Aepfel Kn. zum Kochen und zu Torten ganz vorzüglich. |
| — | | — | — | | | | | | |
| 2½" breit, 2½" hoch. Kn. | klein und sehr tief. Kn. | - - | grünlichgelb, hier und da etwas gelblich, braun gefleckt oder punctirt. Kn. | mild Kn. | recht angenehm Kn. | fein Kn. | - - | Nov. Dec. Kn. | recht guter Herbst-Apfel. Kn. |
| 2½" breit, 2½" hoch. Kn. | - - | - - | glatt, hellgelb, mehr oder weniger grün oder braun gefleckt. Kn. | fein und gelblich Kn. | aromatisch Kn. | noch besser als der gelbe. Kn. | - - | Dec. Jan. Kn. | nebst dem gelben Gülderling besonders vorzüglich. Kn. |
| 2½" breit, 2½" hoch. Kn. | - - | - - | grünlichgelb, durchgehends mit graulichen rauhen Flecken, sonderlich nach dem Auge zu. Kn. | mild Kn. | lieblich. | nicht so fein als der einfache. Kn. | - - | Dec. Jan. Kn. | mittelmäßig und nicht so gut als vorhergehender. Kn. |
| 2½" breit, 2½" hoch. Kn. | - - | - - — | glatt, blaßgrünlichgelb, an einer Seite auch vielmals röthlich oder roth gestreift. Kn. | mild Kn. | ziemlich gut Kn. | nicht recht fein Kn. | - - | Febr. März Kn. | vom zweyten Range der Tafel-Apfel. Kn. |

angeführten Baums; oder sie kommen von einem solchen, der in recht gutem Boden und vortheilhafter Lage recht schöne Früchte geliefert: die man also, wie in Holland sehr gebräuchlich, doppelte Parmains genennet hat.

Bolanling, Eyer- und Brand-Apf.

Von Num. CXLIV. CXLV und CXLVI kenne ich keinen, die Beschreibung davon reizt auch nicht sehr, dergleichen zu verschreiben. Vom Eyer-Apfel will man versichern, daß es eine Abartung vom weissen Pigeon sey.

Gänse-Apfel.

Dieses Apfels gedenken Plinius, Ruellius und Tournefort; er soll Weiberbrüsten ähnlich seyn, ob aber jedes Stück nur eine oder zwey Brüste vorstellet, wird nicht bestimmt und Abbildungen finde ich nicht.

Der gestreifte Bach-Ap. und kleiner Gülderlinge.

Sie mögen ihres Orts gute Wirthschafts-Aepfel seyn. Vom erstern giebt JBauhin zwey Zeichnungen.

Die bey Kn. auf der III. IV. VII und XII Platte zerstreuten Gülderlinge habe hier zusammen gebracht, ungeachtet sie, sowohl an Gestalt als Farbe sehr verschieden sind.

Der rothe, einfache gelbe und doppelte süße, scheinen Calvillenartig, der Französische und doppelte graue, Renettenartig, der Spanische aber ein ganz besonderer Apfel zu seyn.

Der Name derselben kann weder auf ihre Farbe noch Form oder Geschmack Bezug haben, mir ist keiner davon, wenigstens unter dem Namen Gülderling, aus Erfahrung bekannt.

| | Name der Hauptart und Vaterland. | Abänderungen dieser Hauptarten. | Gleichbedeutende Namen beyder Arten. | Beschaffenheit des Baums an sich selbst. | Das Laub oder die Blätter u. deren Stiele. | Die Blüthe und deren Blumen. |
|---|---|---|---|---|---|---|
| CL | Cc. Gulderling. — Holland. | 5 Dubbelde Gulderling | Signor Guldeling vO. | von gutem Gewächse, aber nicht gar tragbar. Kn. | — — | — — |
| | | 6 Rode Gulderling. | Rother Gülderling H. Rother Englischer Gülderling Z. N. 49. | macht ziemliches Holz und ist recht tragbar. Kn. | — — | — — |
| | | 7 Soete Gulderling enkelde. | — — | von gutem Gewächse, ziemlich tragbar. Kn. | — — | — — |
| | | 8 Dubbelde soete Gulderling. | Weesper Guldeling vSt. | wie voriger. Kn. | — — | — — |
| CLI | Hol-Soete — Holland. (Hohlsüßer.) | — — | Grauwe Soete Kn. Grauwe Hol Soete K. Vlaamse Soete Kn. Princesse-Appel vO. | treibt gut, wird groß und tragbar. Kn. | — — | — — |
| CLII | Suiker-Appel Holland. | — — | Bleyer Bellefleur Kn. Pomme Sucree H.H. | von feinem Gewächse, trägt ziemlich. Kn. | — — | — — |
| CLIII | Tiefbutz —. Deutschland. | — — | Z. N. 48. — | — — | — — | — — |
| CLIV | Enkhuiser Appel Holland. | — — | Enkhuiser Aagtje Kn. Enkhuiser Maagt Kn. Aagtje Kn. Trynweuwiler Kn. Aagtjes Mh. III. 314. | treibt wacker, wird groß und trägt außerordentlich. Kn. | — — | — — |
| | | 1 Soete Enkhuiser-A. | — — | von gutem feinem Gewächs, ziemlich tragbar. Kn. | — — | — — |
| CLV | Pepling of Pepping Hol. u. England. | Witte Pepling Kn (Holland) | Blanke Pepling. Engelsche blanke P. vL. | treibt stark, wird ziemlich groß und ist tragbar. Kn. | — — | — — |
| | | 1 Pepperling. (Deutschland) | Z. N. 94. — | trägt fleißig. Z. | — — | — — |
| | | 2 Grauwe Pepping. (Holland) | Grauwe Gelderche Pepping vL. Grauwe Pepping van van der Laan vL. | treibt und trägt gut. Kn. | — — | — — |
| | | 3 Rode Pepping (Holland) | Soete rode Pepp. vL. Roser-Pepping vL. Spaarweyker soete vL. | wächst und trägt gut. Kn. | — — | — — |
| | | 4 Thearomatic-Pippin. (England) | Bisam-Apfel H. Kiderling Z. N. 14. — H. | wird mittelmäßig groß. Mil. trägt gut. Z. | — — | — — |
| | | 5 The Kentish Pippin. (England) | — — | wächst sehr stark und wird groß. Mil. | — — | — — |
| | | 6 The Holland-Pippin (Holland) | Hollandsche Pepping. Wyker-Pepping. Ronde Bellefleur. Reinette Bellefleur. Pomme Madame Kn. Holländischer oder Eck Pipping H. | von starkem Wuchs. Mil. wird groß, trägt stark, bekommt aber leicht den Krebs. Kn. | — — | — — |

Hohlsüßer, Zucker-Apfel, Tiefbutz.

Num. CLI. CLII und CLIII gehören meines Erachtens alle drey zu den so genannten eckigten Gülderlingen, oder vielmehr unter die Bastard-Calvillen. Ich habe also solche zwar den Gülderlingen folgen lassen; solche aber bis nach Erhaltung mehrerer Nachrichten besonders, und nicht unter den Abänderungen aufgeführet.

Erstern hat Kn. auf der III, den andern aber auf der VII Platte vorgestellet, und der Tiefbutz auf Z. VI Pl: N. 48 ist offenbar ein Calville, der mit Farben zu harte illuminiret ist.

Dies

| Frucht-größe. | Fruchtauge. | Fruchtstiel. | Farbe und Beschaffenheit der Haut. | Fleisch. | Saft. | Geschmack und Geruch. | Kernen und Kernhaus. | Zeit der Reife. | Güte und Werth. |
|---|---|---|---|---|---|---|---|---|---|
| 3" breit, 3" hoch. Kn. | - - | - - | glatt, grünlichgelb. Kn. | mild Kn. | ziemlich lieblich. | nicht recht fein Kn. | - - | Dec. Jan. Kn. | kann kaum unter den mittelmäßigen gelten Kn. |
| 2¾" breit, 2½" hoch. Kn. 2¾", 2¾". Z. | klein, zusammen gezogen Hl. etwas vertieft Kn. | sehr kurz Hl. | glatt, dunkelbraun oder purpurfarben, wodurch, sonderlich an einer Seite, grün durchschimmert. Kn. Hl. | mild Kn. mild und mürbe Z. | angenehm Kn. genugsam und lange dauernd Z. | fein Kn. hochsäuerlich angenehm Z. wie Certiner Hl. | - - | Jan. und Febr. Kn. Z. | vom ersten Range Kn. wird hochgeschätzt. Z. |
| 2½, 2½. Kn. | groß und tief Kn. | - - | gelblich, an einer Seite etwas röthlich. Kn. | ziemlich fest Kn. | süße Kn. | angenehm Kn. | - - | Jan. Febr. Kn. | gut und dauert lange. Kn. |
| 2½, 2½. Kn. | desgl. | - - | wie vorhergehender. Kn. | desgl. | noch süßer Kn. | angenehmer Kn. | - - | Jan. Febr. Kn. | vorhergehendem vorzuziehen. Kn. |
| 2½, 2½ Kn. | - - | - - | glatt, weißlichgelb, an einer Seite roth, in welchem er oft dunkler gestreift oder heller gefleckt ist, zuweilen ist er auch hier und da etwas braungrau gefleckt. Kn. | ziemlich milde Kn. | angenehm süße Kn. | sehr gut Kn. | - - | Jan. Febr. Kn. | einer der besten süßen Aepfel, besonders zum Kochen. Kn. |
| 2½, 2½. Kn. | groß und tief Kn. | - - | glatt, gelb, zuweilen an einer Seite etwas röthlich. Kn. | mild Kn. | gewürzhaft Kn. | angenehm Kn. | - - | Oct. Nov. Kn. | besser als mittelmäßig. Kn. |
| 2½, 2½. Z. | sehr tief Z. | - - | die meisten ganz gelb, einige an der Sonnenseite roth. Z. | fein, fest. Z. | nicht zu viel Z. | wie weiße Calville Z. | - - | October bis Decbr. Z. | sehr gut. Z. |
| 2¾" breit, 2½" hoch. Kn. | - - | ist mit einem Stücke Fleisch überwachsen. Wh. | glatt, grünlichgelb, an der Sonnenseite dunkelröthlich, mit sehr dünner zarter Haut, so daß er von dem geringsten Druck Flecken bekömmt. Kn. | feste Kn. | ziemlich lieblich Kn. | angenehm Kn. | - - | Febr. März Kn. | wegen seiner Dauer und Fruchtbarkeit, einer der besten. Kn. |
| - - | - - | - - | mit vorigem von einerley Ansehen. Kn. | milde Kn. | süße Kn. | ziemlich angenehm Kn. | - - | - - | ein guter süßer Koch-Apfel. Kn. |
| 2½" breit, 2½" hoch. Kn. | flach Kn. | - - | glatt, weiß, an einer Seite aber blaßroth und zuweilen etwas dunkler gestreift, auch vielmals rings um gleichsam blaßroth gefleckt. Kn. | milde Kn. | gewürzhaft Kn. | ziemlich angenehm K. | - - | Nov. Dec. Kn. | vom zweyten Range. Kn. |
| 2½, 2½. Z. | flach Z. | ½" lang, dünne. Z. | weißlichgelb und blaßroth, auch wohl schönroth. Z. | feste und schneeweiß Z. | genugsam Z. | hochweinsäuerlich Z. | - - | Decbr. und länger. Z. | ist nicht zu verachten. Z. |
| 2½, 2½. Kn. | - - | - - | grünlichgelb, bräunlich gefleckt wie die Renetten, vielmal an einer Seite röthlich. Kn. | etwas morsch Kn. | säuerlich Kn. | angenehm Kn. | - - | Decbr. und Jan. Kn. | ist unter die guten zu rechnen. Kn. |
| 2½, 2½. Kn. | flach Kn. | - - | ganz dunkel- oder braunroth, manchemal mit blassen groben Streifen, doch auch wohl einer Seits etwas gelblich. Kn. | ziemlich milde Kn. | viel und gewürzhaft Kn. | sehr angenehm Kn. | - - | Nov. Dec. Kn. | gehöret auch unter die guten. Kn. |
| so groß als Monparnil, etwas länger. Mll. | - - | - - | an einer Seite dunkelgelb, an der Sonnenseite aber schön roth. Mll. Z. Hl. | feste Mll. Hl. Z. feiner als Borsdorfer Z. | gewürzhaft Mll. Hl. | angenehm Hl. höher als Borsdorfer Z. | - - | October bis Dec. Mll. Hl. Z. | vom ersten Range Mll. |
| 2½, 2½. Z. groß und länglich Mll. | - - | - - | blaßgrünlich. Mll. | hart Mll. | sehr viel Mll. | lieblich sauer Mll. | - - | bis Febr. Mll. | ein sehr guter Apfel, besonders für die Küche. Mll. |
| 2¾", 1" groß und länger als der Kenter. Mll. | - - | - - | mehr dunkelgrün, als der Kenter Pipping. Mll. einige rundlich, andere platter, gelb und blaßroth wie der lange Bellefleur, zuweilen auch wie Renetten grau oder braun gefleckt. Kn. grau, an der Sonnenseite ein wenig dunkelroth. Hl. | hart Mll. | viel Mll. besonders süße wie Zucker. Hl. | - - | - - | bis März Mll. Dec. Jan. Kn. den ganzen Winter Hl. | eine sehr schöne Küchenfrucht. Mll. einer der besten seiner Zeit. Kn. |

Enkhuyser, Aagtje (Aagtjes) — Dies ist wirklich ein schöner Holländischer Apfel, den man gepflanzt zu haben, sich nicht wird gereuen lassen. Das übergewachsene Stück Fleisch am Stiele haben nicht alle, auch ist dieses kein besonderes Kennzeichen desselben, wie Mchh. meynt; sondern es haben es der Wyker-Pipping und viel andere Aepfel, jedoch auch nicht allemal, mit ihm gemein.

Pippings. — Hier folgen sieben Sorten von Pippings auf einander, die aber manchen stutzig machen werden, der nur erst den bekannten und berühmten Engländischen Gold-Pipping hat kennen lernen, woher sie

| | Name der Hauptart und Vaterland. | Abänderungen dieser Hauptarten. | Gleichbedeutende Namen beyder Arten. | Beschaffenheit des Baums an sich selbst. | Das Laub oder die Blätter u. deren Stiele. | Die Blüthe und deren Blätter. |
|---|---|---|---|---|---|---|
| CLVI | Cc. Joopen — Holland. | Rode Joopen Kn. | Rode suure Joopen Kn. Hiesen- Joppen- Cardinals- } Apfel. Hl. | treibt viel Holz, wird groß und ist fruchtbar. Kn. | — — | — — |
| | | 1 Rode soete Joopen. | Rode soete Pepping Kn. | wird stark und ist tragbar. Kn. | — — | — — |
| | | 2 Witte soete Joopen. | Soete Neven Kn. Water-Soete Kn. Zeeuwse Soete. | — — | — — | — — |
| CLVII | *Soete Bobbert* Holland. | — — | | von gutem Gewächse und tragbar. Kn. | — — | — — |
| CLIIX | Blau-Apfel Ruell. | — — | Rouveau Gm. 147. Tf. | — — | — — | |
| CLIX | *Violette* — D. Frankreich. | — — | Pomme Violette Mll. soll eine Abänderung vom Anis-Apfel seyn. Mh. Violette Elsh. | wächst stark Mll. und hat viel Aehnlichkeit mit dem Sommer-Calville. Die Triebe ziemlich dicke, an jedem Knoten etwas eingebogen, mit kleinen weißen Puncten und dichter Wolle, im Schatten grün und an der Sonne röthlich. Die Augen breit und platt, die Träger groß. D.H. | $4\frac{1}{12}$ Zoll lang, $3\frac{1}{2}$ Zoll breit, elliptisch, nicht tief, aber spitzig und doppelt gezahnt. D.H. vorzüglich weiß von Farbe. Mh. der Stiel ist dicke und 1 Zoll lang. D.H. | $1\frac{1}{2}$ Zoll im Durchschnitte, jedes Blatt $\frac{3}{4}$" lang und $\frac{1}{2}$" breit, löffelförmig, am Rande gerunzelt, außen schwachroth gefleckt, innen wenig gefärbt und gegen die kalten Winde sehr empfindlich. D.H. |
| | | Violette glacée Violette oder Kastanien-Apfel Hl. | | | | |
| CLX | *Petit-Faros* D.H. Frankreich. | — — | — — | wird nicht so stark als der große Faros, die Triebe sind gelblich und stark mit Wolle bedeckt. D.H. | ungefähr $3\frac{1}{2}$ Zoll lang, $2\frac{1}{2}$ Zoll breit. D.H. | — — |
| CLXI | *Pomme-Rose* Kn. Holland. | — — | Fransche Roos-Appel Pomme rose de France Kn. Pomme rose, ou H.H. — à double fleur H.H. | wächst und trägt gut. Kn. | — — | — — |

diesen Namen mögen bekommen haben? Ich will eben keine Ableitung versuchen, glaube aber, daß wenn ja eine statt finden sollte, so würde die vom Französischen Pepin am wahrscheinlichsten seyn; weil sie vermuthlich alle blos aus Kernen, ohne Pfropfen, zuerst hervorgebracht worden.

Viere davon halte ich für Holländische, zwey aber für Englische Producte, wie ich dabey bemerket habe; der Peperling ist ohne Zweifel eben der Holländische graue, nur daß er durch den starken Frost, der ihn von innen und außen getroffen, so schöne grüne Ueberbleibsel des Blüthauges behalten, die ihn auf Z. XII Pl. N. 94 besonders zieren.

Zwey der Holländischen sind beym Kn. auf der VI Platte, der besonders so genannte Holländische oder Wyker-Pipping aber, auf der XI Platte abgebildet. Bey letzterm habe ich in Größe, Form und Geschmack keinen weitern Unterschied vom Parmain gefunden, als daß er am Auge nicht so glatt, sondern mehr gefalten ist; er pfleget, wie kurz vorher gedacht worden, oftmals am Stiele mit Fleische überwachsen zu seyn.

Ob der auf Z. II Pl. N. 14 abgebildete Köberling mit dem Englischen Gewürz-Pipping einerley sey, kann ich nicht bestimmen.

Hiesen-Aep. Diese von Kn. auf der I. V und VI Pl. abgebildeten Aepfel haben viele Aehnlichkeit mit den

vorher

| Fruchtgröße. | Fruchtauge. | Fruchtstiel. | Farbe und Beschaffenheit der Haut. | Fleisch. | Saft. | Geschmack und Geruch. | Kernen und Kernhaus. | Zeit der Reife. | Güte und Werth. |
|---|---|---|---|---|---|---|---|---|---|
| 2¾" breit, 2¾" hoch. Kn. | klein und flach Kn. | kurz und dünne Kn. | glatt, durchaus blutroth, doch an der Schattenseite ins Grünliche verlaufen, zuweilen dunkler roth gestreift. Kn. glatt, blutroth mit weißen Tüpfeln, auf einer Seite gelb gestreift, auf der andern aber und am Auge grünlich. Hl. | zart Kn. | weinigt Kn. Hl. — | nicht allzu hochfein Kn. | - - | Oct. Nov. Kn. | gehört zu der mittlern Sorte. Kn. |
| 2½, 2½. Kn. | klein. | kurz, dünne. | glatt, dunkelroth, an der Schattenseite gelblich. Kn. | mild Kn. | süße Kn. | angenehm Kn. | - - | Oct. Nov. Kn. | ein guter süßer Koch-Apfel Kn. |
| 2½, 2½. Kn. | - - | - - | glatt, blaßgrünlichgelb. Kn. | ziemlich mild Kn. | süßlich Kn. | gemein Kn. | - - | Oct. Nov. | ein schlechter süßer Apfel Kn. |
| 3½, 3½. Kn. | - - | - - | glatt, gelblich. Kn. | milde. | süßsäuerlich Kn. | ziemlich angenehm Kn. | - - | Nov. Dec. Kn. | zur Mittelsorte von süßen Aepfeln Kn. |
| 2¾", 2¾". Wm. | tief. | - - | grüngelblich, an der Sonnenseite dunkelroth bis ins schwärzliche, zuweilen um und um mit dunkeln rothen groß u. kleinen Flecken. rosenroth Gm. | zarte, blutroth. | saftig, etwas süßsäuerlich. | von gutem Geschmack. | - - | Ende des Sommers reif. | — — |
| 3" breit, 3" lang. D.H. ziemlich groß C. sehr groß Mill. | ziemlich breit, in einer mit Falten umgebenen Vertiefung D.H. | lang und dünne, geht ziemlich weit in die Frucht hinein. D.H. | an der Schattenseite auf weißlichem Grunde fein roth punctirt, an der Sonnenseite aber sehr dunkelroth gestrichelt und gestreift. Q. C. glatt, glänzend, an der Schattenseite gelb mit rothen Streifen, an der Sonnenseite dunkelroth. D.H. an der Schattenseite blaßgrün, an der andern roth gestreift. Mill. | fein und sehr weiß Q. C. fein, um den Kern herum grünlich, das übrige schwach rosenroth. D.H. | außerordentlich süße und gezuckert ohne Mark Q. C. süße und zuckerhaft, beynahe wie Calville D.H. | sehr leckerhaft Q. und hat etwas Violengeruch D.H. C. Mill. | die Fächer lang, die Kernen aber mehrentheils taub. D.H. | vom Oct. bis Ende Dec. Q. C. einige halten sich bis May D.H. | ein sehr vortrefflicher Apfel. Q. einer der besten. D.H. |
| 2¾" breit, 2¾" hoch. D.H. | tief, wenig offen auf dem Boden, dessen Höhle runzelicht rc. D.H. | kurz, dicke, grün, ziemlich tief in der Frucht D.H. | sehr glatt und glänzend, auf der Sonnenseite lebhaft roth mit noch dunklern rothen Flecken, auf der Schattenseite schwächer roth, aber auch mit ziemlich lebhaft rothen Flecken, von denen aber auch einige gar nicht roth sind. D.H. | weiß, etwas körnig, wie das von den Calvillen. D.H. | angenehm D.H. | ohne alle Herbe oder wildes Wesen D.H. | vollkommen D.H. | bis Februar D.H. | ein sehr guter Apfel. D.H. |
| 2½" breit, 2⅝" hoch. Kn. | groß und tief, zwischen Beulen. Kn. | - - | grünlich, zitronengelb, hier und da lichtbraun punctirt oder gefleckt, vielmals an einer Seite etwas dunkelroth, auch wohl mit erhabenen braunen Flecken wie Warzen. Kn. | milde Kn. | angenehm Kn. | fein Kn. | - - | Octbr. und Nov. Kn. | einer der besten. Kn. |

vorher berührten Holländischen Pippings sowohl, als mit den Pigeons. Besonders kömmt der weiße Joapen sehr mit dem oben erwähnten grünen Pigeon überein; ich habe dergleichen Bäume pflanzen zu lassen, keine Lust gehabt.

**Der süße Bobbert.** Bey Kn. auf der VI Pl. könnte der Größe wegen unter den Herren-Aepfeln rangiren, nur Schade, daß so wenig deutsche Herren dergleichen Bäume kommen lassen; um ihre Früchte näher kennen zu lernen. Zu Cider möchte er wohl nützlich seyn.

**Blut-Apfel.** Dieses Apfels gedenken Ruell, Tournefort, Linne' rc. und Weinmann hat ihn abgebildet. Er soll durchaus roth Fleisch haben; vielleicht ist es eine Art rother Sommer-Calvillen.

**Der Violen-Apfel.** Es ist unwahrscheinlich, daß er eine Abänderung vom Anis-Apfel wäre, wie Mchh. will, denn Q. D.H. Mill. und die Carthäuser legen ihm eine glatte und nicht rauhe Schale bey. Ich habe an meinen angeschafften Bäumen noch keine Frucht gehabt; auch dergleichen anderswo noch nicht gesehen. Den Beschreibungen nach muß es ein vortrefflicher Apfel seyn.

**Der kleine Faros.** Ich habe ihn auf den Violen-Apfel folgen lassen, weil beyde in Ansehung der Haut, große Aehnlichkeit mit einander haben müssen.

**Der franz. Rosen-Apf.** Ungeachtet es auch gelbe und weiße Rosen giebt, so versteht man doch insgemein unter Rosenfarben:

| | Name der Hauptart und Vaterland. | Abänderungen dieser Hauptarten. | Gleichbedeutende Namen beyder Arten. | Beschaffenheit des Baumes an sich selbst. | Das Laub oder die Blätter u. deren Gewebe. | Die Blüthe und deren Blätter. |
|---|---|---|---|---|---|---|
| CLXII | Cc. *Princes-Appel* Kn. Holland. | — — | Grauwe Soete vO. | fein Holz, wird groß und tragbar. Kn. | — — | — — |
| | | 1 Soete Princes-Appel | Soete Noblesse vL. | desgleichen Kn. | — — | — — |
| | | 2 Wildjes Kn. | — — | wie vorige. | — — | — — |
| CLXIII | *Princesse noble* Holland. | — — | Franche Noble L. vL. Pomme noblesse Kn. | von feinem Gewächs, wird groß und tragbar. Kn. | — — | — — |
| CLXIV | Klöpper-Apfel Deutschland. | — — | Z. N. 24. — | — — | | |
| CLXV | *The hanging Body* England. | — — | Pomme de Courpendu Ml. | — — | — — | — — |
| CLXVI | Maylings-Apfel JD. | — — | Gm. 122. — | — — | — — | — — |
| CLXVII | Schlotter-Aepfel Deutschland. | 1 Grüner Schlotter-Apfel. | Z. N. 35. — Klapper-Apfel Hl. Eisb. | — — | — — | — — |
| | | 1 Gelber großer Schlotter-Apfel. | Z. N. 26. — | — — | — — | — — |
| | | 2 Weißer Schlotter-Apfel. | Z. N. 46. — | — — | — — | — — |
| | | 3 Weiß und roth gesprengter Schlotter-Apfel. | Z. N. 18. — | — — | — — | — — |
| | | 4 Roth gesprengter Schlotter-Apfel. | Pomme d'Ananas Z. N. 58. Ananas-Apfel Hl. | — — | — — | — — |
| | | 5 Ganz rother Schlotter-Apfel. | Z. N. 59. — | trägt fleißig. Z. | — — | — — |
| | | 6 Glocken-Apfel Mh. Sommer und Winter Eisb. | Pomme de Cloche HH. Pomme sonnante Mh. Kern- Klapper- Schlotter- od. Roll-Apfel, auch Breitschilling Lederschilling Süßklapperling Klöpferling Schmarlißling | — — | — — | — — |

farben: roth, und unter einem Rosen-Apfel einen solchen, der roth oder röthlich von Farbe ist. Dieser hat nichts rothes und sollte also wenigstens der Gelbe Rosen-Apfel heißen. S. oben Num. LIII und Knoops Vte Platte.

Der Prinzessin- und Edle Prinzessin-Apfel.

Vielleicht haben die Edle Prinzessin-Aepfel ihren Namen von den, ihnen vorhergehenden unvergleichlich schönen und lange dauernden Blüthen erhalten, die sehr dichte neben einander hervorbrechen und bey einem Fächerbaume ein Gewand bilden, das die edelste Prinzessin in ihrer Herrlichkeit zieren würde. Es würde zwar nicht schneeweiß seyn, wie das von der Braut Salomo's, aber noch schöner als Silber-Moor, der ins Pfirsichblüthfarbene spielet.

Er ist bey Kn. auf der VI Platte abgebildet.

Der Prinzessin-Apfel auf Kn. III. und der Wildjes auf dessen VIII Pl. können Abartungen von jenen aus Kernzucht seyn.

| Fruchtgröße. | Fruchtauge. | Fruchtstiel. | Farbe und Beschaffenheit der Haut. | Fleisch. | Saft. | Geschmack und Geruch. | Kernen und Kernhaus | Zeit der Reife. | Güte und Werth. |
|---|---|---|---|---|---|---|---|---|---|
| 2¾" breit, 2⅞" hoch. Kn. | - - | - - | glatt, grünlichgelb, an der Sonnenseite röthlich oder hellroth gestreift. Kn. | milde Kn. | ziemlich K. | nicht fein Kn. | - - | Oct. Nov. Kn. | sehr mittelmäßig. Kn. |
| 2⅛, 2⅞. Kn. | - - | - - | wie vorhergehender. Kn. | milde Kn. | süße Kn. | fade Kn. | - - | - - | gemeiner süßer Koch-Apfel. Kn. |
| 2⅛, 2⅞. Kn. | - - | - - | glatt, grünlichgelb, wie Prinzessin-Apfel, nur daß er nichts röthliches hat. Kn. | milde Kn. | ziemlich K. | nicht fein Kn. | - - | Febr. März Kn. | kaum mittelmäßig Kn. |
| 2⅛, 2⅞. Kn. | - - | - - | glatt, gelblich, an der Sonnenseite blaßroth oder so gestreift. Kn. | milde Kn. | gewürzhaft Kn. | fein Kn. | - - | Nov. Dec. Kn. | vom ersten Range Kn. |
| 3⅛" breit, 3⅛" hoch, oval. Z. | nicht allzu groß und nicht zu tief Z. | kurz Z. | nach Z. Abbildung ein schöner wohlgestalter Apfel, der auf einer Seite stark gelb, auf der andern aber roth ist, welches letztere sich auf besondere Art in dem Gelben verliert oder abschneidet. | milde, gelb Z. | ziemlich Z. | hochsäuerlich Z. | - - | October bis Decbr. Z. | ist wohl in Acht zu nehmen, weil er zuweilen vor der Zeit von innen taub oder mehlig wird. Z. |
| sehr groß, länglich. Mill. | - - | lang und dünne Mill. | die Sonnenseite roth, die andere blaß, mit Ecken, die von unten nach oben zulaufen; hängt allezeit unter sich, daher heißt er, bey den Franzosen Courtpendu. Mill. | - - | - - | - - | - - | - - | - - |
| 2⅛", 2⅛". JD. | klein JD. | kurz JD. | röthlich. | - - | süße. | - - | - - | Januar. | - - |
| 2⅞" breit, 3" hoch. Z. | - - | besonders dünne Z. | grün, bisweilen an der Sonnenseite in diesem Grün roth geflammt. Z. | fein Z. | hinlänglich Z. | nach Wein Z. | sehr weite Fächer. | Nov. Dec. Z. | ein guter Apfel Z. |
| 3⅛" breit, 3⅛" hoch. Z. | - - | - - | wird endlich etwas gelb. Hf. anfangs ganz grün, hernach wieder gelb wie eine Quitte. Z. | fest, schneeweiß Z. | mittelmäßig, weinig Z. | nicht sonderlich Z. | ebenfalls sehr hohles Kernhaus. | Oct. Nov. Z. | - - |
| 2¾" breit, 2⅞" hoch. Z. | - - | - - | schön, weiß, an der Sonnenseite bisweilen mit röthlichen Streifen, auch wohl mit einem bekan[illegible]chen Striche. Z. | brüchig Z. | mittelmäßig Z. | hoch, weinsäuerlich Z. | desgl. Z. | October bis Decbr. Z. | - - |
| 3" breit, 3⅛" hoch. Z. | - - | - - | weiß, mit Roth gesprengt, besonders gegen den Stiel zu, doch einige, die recht an der Sonne gehangen, über u. über. Z. | mürbe Z. | mittelmäßig Z. | ziemlich Z. | desgl. Z. | October bis Decbr. Z. | ist zärtlich und fault leichte. Z. |
| 3⅛" breit, 3⅛" hoch. Z. länglich wie Pigeon Hf. | tief in der Frucht Hf. | sehr dünne Z. | schön roth, auf goldgelbem Grunde, über und über weiß punctirt. Hf. | sanft, weiß, mit röthlichen Adern Z. | genugsam süß und säuerlich vermischt Z. | besonders gut. Hf. vortrefflich Z. | außerordentlich weites Kernhaus Z. | October bis Februar. Z. | verdient hochgeachtet zu werden. Z. |
| 2½" breit, 3⅛" hoch. Z. | - - | sehr dünne Z. | durchaus roth, mit noch dunklern schönen Strichen. Z. | weiß und zarte Z. | süß und säuerlich Z. | sehr gut Z. | desgl. Z. | October bis Februar. Z. | beynahe so gut als vorhergehender. Z. |
| walzenförmig Mh. 2⅛", 2⅛". JD. | - - | lang Mh. | weißlich oder blaßgelb. JD. | zarte, | süße. | angenehm. | hat das größte Kernhaus Mh. | Fastnacht. | - - |

**Klöpper-Apfel.** Klöpper-, Klapper- und Schlotter-Aepfel sind ohne Zweifel gleichbedeutend, weil die Kerne in ihrem Gehäuse klappern. Ob dieser unter die Schlotter-Aepfel zu rechnen sey, hat Zink nicht bemerket. Sonst ist die Abbildung desselben auf der III Platte sehr zierlich und regulär, ob nach der Natur? — ist mir unbekannt.

**Der hangende Apfel.** Dieser Apfel soll nach Millern allezeit unter sich hängen, hierzu aber wird ein langer, dünner Stiel erfordert, z. B. an einer Kirsche, Pflaume u. s. f., und daß er einen solchen langen Stiel habe, versichert Miller auch; gleichwohl saget er: „deswegen wird er bey den Franzosen Kurzstiel (Courpendu) „genannt." Hier muß nothwendig ein Schreibefehler vorgegangen seyn, denn ein langstieligter Apfel kann doch wohl nimmermehr eben dieses Stieles wegen, Kurzstiel heißen.

**Der Meylings-Apfel** Ist bey JBaul in abgebildet.

**Schlotter-Aepfel.** Von diesen beym Zink auf der III. V. VI und VII Platte befindlichen Schlotter-Aepfeln finde

 ich

| | Name der Hauptart und Vaterland. | Abänderungen dieser Hauptarten. | Gleichbedeutende Namen beyder Arten. | Beschaffenheit des Baums an sich selbst. | Das Laub oder die Blätter u. deren Stiele. | Der Blüthe und deren Blätter. |
|---|---|---|---|---|---|---|
| CLXVII | Cc. Schlotter-Aepfel Deutschland. | 7 Grübling. | Pfaffengrübling<br>Lebersüßling<br>Schmeitzling<br>Blanc-dard. | — — | — — | — — |
| CLXIIX | Ccc. Parabolisch, rings um mit Ecken und Ribben.<br>*Pomme figue* D.H. Frankreich. | — — | Pomme sans fleurir Q.<br>Pomme sans Pepin C. H.H.<br>A Trochets H.H. | die Triebe dick, kurz, grün, stark mit Augen besetzt, an jedem derselben etwas eingebogen, mit kleinen Punkten und dicker Wolle. Die Augen groß und länglich auf weit vorstehenden Kanten, deren jede bis an das wechselsweise gegen über stehende Auge sichtbar ist. D.H. | 1½ Zoll lang, 1¼ Zoll breit, also schmal und länglich, sein ganz stichlich gezahnt und endigt sich fast regelmäßig in seine Spitze. D.H. | vier bis sechs Blüthen stehen auf ½ bis ¾ Zoll langen Stielen in einem Strauße beysammen und sind von andern Aepfelblüthen ganz und gar unterschieden, wie bey D.H. mit mehrerm nachzulesen. |
| CLXIX | *Ribbert* — Holland. | Soete Ribbert. | Soete Kant-Ribbert<br>Ribling Kn. | von gutem Gewächs, mit der Zeit tragbar. | — — | — — |
| | | 1 Suure Ribbert. | Suure Kant-Ribbert<br>Witte Ribbert Kn.<br>Suure Ribling Kn. | von starkem Holzwuchse, er wird groß und mit den Jahren tragbar. Kn. | — — | — — |
| CLXX | *Citroen-Appel* Holland. | Somer- of vroege Citroen-Appel. | Tafel-Appel Kn.<br>Citron d'Eté Kn.<br>Zitronen-Apfel Hk.<br>Pomme de Citron Z.M, 15. H.H. | treibt gut und ist tragbar. Kn. | — — | — — |
| | | 1 Winter-Citroen-Appel | Limoen-Appel Kn. | — — | — — | — — |
| CLXXI | Lauchs-Apfel | — — | Winter-Apfel<br>Rammer-Apfel<br>Hütlings-Apfel<br>Spitz-Apfel<br>Spitzgärtig<br>Gm. 31. | — — | — — | — — |
| | | 1 Zinker-Apfel. | — — | — — | — — | — — |

ich nur den Grünen und den Ananas-Apfel in dem Niederlausitzer Verzeichnisse des Hk. wiederholet. Da man nun aus den Zinkischen Zeichnungen nichts beurtheilen kann, aus der Beschreibung aber wenig erfährt und sich auf selbige ebenfalls nicht verlassen kann, so bleibt immer das Mistrauen bey mir: ob nicht alle von einem einzigen Baume gekommen und nur in verschiedenen Jahren und Jahreszeiten gemalt seyn mögen.

Vom Glocken-Apfel, den Mchh. anführt, wünsche ich nähere Nachricht zu haben; denn die von JB. abgebildeten Grüblinge sind nicht so walzenförmig, als ersterer den Glocken-Apfel angiebt.

Feigen-Apfel.

Ob der Feigen-Apfel hier am rechten Orte stehe, weis ich nicht; denn ich habe ihn nicht gesehen. Da er mehr sonderbar als nützlich, so gehöret er nur in die systematischen Obstgärten großer Herren. Ist des von JBauhin abgebildeten Malus non florida Frucht mit dem Feigen-Apfel einerley, so

findet

| Frucht-größe. | Fruchtauge. | Fruchtstiel. | Farbe und Beschaffenheit der Haut. | Fleisch. | Saft. | Geschmack und Geruch. | Kernen und Kernhaus. | Zeit der Reife. | Güte und Werth. |
|---|---|---|---|---|---|---|---|---|---|
| $2\frac{5}{8}$", $2\frac{5}{8}$". J.B. $2\frac{1}{8}$, $2\frac{1}{8}$. J.B. $2\frac{1}{8}$, $2\frac{1}{8}$. J.B. | klein J.B. | kurz, $\frac{5}{8}$". J.B. | weißgrün, mit länglichen gelben Flecken. J.B. | feste. | ziemlich süße. | - - | - - | May. | - - |
| $1\frac{1}{2}$ bis $1\frac{3}{4}$ Zoll breit und 2 Zoll hoch. D.H. dabey irregular und ribbig D.H. $1\frac{5}{8}$", $1\frac{1}{2}$". J.B. | klein und flach mit der Frucht fast gleich D.H. | sehr flach und hat bisweilen am Anfange eine od. zwey stark versteckende Beulen D.H. an demselben ist zuweilen die Frucht zugespitzt. M.H. | grün (wie unreife Feigen) und wächst auch auf eben die Art wie die Feigen. Q. gelblichgrün, auf der Sonnenseite schwach braunroth angelaufen. D.H. | - - | - - | - - | ein Viertel von oben ist hohl, denn folgen sechs kleine dreyeckigte Fächer rc. und gegen die Hälfte sind noch kleinere Fächer ohne Kerne D.H. | hält sich lange Q. | ist mehr etwas besonderes, als zu nutzbarem Gebrauche. D.H. C. |
| $2\frac{1}{8}$" breit, $2\frac{1}{8}$" hoch. Kn. | mittelmäßig tief Kn. | kurz und steckt tief Kn. | glatt, zitronengelb ins Grüne fallend, oft hin und wieder, sonderlich um den Stiel, zimmetfarben gefleckt. Kn. | - - | süße Kn. | schlecht, unfein Kn. | - - | Derbe und Jan. Kn. | gemeiner süßer Apfel. Kn. |
| $2\frac{1}{8}$" dick, $2\frac{1}{8}$" hoch. Kn. | sehr vertieft Kn. | kurz und gebogen Kn. | glatt, grünlichweiß. Kn. | ziemlich milde Kn. | wenig, säuerlich, doch noch lieblich genug Kn. | nicht sehr fein Kn. | - - | Jan. und Febr. Kn. | ist nur sehr mittelmäßig. Kn. |
| 3" dick, $2\frac{1}{8}$" hoch. Kn. $2\frac{1}{8}$, $2\frac{1}{8}$. Z. | groß und tief Kn. | kurz und dünne Kn. | glatt, bey der Reife zitronengelb, im Liegen wird er etwas fettig. Kn. zitronengelb, an der Sonne roth gesprengt. Z. schön gelb, bisweilen röthlich gestreift. Ht. | milde Kn. etwas fein mürbe Z. mürbe Ht. | nicht zu viel, aber angenehm Z. | nicht sehr fein Kn. herrlich Z. ziemlich gut Ht. | - - | August Sept. Kn. Oct. Nov. Z. | kaum mittelmäßig Kn. sehr zärtlich, hält sich nicht lange Z. |
| $2\frac{1}{8}$, $2\frac{1}{8}$. Kn. | tief Kn. | kurz, dünne Kn. | glatt, schön zitronengelb. Kn. | milde genug Kn. | angenehm Kn. | gut Kn. | - - | Febr. März Kn. | empfiehlt sich durch die Dauer. Kn. |
| $2\frac{1}{8}$", $2\frac{3}{8}$". J.B. | klein, tief. | kurz und dicke. | anfangs ganz grün, hernach weißgelblich, mit milchweißen Puncten. J.B. | härtlich. | weinartig. | - - | - - | bis October andern Jahres. | - - |
| $2\frac{1}{8}$", $2\frac{1}{8}$". J.B. | klein und tief J.B. | kurz und dicke J.B. | mehr grüngelblich, etwas roth schattirt, mit weißen Puncten. J.B. | - - | - - | - - | - - | - 3 | - - |

findet sich in Ansehung der Größe und Figur viel Unterschied. Denn hier ist er nur $1\frac{1}{2}$" breit und $1\frac{7}{8}$" hoch, dabey ohne Ribben. Ich habe noch andere Abbildungen nebst allen Theilen der Blüthe gesehen, die der Bauhinschen nahe kamen, kann mich aber nicht eigentlich besinnen; mich deuchtet, es ist in Gleditsch vermischter Abhandlungen III Bande, woselbst überhaupt von diesem Apfel mehr nachzulesen ist.

Ripplings-Apfel. Die Ripplinge oder Ribbelinge auf Kn. IV und XI Platte gehören vermuthlich zu den Gülderlingen, die oben Num. CL vorgekommen, welches vielleicht auch von

Zitronen-Aepfel. den Zitronen-Aepfeln auf der I und IX Platte gelten möchte.

Lanchs- u. Linker-Apf. Beym J.Bauhin findet man von beyden Abbildungen.

| | Name der Hauptart und Vaterland. | Abänderungen dieser Hauptarten. | Gleichbedeutende Namen beyder Arten. | Beschaffenheit des Baums an sich selbst. | Das Laub oder die Blätter u. deren Stiele. | Die Blüthe und deren Blätter. |
|---|---|---|---|---|---|---|
| | D. Aepfel von denen mir nicht bekannt, unter welche Art sie der Form nach zu ordnen, von welchen aber doch einige Merkmale bekannt sind. | | | | | |
| CLXXII | Monstrous-Reinette England. M.L. | — — | Pomme monstrueuse H.H. | wird groß und stark. M.L. | — — | — — |
| CLXXIII | Grunecke W. Deutschland. | — — | Groenecke Pl. Gruninger Elsh. Grunche ] C.B. J.B. Grancher ] Linn. | sind gut zu Hochstämmigen, weil die Frucht mit dem Stiele feste sitzt. M.L. | — — | — — |
| CLXXIV | Orgeran — Frankreich. | Orgeran hatif. D. Orgeran tardif. D. | H.H. D. III. 202. — — | — — — — | — — — — | — — — — |
| CLXXV | Romyzan — D. Frankreich. | — — | | — — | — — | — — |
| CLXXVI | Le petit bon D. Frankreich. | — — | D. III. 203. H.H. | — — | — — | — — |
| CLXXVII | Pomme blanche Suisse Schweiz. C. | — — Pomme Suisse panachée. | — — | hat buntstreifigte Rinde. | — — | — — |
| CLXXVIII | Wiener-Apfel Mh. Deutschland. | — — | Elsh. — | — — | — — | — — |
| CLXXIX | Mees-Kops-Soet Holland. Nyhov. | — — | — — | ist wundersam tragbar. Nyhov. bekommt aber oft Schwielen an der Rinde. ders. | — — | — — |
| CLXXX | Pomme de Neige Frankreich. | — — | La Verte Reine H.H. | — — | — — | — — |
| CLXXXI | Pomme de Pin Frankreich. | — — | — — | treibt stark und bekommt die Gestalt einer Fichte. C. | — — | — — |
| CLXXXII | Pomme de belle fille Frankreich. | — — | une espece de Gros-Courpendu C. H.H. | — — | — — | — — |
| CLXXXIII | Pomme de sonnette Frankreich. | — — | Torten-Apfel | ist wenig bekannt. C. | — — | — — |
| CLXXXIV | Pomme de Craquet Frankreich. | — — | — — | gleicht dem Chataigner. C. | — — | — — |
| CLXXXV | Pomme de Boudy C. Frankreich. | — — | H.H. — | trägt stark. C. | — — | — — |
| CLXXXVI | Schrapgen-Apfel | — — | Herrgotts-Apfel Gm. 131. | — — | — — | — — |
| CLXXXVII | Honig-Apfel | — — | August-Apfel Gm. 128. | — — | — — | — — |
| CLXXXVIII | Schafmäuler | — — | Schafnase Gm. 133. | — — | — — | — — |
| CLXXXIX | Pomme de Rateau | — — | Gm. 23. — | — — | — — | — — |
| CXC | Crillant | — — | Pomme Loquette ou Pomme de Chatenon Gm. 127. | — — | — — | — — |

CLXXII. Ist vielleicht der oben Num. CXXII angeführte dicke Englische Renett des D.H.

CLXXIII. Mag wohl Z. Kranich-Apfel seyn, denn ein Jahr Dauer ist für einen Apfel schon genug. Ob J.Bauhins Grunche der nämliche Apfel ist, scheint wegen der Größe zweifelhaft.

CLXXIV. Der Französische Gersten-Apfel ist vielleicht mit dem Holländischen Tarw- oder Waizen-Apfel verwandt. s. CVII.

CLXXV. Er stammt wohl eben nicht aus der Schweiz her, sondern wird vermuthlich wegen der bunten Streifen

| Frucht-größe. | Fruchtlänge. | Fruchtstiel. | Farbe und Beschaffenheit der Haut. | Fleisch. | Saft. | Geschmack und Geruch. | Kernen und Kernhaus. | Zeit der Reife. | Güte und Werth. |
|---|---|---|---|---|---|---|---|---|---|
| sehr groß, länglich. M.U. | - - | - - | an der Sonnenseite roth, an der andern dunkelgrün. M.U. | wird leichte mehlig M.U. | - - | - - | - - | - - | nur wegen der Größe geschätzt. M.U. |
| groß W. länglich, klein J. 1½", 1¼". J.B. | - - | ziemlich lang, dünne J. 1". J.B. | grün. W. unter allen Aepfeln der grüneste. J.B. weiß punctirt. Gm. | - - | feiner J.B. | - - | - - | im April erst eßbar. W. M.U. | halten sich bis wieder Aepfel reif sind W. |
| - - | - - | - - | — — | - - | - - | - - | - - | - - | nicht sonderlich. Q. |
| - - | - - | - - | weißlich und etwas roth gefärbt. Q. | - - | - - | - - | - - | - - | - - |
| länglich Q. | - - | - - | grau und roth gestreift. l'écol. des Jard. | - - | gut genug Q. | angenehm C. | - - | - - | - - |
| sehr groß C. | - - | - - | — — | - - | - - | - - | - - | Jan. Febr. | - - |
| mittler Größe. | | | mit gelben, rothen und grünen Streifen, wie die Schweizer-Bergamotte. | | | | | | |
| - - | - - | - - | — — | - - | - - | - - | - - | - - | unter den Deutschen einer der vorzüglichsten. Mh. |
| sehr groß u. vielleicht der größte unter allen süßen Aepf. N.Hov. | - - | - - | — — | - - | süße N.Hov. | leckerhaft N.Hov. | - - | - - | vortrefflich sowohl zu Compots, als zum Braten. N.Hov. |
| groß C. | - - | - - | sehr weiß. C. | zarte und leichte C. | - - | schön C. | - - | August. C. | dauert nicht lange C. |
| - - | - - | - - | schön von Ansehen. C. | - - | - - | ziemlich gut C. | - - | - - | - - |
| groß C. | - - | - - | gelb und glänzend. C. | - - | gezuckert C. | - - | - - | - - | - - |
| platt C. | - - | - - | grün, annehmend schön. C. | - - | - - | - - | - - | - - | zu Compots fast erhabener als Birnen. |
| groß C. | - - | - - | roth. C. | weiß C. | - - | - - | - - | - - | - - |
| ziemlich groß C. | - - | - - | grün und roth sehr glänzend. C. | - - | - - | - - | - - | dauert lange. C. | besser gekocht als roh. C. |
| groß. | - - | - - | roth gefleckt. Gm. | - - | süße. | - - | - - | - - | - - |
| - - | - - | - - | grün. Gm. | - - | süße. | - - | - - | - - | - - |
| ziemlich groß. | zugespitzet. | - - | glatt, grünlich. Gm. | - - | süße. | - - | - - | im Sommer reif. | von kurzer Dauer. |
| - - | - - | - - | röthlich mit rostfarbenen Flecken. | - - | - - | - - | - - | - - | - - |
| ungleich eckig. | tief. | dünne und kurz. | eine Seite gelblich, die andere roth gestreift. Gm. | weich. | süße. | angenehm. | sehr lose. | bis wieder im Sommer. | - - |

Streifen so genennt, mit dem Pomme de Perroquet und Pomme panachée ist er wohl einerley; man vergleiche auch die Zürcher N. XXVI 1 und 2.

CLXXIIX. Ich kenne unter diesem Namen keinen, möchte aber wohl eine Beschreibung haben.

CLXXIX. Von diesem macht der Niederländische Hovenier sehr viel, vielleicht hat er ihn aus Kernen gezogen.

CLXXX. Siehe oben Num. XCVI.

CLXXXII. Siehe oben Num. XXXI. Pomme de Demoiselle und unten K. X. N. 3.

# Aepfel deren Ordnung

| | Name der Hauptart und Vaterland. | Abänderungen dieser Hauptarten. | Gleichbedeutende Namen beyder Arten. | Beschaffenheit des Baums an sich selbst. | Das Laub oder die Blätter u. deren Stiele. | Die Blüthe und deren Blätter. |
|---|---|---|---|---|---|---|
| | In Deutschland wild wachsende Aepfelbäume sind folgende. | | | | | |
| | D. | | | | | |
| CXCI | Saure Holz-Aepfel | Kleiner röthlicher Wm. 707a. | Pomme de bois<br>Pomme sauvage<br>Wilder Apfel<br>Wald-Apfel<br>Busch-Apfel<br>Sau-Apfel<br>Crabtree or Wilding | — — | — — | — — |
| | | 1 Grünlicher Wm. 707c. | Weißer größerer | — — | — — | — — |
| | | 2 Großer röthlicher Wm. 707d. | Holzströmling<br>Hermelting<br>Holzflakling | — — | — — | — — |
| | | 3 Würz-Apfel Wm. 706g. | Pomme d'Estranguillon<br>Wildling | — — | — — | — — |
| CXCII | Süße Holz-Aepfel | | Mapp. h. plant. Alf. p. 188.<br>Dillen. C. pl. Giess. p. 54 &c. | | | |
| CXCIII | Johannis-Aepfel | | Apfelstaude Elsh.<br>Stauden-Apfel Gm.<br>Johannisholz Gm.<br>Niedriger Apfelstrauch Gm.<br>Zwerg-Apfel Elsh.<br>The Paradise Apple Mil. | | | |

CXCIV Azerolen haben zwar eßbare Früchte, gehören aber nicht eigentlich zu den Aepfeln.

CXCV Apfelbaum mit gefüllter Blüthe
- weißgestreiften Blättern
- gelbgestreiften Blättern

CXCVI *Pomme de Maliagre*, Menschein- oder Malakrischer Apfel

} haben keine eßbaren Früchte und der

CXCVII Weyhnachts-Apfel bey Elsh. u. a. (der nämlich in der Christnacht blühen und Früchte tragen soll), gehöret in das vegetabilische Fabelreich.

| Fruchtgröße. | Fruchtauge. | Fruchtstiel. | Farbe und Beschaffenheit der Haut. | Fleisch. | Saft. | Geschmack und Geruch. | Kernen und Kernhaus | Zeit der Reife. | Güte und Werth. |
|---|---|---|---|---|---|---|---|---|---|
| fast rund, $1\frac{1}{4}''$, $1\frac{1}{2}''$. Wm. | klein, platt. Wm. | kurz und dünne. | glatt, einer Seits gelblich, auf der andern röthlich und dunkler gestreift. Wm. | - - | - - | - - | - - | - - | - - |
| $1\frac{3}{8}''$, $1\frac{1}{8}''$. rund Wm. | flach. | kurz, dünne. | grün und gelblich oder weißlich. | | | | | | |
| $1\frac{3}{4}''$, $1\frac{1}{2}''$. rund Wm. | flach. | kurz, dünne. | grünlichgelb und roth wie Api. | | | | | | |
| $2\frac{1}{4}''$, $2''$. platt Wm. | klein, nicht gar tief. | $\frac{1}{2}''$ lang, dünne. | glatt, gelb, die Sonnenseite rothgelblich und bräunlich, roth gestreift, welches bis ins hell braunrothe anwächst. Wm. | | | | | | |

 E. Aepfel

E. Aepfel deren bloße Namen in den Obstverzeichnissen anzutreffen, ohne daß mir bekannt geworden, welchen Haupt- oder Nebenarten sie zugehören.

I. Diejenigen aus H. Hessens Gartenlust von 1690. so im vorhergehenden noch nicht angemerket sind:

| | H. Hessens Namen | wo solche bey andern vorkommen | muthmaßliche Bedeutung einiger derselben |
|---|---|---|---|
| 1 | Pomme d'Adam | Kirſ. | nämlich Adams-Apfel. |
| 2 | d'Ange | | die Frucht des Apfelstrauchs Gesu. |
| 3 | d'Apollo | | |
| 4 | de Babithet | | |
| 5 | de Boucaut | - - | Faß- oder Tonnen-Apfel. |
| 6 | Bec d'Oiseau | | |
| 7 | de Belo | | |
| 8 | Gros blanc | | s. LXXI. 2. CLXVII. 7. E. X. §. 15. |
| 9 | Blanc d'Espagne | - - | der geschminkte. (17. |
| 10 | Blandureau | | |
| 11 | de Boissy | | |
| 12 | Camoisée blanche | v. Oosten Vlaamse Kamoes | geräucherter oder rauchschwärzer. vergl. N. CXXX. |
| 13 | Camoisas do Roi d'Espagne | | vergl. E. XI. 1. |
| 14 | Cannelas | | Eck- oder Zimmt-Apfel. |
| 15 | Carmagnolles | | |
| 16 | de Choux | | |
| 17 | Cincentois | | |
| 18 | de cinq cartrons | | |
| 19 | Cliquet | Kirſ. | Klapper-Apfel. |
| 20 | Coqueret | - - | der wie Judenkirschen aussieht oder schmeckt. |
| 21 | Corneille d'Automne | - - | Herbst-Krähen-Apfel. |
| 22 | de Cyre | Kirſ. | |
| 23 | Dauqueilles | | |
| 24 | Dens de Dordanne | | |
| 25 | Escarlatte | - - | Scharlach-Apfel. |
| 26 | d'Espagne | | s. E. XI. 1. |
| 27 | Espinay | - - | Dornen-Apfel. |
| 28 | Etrangère | | |
| 29 | Fleur de May | | |
| 30 | St. Florent | | |
| 31 | de Fosse | | |
| 32 | du Fuchere | | |
| 33 | de Garanne | - - | vermuthlich roth, weil der Krapp einigermaßen so färbet. |
| 34 | Girondelle ou de Vert | | viell. Girandette N. LXIII. |
| 35 | de Gitost | | |
| 36 | Grain de Boeuf | | |
| 37 | Grappe-cal | Kl. Elsh. | Crap-Cal, soll wohl der Hahnbutten-Apfel seyn. |
| 38 | de Grenade | - - | dem Granat-Apfel ähnlich. |
| 39 | de Grillot | - - | Grillen- oder Heuschrecken-Apfel. |
| 40 | Hurlova | | |
| 41 | de Jayes | - - | Agat-Apfel. |
| 42 | de Judes | | |
| 43 | large d'Allemagne | | Breitlings-Apfel. |
| 44 | de Luquet | - - | Klinken-Apfel, CLXXXIX. |
| 45 | de Loup | | |

| | H. Hessens Namen | dieselben bey andern | muthmaßliche Bedeutung einiger derselben |
|---|---|---|---|
| 46 | Pomme de Lourdeaut | | |
| 47 | de Louys | | |
| 48 | Lugelle | | |
| 49 | Malingre | - - | der Unpäßliche. |
| 50 | Mere ou grosse femme | | |
| 51 | Metairie | - - | Cossäthen-Apfel. |
| 52 | Mignonne | - - | Favorit-Apfel. |
| 53 | Passe-tout | v. K. näml. | present passetout. |
| 54 | de Perche | - - | Meßletten-Apfel. |
| 55 | Pigron | | |
| 56 | Pomasse | | |
| 57 | Raclée | | |
| 58 | de Resne | - - | Thiere-Apfel. |
| 59 | de Richart | Kl. grand Richard | reicher Leute Apfel. |
| 60 | Robillard | Kirſ. | der lustigmachende Apfel. |
| 61 | Rousseau | - - | der rothköpfige. |
| 62 | de Rome, ou Romagne | | |
| 63 | de Rondurant | | |
| 64 | Rouveau | - - | vielleicht Rouvezau. s. CLVIII. |
| 65 | Rojale | v. O. | Konings-Appel. |
| 66 | de Santé | - - | Arzney-Apfel. |
| 67 | Taponelle | v. Ot. näml. | P. Tappe, CXXXIII. 5. Zapfen-Apfel. |
| 68 | Tendre douce | | |
| 69 | Tendre acide | | |
| 70 | de Turban | - - | der Muselmännische. |
| 71 | Vermeillon ou de Dieu | | Herrgotts-Apfel. N. CLXXXVI. |
| 72 | de Vignancourt | | |
| 73 | d'Yeux ou Gros-Yeux | v. K. | Groene Wytoog. Rode Wytoog. v. O. und v. K. |

### II. Aus dem *Nederlandsen Hof, van Oosten, Leyden* 1703.

| | v. Oostens Namen | wo solche noch vorkommen | muthmaßliche Bedeutung oder Anmerkungen |
|---|---|---|---|
| 1 | Adegeester Paapje de Gitze | - - | grauer Pfaffen-Apfel. |
| 2 | Andries-Appel Pomme de St. André Banket-Appel | vL. geele of rode | |
| 3 | Affendelsft, soete | vL. | |
| 4 | Appel van Dresden | | |
| 5 | Soete Appel, van't Waerdse Verlaat | vL. | |
| 6 | Grote Gerrit Janse | vL. | |
| 7 | Braakel Soete-A. | | |
| 8 | Baak-A, Somer en Winter | vL. | s. CXXIX und CXLVIII. |
| 9 | Brouwer-Appel | vL. | |
| 10 | Delikate Kelienaar | vL. swrte Pl. | der Cölner Apfel. |
| 11 | Domines-Appel | vL. | Prediger-Apfel. |
| 12 | Dirk Vaars Soet | | |
| 13 | Franse roode | | |
| 14 | Grote Franse soete | vL. | |
| 15 | Gerrit Gay-Appel | vL. | |
| 16 | Grauwe Engelse van der Laan | | |
| 17 | - - soete | | |
| 18 | Grote Soet, van van Eyk | vL. | |
| 19 | Hall soet, half suur | vL. Elsh. | Bizard, Wh. Christlands-Apfel. |
| 20 | Hennegouwe witte | vL. Elsh. | |
| 21 | - - roode | | |
| 22 | - - franse | | |
| 23 | - - soete | vL. | |
| 24 | Hofvliet | | |
| 25 | Katalonje-Appel | vL. | Somer-Catalonier Moerbed. |
| 26 | Korvel-Appel | Kervel vL. | |
| 27 | Soete Klapstaart, | suure vL. | |
| 28 | Soete Kleydaal | vL. suure vL. | |
| 29 | Lantaarn Soet | vL. | |
| 30 | Linden-Soet | vL. | |
| 31 | Makray-Suur | vL. | |
| 32 | Dubbelde Mey-Suur | | |
| 33 | Mooy-Altjes-Appel | | |
| 34 | Mooy-Bogertje | | |
| 35 | Nel Swyn | - - | vermuthlich Nelguin. |
| 36 | Pallas-Appel | vL. | |
| 37 | Paternoster-Appel | Elsh. | |
| 38 | - - soete | vL. | |
| 39 | Persik-Appel van Weesop | vL. | |
| 40 | Pluiskes-Appel | vL. | |
| 41 | Rondom lelyk | - - | rings um häßlich. |
| 42 | Rode Boukelaar (Rou Bonklaar) | vL. Pl. | of Guiliker Pl. |
| 43 | Grote Roterdamer | vL. | |
| 44 | Schaager-Maagd | vL. | |
| 45 | Sees-Appel van vier Couleurs | | |
| 46 | Suiker de Mast | vL. ndml. | Suiker Damast. |
| 47 | Spaarwyker | vL. ndml. | Spaarwyker soete rode Pipping. |
| 48 | Superintendent-A. | | |
| 49 | Witte Soet | vL. | |

### III. Aus dem *Almanach der Hoveniers door C. S. A. v. L. Amsterdam* 1762. die im vorhergehenden noch nicht vorgekommen sind.

| | | | |
|---|---|---|---|
| 1 | Gulde Mundy | | |
| 2 | Soete Ermgaart | | |
| 3 | Spaans Suur | - - | Spanse Soete Pl. |
| 4 | Soete Pietercely-A. | | |
| 5 | Gouvernante de France | - - | |
| 6 | Starrevelds Soet | | |
| 7 | Suure Tendent | | |
| 8 | Bleumeling | | |
| 9 | Bourgonjon | | |
| 10 | Gravinne Soet | | |
| 11 | Mariengal | | |
| 12 | Pet-Soet | | |
| 13 | Mey-Suur | | |
| 14 | dubbelde | | |
| 15 | Mey-Soete | | |
| 16 | witte | Pl. | |
| 17 | Spiegel-Appel | | |
| 18 | Gulde Floers | | |
| 19 | Jeroen-Soet | | |
| 20 | Kofyn-Appel | | |
| 21 | Soete Neantjes van bevering | | |
| 22 | Soete Vriend-Appel | | |
| 23 | Conchenille Appel | | |
| 24 | Groote Mogol | | |
| 25 | Soete Goud-Appel | | |
| 26 | Orange-Suur | | conf. E. II. 19. |
| 27 | Suyker-Suur | | |
| 28 | Appel uit den Oosten | | |
| 29 | Bette roode soete | | vermuthlich Courpenda. |
| 30 | Campanier-Appel | | |
| 31 | Soete Ritsert | | |
| 32 | Merveille van Portland | | |
| 33 | Ridder-Soete | | |
| 34 | Appel van Gertruidenberg | | |
| 35 | Merveilleuse | | |
| 36 | Merveille de Delft | | |

IV. Aus dem Verzeichnisse: *van Nieuwkerk en van der Linden tot Harlem 1775.*

| | | | | | |
|---|---|---|---|---|---|
| 1 | Bloemmé | | | | |
| 2 | Bonte van der Mey | | | | |
| 3 | Diepenbroekze Aagt | | | | |
| 4 | Dubbelde Margotte | | | | |
| 5 | Merveille du Monde | | | | |
| 6 | Sans-Pareille | | | | |
| 7 | Soete Kanser | | | | |
| 8 | Swarte Engelsche | | | | |

V. Aus dem Verzeichnisse *Simon Moerbeek tot Harlem.*

| | | | | | |
|---|---|---|---|---|---|
| 1 | Bonthout en bonte Appel | | | | |

VI. Aus *Chr. van Groot* Verzeichnisse *tot Amsterdam.*

| | | | | | |
|---|---|---|---|---|---|
| 1 | Roode Goelken | | | | |

VII. Aus Joh. and Marnb. Klefeker Verzeichnisse zu Hamburg.

| | | | | | |
|---|---|---|---|---|---|
| 1 | Passe Pomme blanche clair | | | | |
| 2 | - - angulair | | | | |
| 3 | Pomme naillif | | | | |
| 4 | Pomme d'Olive | | | | |
| 5 | Pomme graise | | | | |
| 6 | Courtpendu long | | | | |
| 7 | Grand blanc | | | | |
| 8 | Beurre longue | | | | |
| 9 | de Bretagne verd | | | | |
| 10 | Bulderhusen | | | | |
| 11 | Pracher-Apfel | | | | |
| 12 | Prager Apfel | | | | |
| 13 | Wiener Apfel | Rh. | CLXXIIX. | | |
| 14 | Zipliner Apfel | | | | |
| 15 | Trab- oder Trauben-Apfel | | conf. E. XI 3. | | |
| 16 | Römischer Kinker | | | | |
| 17 | Wülschens Apfel | | | | |

VIII. Aus Märkischen Verzeichnissen.

| | | | | | |
|---|---|---|---|---|---|
| 1 | Belle jaune | | | | |
| 2 | Curpe | | | | |
| 3 | Tussaut | | | | |
| 4 | Traniola | | | | |
| 5 | Leopoldus verd | | | | |
| 6 | Pomme Rojale | | | | |
| 7 | Reinette de Cipe | | | | |
| 8 | Pomme Corber | | | | |
| 9 | See-Apfel | | | | |
| 10 | Sommer-Redoute | | | | |
| 11 | Versilberte Renette | | | | |
| 12 | Kaiser-Krone x. | | | | |

IX. Aus dem Verzeichnisse der Obstgärten zu *Smithuysen*, nebst den mir davon mitgetheilten Nachrichten.

| | | | |
|---|---|---|---|
| 1 | Diezer-Appel | | |
| 2 | Steen-Appel | — — | vielleicht Stone Pippin. |
| 3 | Lekkerbetje | so groß wie eine Wälsche Nuß, sehr lecker süß. | |
| 4 | Piramene | von Form wie ein Rothocker, aber von Farbe grau. | |
| 5 | Belemnit | ist kegelförmig. | |
| 6 | Droolter-Soete | schmeckt gewürzhaft und geht beym Kochen nicht aus einander wie andere süße Aepfel. | |
| 7 | Hermaennike | etwas größer als Api, hart, langstielig, dauert bis Jacobi. | |
| 8 | Soete Betauwer of Voyers-Soete | | |
| 9 | Brabander enkelde en dubbelde | grau und süße wie Honig. | |
| 10 | Pomme d'Admerveiller | | |
| 11 | Capell-Appel | ist länglich, gelb mit rothen Backen. | |
| 12 | Nassauer Appel | | |
| 13 | Kramer-Appel, enkeld en dubbeld | schön, platt, klein, süße. | |
| 14 | Soete Hullander | | |
| 15 | Soete Kruyeling | gewürzhaft. | |
| 16 | Wouteling (Wutering Elsh.) | wie Borstorfer, aber doppelt so groß. | |
| 17 | Briener Soete | | |
| 18 | Soete Mönnik | | |
| 19 | Smithouise-Tafel-Appel | | |
| 20 | Soete Smithouiser | | |
| 21 | Soete Jousfakker of Soete Jonkerkes | länglich, spitz, schlecht. s. E. XI. 7. | |
| 22 | Maagde-Soet | | |
| 23 | Manjere-Appel | | |
| 24 | Luner-Appel | bunt gestreift, süße, hart. | |
| 25 | Moden-Appel | | |
| 26 | Appel van Metz | | |

X. In

X. In *L'Art de cultiver les Pommiers et les Poiriers et de faire des Cidres selon l'usage de la Normandie, par Mr. le Marquis de Chambray. a Paris 1765.* stehen folgende 52 Namen von Aepfeln.

| | | |
|---|---|---|
| | a) Sommer-Aepfel. | |
| 1 | L'Ambrette | conf. Fenouillet, Gewürz-A. 2c |
| 2 | Le Renouvellet | |
| 3 | La Belle fille | s. CLXXXII. |
| 4 | Le Jaunet | |
| 5 | Le Blanc. | conf. Weißling. |
| | b) Herbst-Aepfel. | |
| 6 | Le Fresquin | |
| 7 | La Girouette | |
| 8 | La Haute-branche | |
| 9 | Le Long bois | s. XXXI. |
| 10 | L'Avoine | conf. Orgeran u. Tarw-Appel |
| 11 | Le Gros-adamblanc | s. E. L 1. |
| 12 | Le Doux-eveque | |
| 13 | Le Rouget | |
| 14 | L'Ecarlatte | s. E. L 25. |
| 15 | Le Blanc-molles | |
| 16 | Le Bedan | |
| 17 | Le Petit-manoir | |
| 18 | Le Saint-George | |
| 19 | Le Gros-amer doux | conf. Weidenbeich. |
| 20 | Le Petit amer doux | |
| 21 | Marie-la-douce. | |
| | c) Winter-Aepfel. | |
| 22 | La Peau-de-vache | |
| 23 | L'Alouette rousse | |
| 24 | L'Alouette blanche | |
| 25 | La Colte | |
| 26 | Le Blagny | |
| 27 | Le Blanc-duré | s. LXXI. 2, CLXVII. 7. |
| 28 | L'Adam | s. E. L. 1. |
| 29 | Le Doux-reté | s. CIX. |
| 30 | Le Mattois | |
| 31 | Le Pepin | s. IV. |
| 32 | Le Doux-veret | s. CIX. |
| 33 | Le Closente | |
| 34 | La Rousse | s. LXXXII und LXXXIII. |
| 35 | La Reinette-douce | |
| 36 | Marie-honfroy | s. CXIII. |
| 37 | Le Rambouillet | |
| 38 | Le Pied de Cheval | |
| 39 | Le Gros-coq | |
| 40 | L'Equieulé | s. LXXVII. |
| 41 | L'Epicé | |
| 42 | L'Ante au gros | |
| 43 | Le Bon-valet | |
| 44 | Le Saint-Bazile | |
| 45 | Le Muscadet | s. XXIX. 1. |
| 46 | L'Amer-mousse | |
| 47 | Le Petit-moulin-a-vent | |
| 48 | La Petite-chappe | |
| 49 | Le Rebois | |
| 50 | Le Grou | |
| 51 | La Germaine | |
| 52 | La Sauge. | |

XI. Aus *Menzelii Lexico Plantarum* merke folgende mir unbekannte Aepfelnamen an.

| | | |
|---|---|---|
| 1 | Spanischer Apfel | Camnisa, Camnisea Hispanorum Gesn. |
| 2 | Ungarischer Apfel | Hungarica. |
| 3 | Trabiner Apfel | Sanguinea maiora Holsm. |
| 4 | Melonen-Apfel | Melonia Coler |
| 5 | Naum-Apfel | Paterniana Cord. |
| 6 | Par- oder Perl-Apfel | Parelea. |
| 7 | Junker-Aepfel | Nobilia. |
| 8 | Königs-Aepfel | Regalia. |
| 9 | Königinn-Aepfel | Regmalia. |

Die durch Abschreiben oder auch wohl mit Vorsatz offenbar verderbte Französische oder andere Namen aus den übrigen Verzeichnissen habe ich gänzlich weggelassen.

F.

## Versuch einer Einthei

nach Beschaffenheit der Haut und

Die Aepfel

| I. eine rauhe Haut, die gleichsam rostig oder mit einem Gewebe überzogen scheint, deren giebt es | | | II. haben zwar eine glatte Haut, sind aber durch Puncte, Flecken, Gewebe, Warzen, oder andere Abzeichen ziemlich zu unterscheiden. | | |
|---|---|---|---|---|---|
| 1) Säuerliche | 2) Parfümirte, oder von besonders eigenem Geschmacke | 3) Süße | 1) Säuerliche. | 2) Parfümirte oder von eigenem Geschmacke. | 3) Süße. |
| feste \| milde | feste \| milde | feste \| milde | feste \| milde | feste \| milde | feste \| milde |
| jede wiederum | jede derselben | jede wiederum | jede wiederum | jede derselben | jede wiederum |
| a) herbe<br>b) weinsäuerlich<br>c) angenehm sauer<br>d) süßsäuerlich | a) nach Gewürz riechend u. schmeckend<br>b) nach Blumen riechend<br>c) lebhaft erfrischend<br>d) von besonderm, nicht zu beschreibendem Geschmacke. | a) süße und aromatisch<br>b) angenehm süße<br>c) widerlich süße<br>d) wässerig und unschmackhaft | a) herbe<br>b) weinsäuerlich<br>c) angenehm sauer<br>d) süßsäuerlich | a) nach Gewürz riechend oder schmeckend<br>b) nach Blumen riechend<br>c) lebhaft erfrischend | a) süße und aromatisch<br>b) angenehm süße<br>c) widerlich süße<br>d) wässerig und unschmackhaft |
| | siehe Tafel I. | | | siehe Tafel II. | |

## lung der Aepfel

den Eigenschaften ihres Fleisches.

haben

III. haben eine ganz glatte Haut und unterscheiden sich nur durch Farben und Schattirungen; und zwar sind solche entweder: glatt, aber ohne Glanz, oder sie sind glatt und glänzend.

| 1) Säuerliche | 2) Parfümirte oder von besonderm Geschmacke | 3) Süße |
| --- | --- | --- |
| feste \| milde \| locker | feste \| milde \| locker | feste \| milde \| locker |
| jede derselben wiederum | jede derselben | jede derselben wiederum |
| a) herbe<br>b) weinsäuerlich<br>c) angenehm sauer<br>d) süßsäuerlich | a) nach Gewürz riechend oder schmeckend<br>b) nach Blumen oder deren Wurzeln riechend<br>c) mit lebhaftem Safte, den man weder süß noch sauer nennen kann<br>d) von ganz besonderm Geschmacke | a) süße und gewürzhaft<br>b) angenehm süße<br>c) unangenehm oder widerlich süße<br>d) wässerig und unschmackhaft |

und von jeder der letztern Abtheilungen haben die Aepfel

entweder: α) fünf enge Kernfächer
β) fünf weite Kernfächer s. III 2
γ) nur vier Kernfächer s. III 3
δ) mehrere Kernen als andere s. III 4
oder ε) sie sind gar ohne Kerne s. III 5

siehe Tafel III.

f) Aepfel mit rauher, rostiger oder überwebter Haut sind folgende und zwar

| 1) Säuerliche | | 2) Parfümirte | | 3) Süße | |
|---|---|---|---|---|---|
| Feste | Milde | Feste | Milde | Feste | Milde |
| 1 Grauer Renett<br>2 Grauer Renett aus Champagne oder<br>3 Orleans<br>4 der Birn-Apfel des D.H.<br>5 Berntjes-Apfel<br>6 Grauer Rabau | 7 Grüner Renett<br>8 Gold-Renett<br>9 Ein Jahr dauernder Kruppertrain<br>10 Zwey Jahr dauernder oder Engl. Johan-Apfel | 11 Die grauen<br>12 gelben und<br>13 weißen Anis-Aepfel | 14 Renett von Bretagne<br>15 Renett von Monbron<br>16 Non-Pareil-Renett<br>17 Gelber u. Grauer<br>18 süßer Renett<br>19 Grauer Kurzstiel | 20 Der süße Anis-Apfel und<br>21 der Süß-Apfel des Kn., desgl.<br>22 dessen süßer Berntjes-Apfel<br>23 und der Petit-Bon | 24 der Castanien-<br>25 und Carthäuser-Apfel des Zink<br>26 desgl. der Pomme de Croquet der C. |

k) Aepfel mit glatter Haut, aber durch Puncte, Flecken, Gewebe, Warzen oder andere Abzeichen, von ganz glatten unterschieden.

| 1) Säuerliche | | 2) Parfümirte | | 3) Süße | |
|---|---|---|---|---|---|
| Feste | Milde | Feste | Milde | Feste | Milde |
| 1) Drap d'or<br>2) Non-Pareil<br>3) Haute Bonté<br>4 Doppelter Paradis-Apfel<br>5 Stettiner<br>6 Braunrother Herren-Apfel | 7 Sicilianischer Renett<br>8 Renett von Aizerna<br>9 Capendu<br>10 Neigain<br>11 Rosen-Apfel (der gelbe Kn.)<br>12 Frauen-Apfel<br>13 Brand-Apfel<br>14 Scheiben-Apfel<br>15 Gold-Apfel | 16 Englischer oder goldner Pipping<br>17 Borsdorfer<br>18 Weißer Kurzstiel<br>19 Renett von Sorgvliet | 20 Früher und<br>21 Später gelber Renett<br>22 Grauer Pipping | 23 Wyker-Pipping | 24 Süßer Kantjes<br>25 Grauer Birnsüßer<br>26 Süßer Brand-Apfel |

ll) Aepfel

III) Aepfel mit glatter Haut, die blos durch ihre Farben und Schattirungen zu unterscheiden sind mit engen Saamenfächern.

| 1) Säuerliche | | | 2) Parfümirte | | | 3) Süße | | |
|---|---|---|---|---|---|---|---|---|
| Feste | Milde | Locker | Feste | Milde | Locker | Feste | Milde | Locker |
| 1 die Jungfer-<br>2 Rosen- und<br>3 Paläche-Aepfel<br>4 der einfache rothe Paradis-Apfel<br>5 Gelbe Stettiner<br>6 Berliner<br>7 Hartung<br>8 Eis-Aepfel desgl.<br>9 der Engländ. Margareth-Apfel<br>10 die Engl. Muffers<br>11 u. der Kentter Pipping | 12 Sommer-Borsdorfer<br>13 Rambour von Orleans<br>14 Quitten-A.<br>15 Hechte-A.<br>16 Blumensaurer<br>17 die Canfinetten<br>18 Kron- und<br>19 Kreuz-Aepfel<br>20 Nelken-A.<br>21 Bellefleur<br>22 die Parmains<br>23 Postophen<br>24 Eyer-<br>25 Hiefen-<br>26 Prinzeß- u.<br>27 Zitron-Aepfel | 28 der schwarze Borsdorfer<br>29 und Api<br>30 Francatu<br>31 Sommen-A.<br>32 Stettiner<br>33 Stern- und<br>34 Martins-Aepfel<br>35 Sommer-Paradis<br>36 Holl. Margareth-Aepf.<br>37 Krieger-A.<br>38 Hardi<br>39 Schmeer-Apfel<br>40 Bukenling<br>41 Wildjes<br>42 Sauer-Ribbling<br>43 Orgenan<br>44 Schweizer-Apfel | 45 der kleine u.<br>46 große Api<br>47 der braunrothe Französische Renett<br>48 Fürsten-Apfel<br>49 Enkhuyser Aaat<br>50 Peperling | 51 der weiße<br>52 und Französische Renett<br>53 Rother Kurzstiel<br>54 Weißer Pigeon<br>55 die Passe-Pommes<br>56 Taffet- und<br>57 Schnee-Ae.<br>58 Edle Prinzessin<br>59 Seiden-Hemdgen<br>60 Petit-Faros<br>61 Weißer<br>62 Rother und<br>63 Gewürz-Pipping | 64 Grüner Pigeon | 65 Süßer Kurzstiel<br>66 Doux oder Süß-Apfel D.H.<br>67 die grünen<br>68 und rothen Süß-Aepfel<br>69 Dolphyn | 70 der Engl. Codling<br>71 die süßen Gülderlinge<br>72 die Blumensüßen<br>73 Hohlsüßen Zucker-Aepfel<br>74 süße Hiefen-Aepfel<br>75 Mertkops süßer<br>76 Torten-A. | 77 Wert-Renett<br>78 Süßer Sammen-A.<br>79 Weißer Birnsüßer<br>80 Gelber Zucker-Apfel<br>81 Süßer Paradis-Apfel<br>82 Gelber süßer Schwanen-Apfel<br>83 Süßer Brand-A.<br>84 Süßer Prinzeß-A. |

III 2 Aepfel mit glatter Haut und weiten Saamenfächern.

| 1) Säuerliche | | | 2) Parfümirte | | | 3) Süße | | |
|---|---|---|---|---|---|---|---|---|
| Feste | Milde | Locker | Feste | Milde | Locker | Feste | Milde | Locker |
| 1 Die Pauliner<br>2 Gelbe Herrn<br>3 und gelben Schlotter-Aepfel | 4 Weiße, roth<br>5 und gelbe Gülderlinge<br>6 Weiße, Herren-<br>7 Kaiser- und<br>8 Carlin-Aepf.<br>9 Rambour<br>10 Weißer Gewürz-Apfel<br>11 Schwanen-<br>12 Kranich-<br>13 Papageyen<br>14 Klapper-<br>15 Grüne und<br>16 Rothe Schlotter- u.<br>17 Glocken-Aepfel | 18 Cardinal-<br>19 Teller-<br>20 Wein-<br>21 Einfache u.<br>22 Doppelte Gewürz-<br>23 Frühe rothe Herren- und<br>24 Weiße Schlotter-Aepfel.<br>25 Weiße Platte<br>26 die Erdelinge<br>27 Castriet<br>28 Span. Gülderlinge<br>29 Rothe Sommer- u. Herbst-<br>30 Weiße<br>31 Sorsser- u. Bastard-Calville<br>32 Coeur boeuf | | 33 Großer Engl. Renett<br>34 Rother und<br>35 Weißer<br>36 Herbst- und<br>37 Winter-Calville<br>38 Oster-Apfel<br>39 Gelber<br>40 Französisch-<br>41 Grauer u.<br>42 Doppelter Gülderling<br>43 Tiefbutz<br>44 Violette | | 45 Gros-Faros<br>46 Süßer und<br>47 Doppelter<br>48 süßer Gülderling | 49 Süßer Bobbert | 50 Rosenhäger<br>51 Süßer Eperling<br>52 Süßer Ribbert |

III 3 Vier Kernfächer haben insgemein:

1 Pigeonnet
2 Pigeon
3 Sommer-Postophe und
4 Der Zwerg-Renett.

III 4 Mehr Kerne als andere haben:

1 Der rothe Renett
2 Der rothe Sorsser-Passe-Pomme und
3 Holaart oder der Zimmt-Apfel.

III 5 Ohne Kerne ist:

1 Der Feigen-Apfel.



G. Versuch

## G. Versuch eines Aepfelverzeichnisses nach den Farben der Haut,

welchem noch andere Eigenschaften beygefüget sind, um die Früchte bey dem Genusse einigermaßen zu unterscheiden und zu erkennen:

| Grundfarben und Schattirungen. | Namen. | Form. | Größe. | Fleisch und Güte. | Eßbarkeit |
|---|---|---|---|---|---|
| Mit rauher Haut: | | | | | |
| Olivengrün einer, und rothgelblich anderer Seits, mit grauem Gewebe — | 1 Grauer Renett | platt - - | groß - - | gelblich - I R. | Jan. – März rc. |
| | 2 Birnen-Apfel D.H. | platt und ribbig | groß - - | - - III - | Jan. – März rc. |
| | 3 Krappe-Krum oder ein Jahr dauernder | hyperbolisch, eckig | groß - - | gelblich - I - | bis August. |
| | 4 Grüner Renett | platt - - | groß - - | grüngelblich II - | Februar, März. |
| | 5 Süßer grauer Renett Kn. | hyperbolisch - | groß - - | - - I - | Januar, Februar. |
| | 6 Non-Pareil-Renett. | hyperbolisch - | groß - - | grüngelblich I - | Januar, Februar. |
| Grünlichgelb, citronengelb, mit braunem Gewebe — | 7 Gold-Renett Kn. | platt - - | groß - - | weißl. wie Borsd. I - | Februar, März. |
| | 8 Süßer Gold-Renett | hyperbolisch - | groß - - | - - III - | Januar, Februar. |
| | 9 Gelber Anis-Apfel | hyperbolisch - | mittelmäßig - | gelblich - I - | Januar, Februar. |
| | 10 Weißer Anis-Apfel | hyperbolisch - | — — | - - I - | — — |
| | 11 Süßer Anis-Apfel | hyperbolisch - | groß - - | - - III - | Januar, Februar. |
| Grau, fahlröthlich, braunroth gestreift, schmutzig — | 12 Der kleine graue Anis | hyperbolisch - | mittelmäßig - | weißgelblich I - | Januar – März. |
| | 13 Der große graue Anis | hyperbolisch - | groß - - | weißgelblich I - | Januar – März. |
| | 14 und ihre Varietäten | | | | |
| | 15 Grauer Champagner Renett. | platt - - | mittelmäßig - | weißgelblich I - | Januar – März rc. |
| Dunkelgrau, braunroth, schmutzig. | 16 Grauer Kurzstiel | platt - - | groß - - | weißgelblich I - | Januar, Februar. |
| | 17 Renett von Montbron | hyperbolisch - | groß - - | - - I - | Februar, März. |
| | 18 Grauer Rabau | hyperbolisch - | groß - - | - - IV - | December, Januar. |
| | 19 Bernzes-Apfel | platt - - | klein - - | - - IV - | Februar, März. |
| | 20 Suß-Apfel. | hyperbolisch - | klein - - | - - IV - | Februar, März. |
| | 21 Castanien-Apfel | platt - - | mittelmäßig - | grünlich - IV - | — — |
| | 22 Carthäuser | platt, eckig - | groß - - | - - IV - | November. |
| | 23 Petit-Bon. | parabolisch - | klein - - | - - I - | — — |
| Blaßroth, dunkler roth, rings um punctirt und gestreift — | 24 Bretagner Renett | platt, eckig - | groß - - | weißgelblich I - | December. |
| Glatte Haut mit Abzeichen: | | | | | |
| Goldgelb — | 25 Englischer Pipping | platt, roth punctirt, etwas rostig | mittelmäßig - | gelblich - I - | Januar, Februar. |
| Hellgelb — | 26 Gelber früher Renett | platt, mit braunen Puncten u. Warzen | mittelmäßig - | gelblich - I - | October, November. |
| | 27 Renett von Aizema | hyperbolisch, mit braunen Flecken | groß - - | gelblich - I - | Januar, Februar. |
| | 28 Rosen-Apfel, gelber. | parabol. eckig, braun gefleckt und Warzen. | groß - - | gelblich - I - | October, November. |
| Gelb und roth — | 29 Borsdorfer | platt, mit Flecken und Warzen | mittelmäßig - | weißgelblich I - | December, Januar. |
| | 30 Zwibel-Borsdorfer oder Schrib-Apfel | platt, mit Flecken und Warzen | groß - - | weißlichgelb II - | Januar, Februar. |
| | 31 Süßer Scheiben- oder Kantzes-Apfel | platt und wie voriger | groß - - | weißlichgelb III - | December, Januar. |
| | 32 Drap d'or | platt, mit Gewebe od. Zeichnung | groß - - | weißlichgelb II - | Januar, Februar. |
| | 33 Weißer Kurzstiel | platt, mit Fahlgrau überstrickt | groß - - | weiß - I - | October, November. |
| | 34 Grauer Birnensüßer | platt, eckig, mit braune Puncte u. Flecken | groß - - | weiß - III - | September, October. |
| | 35 Renett von Sorgvliet | platt, eckig, wie voriger | groß - - | gelblich - I - | Januar, Februar. |
| | 36 Sicilianischer Renett | platt, mit braunen Puncten u. Warzen | mittelmäßig - | gelblich - I - | Februar – April. |
| | 37 Frauen-Apfel. | platt, mit braunen Flecken. | groß - - | weißgelblich III - | Februar, März. |

Glatte

| Grundfarben und Schattirungen. | Namen. | Form. | Größe. | Fleisch und Güte. | Eßbarkeit. |
|---|---|---|---|---|---|
| Glatte Haut mit Abzeichen: | | | | | |
| Gelblichgrün - | 38 Non-Pareil | hyperbol. mit braunen Puncten u. Flecken | groß - - | gelblich - I R. | Januar - März ꝛc. |
| | 39 Haute Bonté | hyperbolisch, ribbig, wie voriger | groß - - | gelblich - I - | December - Februar |
| Grüngelblich und roth | 40 Renett von Orleans | platt, mit rothen Puncten und Strichen | groß - - | gelblich - I - | Januar - März |
| | 41 Holländischer Pepping | parabolisch, eckig, mit braunen Flecken | groß - - | gelblich - I - | Januar - März |
| | 42 Brand-Apfel, süß und sauer | parabolisch, mit Brandflecken | groß - - | weißlich - IV - | December, Januar |
| Grünlich und braunroth - - | 43 Winter-Paradis-Apfel | hyperbolisch, eckig, mit rauhen Flecken | groß - - | weißgrünlich II - | Februar, März |
| | 44 Braunrother Herren-Apfel | hyperbolisch, ribbig, mit braunen Flecken | sehr groß - | weißgrünlich II - | December - April; |
| | 45 Rother Stettiner | hyperbolisch, eckig, mit Brandflecken | groß - - | weißgrünlich II - | December - April |
| Blaß- und dunkelroth | 46 Capendu | hyperbolisch, eckig, mit vertieften fahlen Puncten. | klein - - | gelblich, unter der Haut röthlich II - | Januar - März |
| Mit glatter Haut. | | | | | |
| Weiß: | | | | | |
| Schneeweiß - | 47 Taffet-Apfel | hyperbolisch - | mittelmäßig - | weiß - I - | Julius |
| | 48 Schnee-Apfel | — — | groß - - | weiß - II - | August |
| Weiß und fleischfarben, in letzeren auch dunkler gestreift - | 49 Pigeonnet | hyperbolisch - | mittelmäßig - | weiß - I - | October |
| | 50 Pigeon | hyperbolisch - | mittelmäßig - | weiß - I - | December - Februar |
| | 51 der bunte und weiße Pigeon | hyperbolisch - | groß - - | gelblich - I - | bis Februar |
| | 52 Rambouillet | hyperbolisch, eckig | groß - - | - - III - | November, December |
| | 53 Weiße Pepping | parabolisch - | groß - - | weiß - IV - | November, December |
| | 54 Weißer Schlotter-Apfel | parabolisch, ribbig | groß - - | weiß - IV - | October - December |
| Weißgelblich, zuweilen an einer Seite roth, oder gestreift, punctirt ꝛc. - | 55 Weißer Sommer- und Herbst-Calville, | hyperbolisch, ribbig | groß - - | weiß - III - | August und Septbr. |
| | 57 Weißer Winter-Calville | — — | groß - - | weiß - I - | Januar - März |
| | 58 Oster-Apfel | — — | groß - - | gelblich - I - | Januar - März |
| | 59 die weißen Gewürz-Aepfel | — — | groß - - | weiß - III - | August, September |
| | 60 Eyer-Apfel | parabolisch - | groß - - | weiß - IV - | October, November |
| | 61 Weißer Herren-Apfel | hyperbolisch, ribbig | sehr groß - | weiß - III - | November, December |
| | 62 Weißer Englischer Gülderling | platt, eckig - | groß - - | weiß - III - | Januar, Februar |
| | 63 Englischer Carolin | hyperbolisch, ribbig | groß - - | weiß - IV - | September, October |
| | 64 Weißer platter Apfel | platt, ribbig - | groß - - | weiß - IV - | September, October |
| | 65 Rambour | platt, eckig - | groß - - | weiß - III - | September, October |
| | 66 Eis-Apfel | hyperbolisch, eckig | groß - - | weiß - III - | Januar, Februar |
| | 67 Zimmt-Apfel und süßer Holaart | platt, eckig - | groß - - | weiß - II - | Februar, März |
| | 68 Grauer Hohlsüßer | parabolisch, eckig | groß - - | weiß - II - | Januar, Februar |
| | | | | grünlich weiß IV - | October, November |
| Weißgrünlich - | 69 Weißer Wein-Apfel | platt, ribbig | groß - - | - - V - | Januar, Februar |
| | 70 Saurer Ribbert | parabolisch, ribbig | groß - - | weißlich - V - | December, Januar |
| | 71 Renett-Weer | platt - - | klein - - | weiß - IV - | October, November |
| Weißgrünlich, etwas roth - - | 72 Rother Wein-Apfel | platt, ribbig - | groß - - | weißgrünlich II - | Januar, Februar. |
| | 73 Winter-Rambour | platt - - | groß - - | | |

| Grundfarben und Schattirungen. | Namen. | Form. | Größe. | Fleisch und Güte. | Eßbarkeit. |
|---|---|---|---|---|---|
| Mit glatter Haut. | | | | | |
| Gelb: | | | | | |
| Dunkelgelb - | 74 Sommer- und | parabolisch, ribbig | groß - - | weißlich - V R. | August, September |
| | 75 Winter-Zitron-Apfel | parabolisch, ribbig | groß - - | gelblich - III - | Februar, März |
| | 76 Gelb und grauer Gülderling | parabolisch - | groß - - | gelblich - II - | December, Januar |
| | 77 Quitten-Apfel | platt, eckig - | klein - - | gelb - I - | September |
| | 78 Gelber Schlotter-Apfel | parabolisch, eckig | groß - - | schneeweiß III - | October, November |
| Schwächer gelb | 79 Martins-Apfel | platt, ribbig - | groß - - | weißlich - IV - | September, October |
| | 80 Süßer Bobbert | parabolisch, eckig | groß - - | - - IV - | November, December |
| Gelblich - | 81 Sommer-Paradis-Apfel | hyperbolisch, eckig | mittelmäßig - | grünlich - VI - | Julius, August |
| | 82 Weißer süßer Hiefen-Apfel | parabolisch, eckig | mittelmäßig - | weißlich - VI - | October, November |
| | 83 Wildjes-Apfel | parabolisch - | mittelmäßig - | - - VI - | Februar, März |
| Dunkelgelb mit grauen Puncten ꝛc. | 84 Später gelber Renett | platt - - | mittelmäßig - | weiß - - I - | Januar, Februar |
| | 85 Melguin | platt - - | groß - - | gelblich - I - | Februar, März |
| | 86 Süßer Ribbert | parabolisch, ribbig | groß - - | weißlich - VI - | December, Januar |
| | 87 der wahre Drap d'or | platt - - | groß - - | gelblich - I - | December |
| Dunkelgelb, braun punctirt und röthlich | 88 Französischer Gülderling | parabolisch - | groß - - | gelblich - II - | November, December |
| | 89 Francatü | platt - - | groß - - | weißgelblich III - | Januar ꝛc. |
| | 90 Palsche-Apfel | platt, eckig - | groß - - | weiß - IV - | Februar, März |
| Gelb und schön roth | 91 Sommer-Borsdorfer od. Gold-Apfel | platt - - | groß - - | weiß - II - | October, November |
| | 92 Jungfern-Apfel | platt - - | klein - - | gelb - II - | November, December |
| | 93 Rother Sommer-Parmain | parabolisch - | mittelmäßig - | gelb - II - | October, November. |
| Gelb und roth, dunkler roth gestreift ꝛc. | 94 Schwanen-Apfel | hyperbolisch, ribbig | groß - - | weiß - V - | October, November |
| | 95 Weißer Cardinals-Apfel | platt, eckig - | groß - - | weiß - III - | Januar, Februar |
| | 96 Rosen-Apfel | platt - - | groß - - | weiß - III - | Februar, März |
| | 97 Violetter | parabolisch - | groß - - | grünlich weiß, etwas röthlich - I - | November – Januar |
| | 98 Castrier-Apfel | hyperbolisch, eckig | groß - - | - - V - | October – December |
| Gelb mit roth gestreift | 99 Die Streiflinge, Sommer- | platt, eckig - | groß - - | weiß, unter der Haut röthlich V - | September, October |
| | 100 Herbst- | — — | groß - - | | November, December |
| | 101 Winter- und | — — | noch größer - | weißgelb - V - | Januar, Februar ꝛc. |
| | 102 süßen | — — | — — | | |
| | 103 Orangen-Apfel | platt - - | klein - - | gelb - II - | December, Januar |
| | 104 Nelken-Apfel | hyperbolisch, eckig | groß - - | weiß - IV - | December, Januar |
| | 105 Berliner Apfel | — — | groß - - | weiß - II - | Januar |
| | 106 Weißer Kaiser | hyperbolisch, ribbig | groß - - | weiß - II - | October, November |
| | 107 Sommer-Confinette | hyperbolisch, eckig | klein - - | gelblich - III - | August, September |
| | 108 Winter-Confinette | — — | klein - - | gelblich - II - | Januar, Februar |
| | 109 Paremena | — — | groß - - | weiß - II - | October, November |
| Gelblich und roth mit Streifen - | 110 Langer Bellefleur | hyperbolisch, eckig | groß - - | weißgelb - II - | December, Januar |
| | 111 Hardi | — — | sehr groß - | weißlich - IV - | Januar – März |
| | 112 Hartung | — — | groß - - | - - IV - | März, April |
| | 113 Rother Carlin | hyperbolisch, ribbig | groß - - | weiß - IV - | October, November |
| Gelblich, blaßroth, fleischfarben, pomeranzenfarben oder blutroth - | 114 Zucker-Apfel | parabolisch, eckig | groß - - | weiß - III - | October, November |
| | 115 Süßer und | — — | groß - - | weiß - IV - | Januar, Februar |
| | 116 Gelbsüßer Gülderling | — — | — — | - - IV - | November, December |
| | 117 Seiden Hemdgen | platt - - | groß - - | weiß - II - | November, December |
| | 118 Gelber Zucker-Apfel | hyperbolisch, eckig | groß - - | weiß - III - | September, October |
| | 119 Süßer Everling | platt, ribbig - | groß - - | weiß - IV - | November, December |
| | 120 Edler Prinzeß-Apfel | parabolisch, eckig | groß - - | gelblich - II - | November, December |
| | 121 Teller-Apfel | platt, eckig - | groß - - | weißlich - IV - | December, Januar |
| | 122 Stern-Apfel | platt, ribbig - | mittelmäßig - | gelblich, unter der Haut röthlich IV - | Februar, März |
| | 123 Wheler's Russet | hyperbolisch - | mittelmäßig - | weißlich - II - | Februar, März |
| | 124 Weißer Passe-Pomme | hyperbolisch, eckig | klein - - | ganz weiß - III - | August, September |

| Grundfarben und Schattirungen. | Namen. | Form. | Größe. | Fleisch und Säure. | Eßbarkeit. |
|---|---|---|---|---|---|
| Mit glatter Haut. | | | | | |
| Gelb: | | | | | |
| Gelblich, blaßroth, fleischfarben, pomeranzenfarben oder blutroth - | 125 Schmeer-Apfel | hyperbolisch, eckig | groß - - | weiß - - IV R. | October, November |
| | 126 Tiefbutz | parabolisch, eckig | groß - - | weiß - III - | November, December |
| | 127 Weißer süßer Silberling | hyperbolisch, eckig | groß - - | weiß - IV - | December, Januar |
| | 128 Krieger-Apfel und | hyperbolisch - | groß - - | weiß - III - | Februar, März |
| | 129 Gelber Herren-Apfel | hyperbolisch, ribbig | groß - - | gelblich - V - | September, October |
| Gelb auf einer, roth auf der andern Seite, rings um roth gestreift. - | 130 Blumensüßer | hyperbolisch - | groß - - | weiß - III - | September, October |
| | 131 Blumensaurer | — — | — — | . . III - | September, October |
| | 132 Winter-Blumensüßer | — — | — — | . . III - | December, Januar |
| | 133 Sommer-Rosette | platt - - | — — | weiß, unter der Haut röthlich - III - | September |
| | 134 Herbst- und marmorirte Rosette | — — | — — | . . III - | Oct. Nov. und Sept. |
| | 135 Rosen-Apfel | — — | — — | weiß - IV - | October, November |
| Gelb und braunroth | 136 Rother Kurzstiel | platt - - | groß - - | gelblich - I - | Januar, Februar |
| | 137 Rosenhäger | platt, ribbig - | — — | weißgelb - III - | November – März |
| | 138 Die einfache, | hyperbolisch, eckig | — — | weißlich - V - | October, November |
| | 139 doppelte und | | | | |
| | 140 Römische Grethe | | | | |
| | 141 Englischer gelber Gülderling | platt, eckig - | — — | schneeweiß - II - | December, Januar |
| | 142 Gelber Pauliner | — — | — — | gelb - IV - | Februar, März |
| | 143 Weißer Herren-Apfel | hyperbolisch, ribbig | sehr groß - | weißlich - IV - | November, December |
| | 144 Gewürz-Pepping | parabolisch - | groß - - | strohgelblich - II - | November, December |
| | 145 Klöpper-Apfel | parabolisch - | groß - - | gelb - III - | November, December |
| Hellgelb mit weißlichen Puncten auf einer, röthlich mit braunen Puncten auf der andern Seite - | 146 Weißer Renett | platt - - | mittelmäßig - | weißgelblich - I - | Januar, Februar |
| | 147 Französischer Renett | platt, eckig - | groß - - | . . I - | Februar – May |
| | 148 Großer Englischer Renette | hyperbolisch, eckig | — — | . . I - | Januar, Februar |
| | 149 Zwerg-Renett | hyperbolisch, ribbig | mehr als mittelmäßig groß - | weiß - II - | Januar, Februar |
| Grünlichgelb und roth | 150 Api | platt, eckig - | klein - - | weiß - I - | März, April |
| | 151 Großer Api | — — | mittelmäßig - | . . II - | März, April |
| | 152 Enkhuyser Zagt | parabolisch - | groß - - | weißgelblich - II - | Februar, März |
| | 153 Dolphyn | hyperbolisch - | groß - - | weiß - II - | December, Januar |
| Gelblichgrün, blaßroth gestrichelt - | 154 Prinzeß-Apfel | parabolisch - | groß - - | grünlichweiß V - | October, November |
| | 155 Sonnen-Apfel, sauer und süße | platt - - | groß - - | weißlich - IV - | December, Januar |
| | 156 Spanischer Gülderling | parabolisch - | sehr groß - | weißlich - III - | Februar, März |
| | 157 Arzney-Apfel | platt, eckig - | mittelmäßig - | weiß - III - | Januar, Februar |
| Grünlichgelb, braun gefleckt, zum Theil röthlich gestreift | 158 Süßer Kurzstiel | platt - - | klein - - | weiß - III - | Februar, März |
| | 159 Doppelter grauer Gülderling | parabolisch, eckig | groß - - | gelblich - IV - | December, Januar |
| | 160 Winter-Parmain | parabolisch - | groß - - | gelblich - II - | December, Januar |
| | 161 Rojal-Parmain | — — | — — | . . II - | December, Januar |
| | 162 Winter-Erveling | platt, ribbig - | groß - - | weiß - IV - | Februar, März |
| | 163 Grauer Pepping | parabolisch - | mittelmäßig - | weiß - III - | December, Januar |
| Grün: | | | | | |
| Hellgrün ec. - | 164 Atlas-Apfel | hyperbolisch, eckig | groß - - | schneeweiß - III - | October, November |
| | 165 Kranich-Apfel | hyperbolisch, ribbig | groß - - | weißgrünlich III - | October – October |
| | 166 Torten-Apfel | platt - - | groß - - | gelblich - IV - | November, December |
| | 167 Kenter Pepping | parabolisch - | groß - - | gelblich - III - | Januar, Februar |
| | 168 Grunecke | — — | groß - - | grünlich - IV - | November, December |

 Mit

| Grundfarben und Schattierungen. | Namen. | Form. | Größe. | Fleisch und Güte. | Eßbarkeit |
|---|---|---|---|---|---|
| Mit glatter Haut. | | | | | |
| Grün: | | | | | |
| Hellgrün, mit schön- od. braunroth - | 169 Wintergrüner Pauliner | platt, eckig - | groß - - | weißlich - IV R. | Februar, März |
| | 170 Grüner Pigeon | hyperbolisch, eckig | — — | - - III - | Februar, März |
| | 171 Engl. Margarethapfel | hyperbolisch - | mittelmäßig - | gelblich - III - | Julius |
| | 172 Apfel von Bondy | — — | groß - - | gelblich - III - | Februar, März |
| | 173 Grüner Stettiner | hyperbolisch, eckig | — — | weiß - III - | Februar, März |
| | 174 Hecht-Apfel | hyperbolisch - | — — | grünlichweiß IV - | Januar, Februar |
| | 175 Schlotter-Apfel | parabolisch, eckig | — — | - - IV - | November, December |
| | 176 Grün und grauer Rambour | platt, eckig - | — — | grünlich - III - | Januar rc. |
| | 177 Pik's Russet | hyperbolisch - | klein - - | gelblich - II - | Februar, März |
| | 178 Süß-Apfel | hyperbolisch, eckig | mittelmäßig - | grünlich - III - | Januar – März |
| | 179 Feigen-Apfel | parabolisch, ribbig | klein - - | grünlich - IV - | Januar – März |
| | 180 Monströser Renett-Apfel | — — | groß - - | gelblich - III - | Januar rc. |
| Roth: | | | | | |
| Blaß oder gelblichroth | 181 Sommer-Postophe | hyperbolisch, ribbig | mittelmäßig - | weiß u. röthlich III - | August, September |
| Blaß- und dunkelroth ohne Streifen - | 182 Winter-Postophe | hyperbolisch, ribbig | groß - - | gelblich - II - | Januar – April |
| | 183 Rother Pauliner-A. | platt, eckig - | groß - - | weiß - IV - | November, December |
| | 184 Rother Cardinals-A. | — — | — — | - - IV - | October, November |
| | 185 Rother Passe-Pomme | hyperbolisch, eckig | klein - - | weiß u. röthlich III - | August |
| | 186 Russet | hyperbolisch - | groß - - | gelblich - II - | Januar – März |
| | 187 Rother Sommer-Calville | hyperbolisch, ribbig | groß - - | weiß u. röthlich II - | August |
| Blaßroth und dunkler mit noch dunklern Streifen od. Flecken | 188 Rother Kron-Apfel | hyperbolisch, eckig | groß - - | sehr gelblich II - | Januar, Februar |
| | 189 Kreuz-Apfel | hyperbolisch, eckig | — — | gelblich - V - | Februar, März |
| | 190 Renett von Bretagne | platt, eckig - | — — | weißgelblich II - | December, Januar |
| | 191 Gros-Faros | platt, eckig - | — — | weiß u. röthlich I - | Januar, Februar |
| | 192 Rother Kaiser-Apfel | hyperbolisch, ribbig | — — | weißlich - IV - | October, November |
| | 193 Rother Schlotter-A. | parabolisch, eckig | — — | weiß - III - | December, Januar |
| | 194 Kleiner Faros | parabolisch - | mittelmäßig - | weiß - I - | Januar, Februar |
| Roth mit grün vermischet, oder wo grün durchschimmert | 195 Rother Hiesen-Apfel | parabolisch - | mittelmäßig - | weiß - IV - | October, November |
| | 196 Rother Gulderling | — — | — — | gelblich - III - | Januar, Februar |
| | 197 Fürsten-Apfel | platt, eckig - | — — | grünlich - III - | Januar – April |
| Roth, ins Gelbe schielend, oder wo gleichsam gelbes durchschimmert - | 198 Rother Herbst-Calville und | hyperbolisch, ribbig | groß - - | weißgrünlich und roth III - | November, December |
| | 199 Rother Winter-Calville und | — — | — — | weiß u. röthlich II - | Januar, Februar |
| | 100 deren Bastarde | — — | — — | - - V. VI - | Januar, Februar |
| | 201 Rother Pepping | parabolisch - | — — | weißlich - III - | November, December |
| | 202 Der rothe Französische Renett und | platt, eckig - | — — | weißgelblich II - | Februar, März |
| | 203 Der braunrothe | — — | — — | weiß - I - | December – Februar |
| | 204 Der frühe rothe Herren-Apfel | hyperbolisch, ribbig | sehr groß - | weißlich - IV - | September, October |
| | 205 Der rothgesprengte Schlotter-Apfel | parabolisch, eckig | groß - - | weißröthlich III - | November – Januar |
| | 206 Der rothe Pigeon | hyperbolisch - | groß - - | weiß - II - | December, Januar |
| Schwarz, nämlich dunkel- oder braunroth, mit noch dunklerer Seite - | 207 Schwarzer Borsdorfer | platt - - | klein - - | weißgrünlich V - | Februar, März |
| | 208 Schwarzer Api | platt, eckig - | mittelmäßig - | weißlich - V - | Februar, März |
| | 209 Pomme noir D.H. | platt - - | klein - - | weiß, unter der Schale röthlich - V - | Februar, März |
| | 210 Schwarzer Rambour | platt, eckig - | groß - - | weißgrünlich VI - | Februar, März |
| | 211 Bräunling | parabolisch - | groß - - | - - VI - | Februar, März |
| | 212 Violette glacé'e | hyperbolisch, eckig | groß - - | weißgrünlich IV - | Januar, Februar |
| | 213 Glacé'e noire | — — | — — | - - IV - | März, April |
| Vielfarbig gestreift, nämlich gelb, grün und roth gestreift | 214 Papageyen-Apfel | hyperbolisch, ribbig | groß - - | grünlich - III - | December, Januar |
| | 215 Weißer Schweizer-A. | — — | sehr groß - | - - III - | December, Januar |
| | 216 Pomme Panachée. | — — | mittelmäßig - | weißlich - III - | December, Januar |

Lateinische

# Lateiniſche Benennungen

## dieſer im Vorhergehenden vorkommenden Aepfelnamen nach eben denſelben Nummern:

| | |
|---|---|
| I. Borſtorfer | Mala Carteſtiana, Porſtorffiana Cord. |
| | Poma Borsdorffiana IB. Flaueſcentia Wm. |
| | Mala fragrantia curtipendula Wm. 704d. |
| | Malus ſatiua Borgsdorffiana, praecox et ſerotina Gl. |
| ſchwarzer Borſtorfer | Malus fructu minimo, globoſo, glabro, nigricante inodoro, brumali. D.H. |
| — Api | Malus fructu paruo, compreſſo, glabro, nigricante inodoro, brumali. D.H. |
| Kohl-Apfel | Mala carbonaria Wm. 706a. |
| III. Vrai-Drap d'or | Malus fructu magno, glabro, forma eximia, rutilato, autumnali. D.H. |
| Drap d'or | Malus fructu medio, aureo, inodoro autumnali. D.H. |
| IV. Golden Pippin | Malus fructu medio, aureo, acido-dulci, brumali. D.H. |
| V. Reinette griſe | Malus ſatiua, fructu ſubrotundo e viridi ferrugineo. Tf. |
| | Malus, fructu magno, compreſſo, cinereo, acidulo-dulci, brumali. D.H. |
| griſe de Champagne | Malus fructu medio, compreſſo, e cinereo fuluaſtro, inodoro, brumali. D.H. |
| VI. Reinette blanche | Malus fructu vix medio albido, acide-dulci, brumali. D.H. |
| VII. Reinette jaune hative | Malus fructu medio, compreſſo, luteo, acide-dolci, autumnali. D.H. |
| VIII. Reinette jaune tardive | Malus fructu medio, compreſſo, flauo, acido-dulci, brumali. D.H. |
| IX. Courtpendu gris | Curtipendula Gallorum CB. Poma Capendua Ruell. |
| | Mala, Curdipendula dicta. JB. |
| | Curtipendulum, ſeu Capenduum, malus, cui cutis ſuberocea maculis verrucoſis ſertens: durat biennium. Jonſt. |
| | — — minus, quae Curtio Capendina. Jonſt. |
| | Cortipedaneum, ex inſitione forte Curtipendali etc. Jonſt. |
| | Malus ſatiua, fructu pediculo fere carente. Tf. |
| | Pyrus malus coſtiana. Linn. |
| | Malus fructu medio cinereo, maculis rubro fuſcis ad ſolem diſtincto brumali. D.H. |
| Courtpendu rouge | Malus fructu hinc atro rubente, inde purpureſcente, brumali. D.H. |
| XII. Francatu | Poma francatura. Ruell. |
| | Malus ſatiua, fructu globoſo, partim rubro, partim luteo, ex acerbo ſubdulci. Tf. |
| XIV. Jungfern-Apfel | Malum virgineum acidum. JB. |
| XXI. Chataigner | Poma Caſtinia. Ruell. |
| | Malus ſatiua, fructu oblongo, duro, caſtaneae ſapore. Tf. |
| XXII. Kreislinge, Bieckenbrunner | Mala fontiphagia. J. |
| Boller Scheibling | Malum orbiculatum Bollenſe album. JB. |
| Waldenſer Scheibling | Malum orbiculatum Waldenſium. JB. |
| XXIII. Haßlacher | Haßlacher dictum. JB. |
| XXIV. Juppenſchwenkel | Malum Juppenſchwenker Bollenſibus dictum. JB. |
| Langſtieler | Malum longipediculum Zellenſibus dictum. JB. |
| XXV. Röthlinge, Bliensbacher | Rubellum Blienſpachianum. JB. |
| Waldenſer | Malum Rubellum Waldenſe. JB. |
| XXVI. Züricher, großer weißer | Malum Tigurinum album, Wirtembergenſibus. JB. |
| kleiner | Malum Tigurinum minus. JB. |
| rother Saffranke | Mala crocina. Wm. Cord. |
| XXIX. Bolch-Apfel | Mala pulmonica. Wm. Pulmonea. Cord. Pulmonea ſalici inſerta. Cord. |
| XXX. Müß-Apfel | |
| gelber | Mala Melapia. Wm. Tabern. |
| | Mala Pulmentaria. Cord. |
| XXXI. Api. | Poma orbiculata. Ruell. Mal. ſat. ſapido fructu, ſtriis rubris picto. Hort. Reg. Pariſ. |
| | Poma orbiculata ſeu roſacea. JB. |
| | Malus ſatiua fructu orbiculato, odorato, item ſplendide purpureo. Tf. |
| | Pyrus malus epirotica. Linn. |
| | Mala Roſea et Appiana. Matth. |
| | M. fructu paruo, hinc ſubflaueſcente, inde ſplendide purpureo, inodoro brumali. D.H. |
| | Mala Apiola et Milero'a. Matth. |
| | Mala rubentia, Mala pumila ſeu rubentia. Wm. 704e 706d. |
| XXXII. Api grand | Mala fructu medio, compreſſo, ſature purpureo, inodoro brumali. D.H. |
| | Mala Loracina, Bollenſis fontis admirabilis. JB. |
| XXXVIII. Leper-Apfel | Malum ſtriatum Balnei admirabilis perelegans. JB. |
| XLII. Streiflings-Apfel | Oenomelum ſtriatum balnei perelegans. JB. |
| | Malus ſatiua fructu ſtriato, punctis rubentibus, conſperſo. Tf. |
| | Malus fructu magno, compreſſo, glabro, ſaturate rubro, brumali. D.H. |
| XLIII. Gros-Faros | Malus ſatius fructu magno, acide dulci ſerotino. D.H. |
| XLIV. Reinette franche | Malus ſatius fructu ſubrotundo, e viridi palleſcente, acido-dulci. Tf. |
| | Pyrus, malus, praſomila. CB. |
| | Poma Renetla. Car. Steph. |
| | Malum fructu magno, hinc rubro, inde albido, acide-dulci, brumali. D.H. |
| Reinette rouge | Malum fr. medio, ſature rubro, punctis flauis diſtincto, acide-dulci autumnali. D.H. |
| XLV. Reinette de Bretagne | Poma Rambura. Ruell. |
| XLVII. Rambour | Pomum Cambour. JB. |
| | Lotharingicum, dictum Cambour. J. |
| | Malus praegrandis praecox, tenerrima. Tf. |
| | Malus fructu maximo, compreſſo, albido, taeniolis rubris virgato, autumnali. D.H. |
| XLVIII. Rambour d'hyver | Malus fructu maximo, compreſſo, hinc albido, inde flauo, punctis et taeniolis ſanguineis diſtincto, brumali. D.H. |
| LII. Zelliſcher Kern-Apfel | Malum granoſum Zellenſe. JB. |

LIX. Glas-

| | |
|---|---|
| | Mala vitromela. Wm. |
| LIX. Glas-Apfel | Pomum pentagonum perelegans, acido-dulce, utrinque sessile. J.B. |
| LX. Pomme d'Etoile | Malus sativa fructu pentagono, subacido, stelliformi. Tf. |
| | M. fructu parvo pentagono, partim luteo, partim e rubro flavescente, serotino. D.H. |
| Ulmer | Malum Vlmense. J.B. |
| LXI. | Melapia, quasi Malopyra, vel Pyromela. J.B. |
| LXIII. Pomme Poire | Oenomelum magnum Blienspachianum. J.B. Pomum vinosum, Blienspachianis di- |
| LXVI. Weinling | ctum. J.B. (Mal. sat. fr. magno angulato, saporis vinosi subacidi. Tf.) |
| Boller Erihling | Oenomela Bollensia alba, Poma vinosa, Bollensibus et Waldensibus. J.B. |
| Würtemberger Wein-Apfel | Oenomelum Wirtembergicum, Pomum vinosum. J.B. |
| | Malus sativa fructu orbiculato, sessili, saporis vinosi. Tf. |
| LXX. Pomme quarrée | Pomum quadratum Montbelgardicum, acidum, flavum. J.B. |
| | Malus sativa fructu polygono, saporis vinosi acidiusculi. Tf. |
| LXXI. Hartlinge, Schabhartling | Duracinum Waldense acido-dulce. J.B. |
| Bershartling | Duracinum latum Waldense, s. rubrum. J.B. |
| Weißhartling | Duracinum album Zellense J.B. et Bollense J. |
| Matthiashartling | Duracinum striatum, s. Malum Divi Matthiae. J.B. |
| LXXII. Pfaffen-Apfel, großer | Augustina. Cord. |
| | Poma Sacerdotum dicta quibusdam. J.B. |
| | Pomum sacerdotum primum. J. |
| kleiner Zerendling | Episcopia. Cord. |
| | Pomum sacerdotum secundum. J. |
| LXXIII. Rettich-Aepfel: Gelb-Rettich | Malum Wirtembergicum Rettig, subflavum, e pago Blienspach. J.B. |
| Grün-Rettich | — — viridum. J.B. |
| Welsch-Rettich | — — Italicum, maius et minus. J.B. |
| Klein-Rettich | — — secundum. J.B. |
| Weißklein-Rettich | — — tertium. J.B. |
| LXXIV. Knöslein | Mala suave rubentia. Wm. Hoffm. |
| LXXV. Breitlings-Apfel | Mala orbiculata. Wm. Mala platomela. Tabern. |
| LXXVI. Fenouillet | Malus fructu parvo, fulvastro inodoro, brumali. D.H. |
| | Malus sativa fructu oblongo, e cinereo ferrugineo, saccharato, Anisi odore. Tf. |
| LXXXVI. Non pareil | Malus fructu magno, compresso, e viridi flavescente, acidulo, brumali. D.H. |
| LXXXVII. Pigeonnet | M. fr. medio, oblongo, rubello, taeniolis intense rubris virgato, autumnali. D.H. |
| LXXXIIX. Pigeon | Malus sativa, fructu purpureo, duro, saccharino. Tf. |
| XCV. Mal. sat. fr. rubicundiore, maculis rubiginosis consperso. Tf. Poma ratelliana. C. Steph. | Malus fructu medio, conico, glabro, roseo, quadriloculari, brumali. D.H. |
| CI. Heinrings-Apfel | Heiningium Bollense. J.B. |
| CII. Erz-Apfel | Malum, concharum venerearum modo, macularum dulcacidum. J.B. |
| | Malus sativa fructu albo et rubicundo, maculis rubentibus. Tf. |
| Weißling | Malum turbinatum, lactescentibus punctis conspersum. J.B. |
| CIII. Gotharde (Gotharinga alba Merg.) | |
| CIV. Capendu | Poma Capendua. Ruell. |
| | Poma Capendulata. J. |
| | Malum fructu parvo, hinc atro-rubente, inde purpurescente, brumali. D.H. |
| CVI. Passe Pomme rouge | Poma Passipoma. Ruell. |
| | Spadonia. J.B. |
| | Malus sativa fructu turbinato, tenero, fugaci. Tf. |
| | Malus fructu parvo, globoso, compresso, pulchre rubro, aestivo. D.H. |
| CVII. Coussinotte | Malus sativa fructu magno, rubente, acidissimo, pediculo longo. Tf. |
| | Malum fructu parvo, globoso, compresso, pulchre rubro, aestivo. D.H. |
| CIX. Doux | Malum, pretiosum dictum. J.B. |
| | Malum dulce. Wm. |
| | M. fr medio (vel parvo, subconico, viridi, lineis evanide rubris virgato, brumali. D.H. |
| CXIV. Paradies-Apfel | videatur infra Num. CXCIII. |
| CXXI. weißer Hartling | Duracinum Waldense acido dulce. J.B. |
| CXXII. Reinette grosse d'Angleterre | Malum fructu maximo, costato, e viridi luteo, acide dulci brumali. D.H. |
| CXXIII. Pomme de Glace | Mala vitrea. Cord. Poma vitrea. J.B. |
| | Malus sativa fructu maculis vitreis, foris et intus notato. Tf. |
| | Mala vitromela. Wm. |
| | Mala fructu magno, albido, glaciato. D.H. |
| CXXIX. Bach-Apfel, rother | Erythromelon, s. pomum magnum rubrum striatum. J.B. |
| | Erythromelum diu durans, quasi rubrum trixorium dicas, variegatum. J. |
| rother Taurich | Erythromelon, s. malum rubrum magnum fugax. J.B. |
| Schärp-Apfel | Erythromelum acidum subadstringens. J.B. |
| CXXX. Ulmer Pfäffling | Malum turbinatum album Vlmense. J.B. |
| | Malum album longiusculum. J. |
| CXXXI. Tröstlings-Apfel | Malum Tröstling dictum. J.B. |
| CXXXII. Calville, | Mala angulosa, Ribbelingen. J.B. |
| | Malus caluilles. Eftm. |
| rouge d'Eté | Malum fructu parvo, subconico, costato, pulchre rubro [illegible] D.H. |
| rouge d'Automne | Erythromelum magnum Parisiacum aut Sabaudicum. J.B. |
| rouge d'hyver | Malus sativa fructu magno, intense rubente, violae odore. Tf. |
| | M. fr. maximo, costato, glabro, saturatius rubro, carne granosa et rosea, brumali. D.H. |
| CXXXIII. Calville blanche d'Eté | Mala atrorubentia oblonga. Hoffm. |
| | Malus sativa fructu magno, dilute rubente et inodoro. Tf. |
| — d'hyver | Malum angulosum, Zapf-Apfel. Wm. Atrorubentia oblonga Trag. |
| | M. fr. maximo, glabro, prominentibus costato, luteo, carne granosa, brumali. D.H. |

Malum

| | |
|---|---|
| CXXXIV. Postophe d'Eté | Malus fructu medio rubeo, quadriloculari, carne granosa, aestivo. D.H. |
| d'hyver | Malus fructu magno, compresso, glabro, prominenter costato, hinc saturo, inde dilute purpureo, serotino. D.H. |
| CXXXV. Reinette du Pommier nain | Malus pumila, fructu medio albido, acide dulci, brumali. D.H. |
| CXXXVI. Haute bonté | Malus sativa fructu oblongo, nonnihil acuato, candicante, acidodulci. Tf. |
| CXXXVII. Brasilien-Apfel | Malum fructu magno, compresso, costato, laete viridi, brumali. D.H. |
| | Bresiliana et Crocina. Cordus. Sanguinea flavescentia dulcia. Hoffm. |
| CXXXIIX. Taurich, — Sommer-Taurich | Malum Tauricum aestivum rubrum. J.B. |
| Winter-Taurich | Malum Tauricum hyemale. J.B. |
| CXLIII. Winter-Pearmain | Malus sativa fructu sessili, rubro, saccharato, suavissimo. Tf. |
| CXLVII. Gänse-Apfel | Poma orthomastica, ab effigie mammarum. Plinius. Malus sativa, fructu mammoso. Tf. |
| CXLIIX. Bach-Apfel, gestreifter | Alsaticon praedictorum malorum speciosorum longe admirabilis, vel Phrygomelon striatum. J.B. |
| Frinsterling | Malum Frinsterling Zellensibus dictum. J.B. |
| CLVIII. Blut-Apfel, Rouveau | Poma rubelliana Ruell. |
| | Malus sativa fructu sanguinei coloris, ex austero subdulci. Tf. |
| | Mala haematomela. Wm. |
| | Malus rubelliana. Linn. |
| CLIX. Violette | Malus sativa fructu albido punctato, partim striis intense rubris distincto. Tf. |
| | Malus fructu medio longiori, sapore Violae, serotino. D.H. |
| CLX. Petit-Faros | Malus fructu medio, oblongo, glabro, purpureo, brumali. D.H. |
| CLXV. Langstiel | Malum longipediculum Zellensibus dictum. J.B. |
| CLXVI. Mayling-Apfel | Malum turbinatum dulce. J.B. |
| CLXVII. Schlotter-Apfel, Glocken-Apfel | Mala diliquescentia et sonora dicta, dulcia. J.B. |
| | Malus sativa fructu angulato dulci, in ore diliquescente. Tf. |
| Gräbling | Malum dulcacidum album durabile, et aliud dulce. J.B. |
| | Duracinum album et dulce Zellense et Bollense. J. |
| CLXVIII. Pomme, figue | Pyrus, quae malus non florida dicta, s. malus sine flore. J.B. |
| | Malus fructifera, flore fugaci. Hort. reg. Paris. Tf. |
| | Malus non florens, fructificans tamen. J.B. Gesn. |
| | Malus sine semine interius in fructu. Camer. |
| | Pyrus degener, caule fruticoso, humili, floribus hybridis foemineis. Wl. |
| | Malus pumila, flore carens. C.B. |
| CLXXI. Lauchs-Apfel | Malum turbinatum majus, virescens. J.B. |
| | Malus sativa fructu magno, pilei formi, e luteo virescente. Tf. |
| Zwiebel-Apfel | Malum turbinatum, ex flavo viridescente, punctatum. J.B. |
| CLXXIII. Granade | Malus Hispanica. C.B. |
| | Prasomelon Bollense, sonitu admirabilis. J.B. |
| CXCI. | Malus sylvestris. C.B. Doden. pempt. etc. |
| | Pyrus malus, foliis serratis, pomis basi concavis. Linn. |
| | Malus sylvestris minor. J. major fructu albo. J. fructu rubente. J. |
| | Mala ox.mela acida. Wm. Mala strangulatoria. Wm. |
| | Malus sylvestris fructu rubro minore. Wm. fructu rotundo viridi. Wm. |
| | Malus sylvestris fructu dulci. Dillenius. |
| CXCII. | Poma Paradisiana. Ruell. Malus Paradisiaca. Linn. |
| CXCIII. | Malus pumila, quae potius frutex quam arbor. C.B. Tf. |
| | Malus exigua, pallidis floribus. C.B. |
| | Poma Paradisiana, Brasiliana dicta praecocia. J.B. |
| | Poma, s. mala praecocia. Tabern. Mala terna. Theophr. |
| | Malus frutex alba. Lob. Chamaeleas, s. malus pumila. Doden. |
| | Malus pumila, fructu candido aut rubente. Tf. |
| | Mala chamaemela. Symph. Malus humilis, cujus fructus Pomum Adami. Gesn. |
| | Malus pumila, foliis ovatis serratis, caule fruticoso. Wl. |
| | Pyrus caule humili fruticoso. Wl. an Dura Romanorum? Wl. |
| | (Poma dulcinacea. J.B. Malum aestivum dulce. J.) |
| | Mala Chamaemela. Gerh. Mala pumila. Gesn. |



Alpha-

# Alphabetisches Verzeichniß

## Aller in diesem Theile vorkommenden Deutschen, Französischen, Englischen und Holländischen Aepfelnamen.

N. Die erste Spalte bezieht sich auf die, unter den Buchstaben A, Aa, Aaa, B, Bb, Bbb und C, Cc, Ccc etc. befindlichen CXCVII Nummern und deren Unterabtheilungen, die zweyte aber auf die unter E folgende XI Abtheilungen und ihre Zahlen.

| | | |
|---|---|---|
| Bramboos - Appel | CL. 4. | |
| Brand - Appel | CXLVI. | |
| — — soete | das. | |
| Braßlien Apfel, rother | CXXXVII. 1. | |
| Breitlingsapfel | LXXV. | |
| Breitfürstling | CLXVII. 6. | |
| Bretagne, Grosse | XCVII. | |
| Bretagne, Verd de | | VII. 9. |
| Briener - Soete | | IX. 17. |
| Brouwer - Appel | | II. 9. |
| Bruindeling | CXLIV. | |
| Bruinder | das. | |
| Brutte longue | | VII. 8. |
| Bullerbuser | | VII. 10. |
| Busch - Apfel | CXCI. | |
| Bazile, le St. | | X. 44. |
| **C.** Caillot rosat | CXXXII. 4. | |
| Calville bâtarde | CXXXIII. 6 | |
| — blanche | CXXXIII. | |
| — — d'Automne | das. 4. | |
| — — à Cotes | das. 5. | |
| — — d'Eté | das. | |
| — — d'hyver | das. 5. | |
| — d'Eté | CV. | |
| — — grosse | CXXXII. | |
| — — de Normandie | das. | |
| — — petite | das. | |
| — flamenfe | das. 4. | |
| — de Gascogne | CXXXIII. | |
| — hative | CXXXII. 4. | |
| — musquée | das. | |
| — , Passe | CVII. | |
| — platte rouge d'Eté | CXXXII. | |
| — rayée d'Automne | das. 2. | |
| — rojale d'Eté | das. | |
| — — d'hyver | das. 2. | |
| — rouge d'Automne | das. 2. | |
| — — en dedans et dehors | das. 4. | |
| — — d'Eté | das. | |
| — — d'hyver | das. 4. | |
| — — longue d'hyver | das. 4. | |
| — — de Normandie | das. 4. | |
| Calville, gestreepte Herfst | das. 2. | |
| — rode Herfst | das. 2. | |
| — rode Somer | das. | |
| — — Winter | das. 4. | |
| — Sanguinole | das. 4. | |
| — tardive | CXXXIII. 5 | |
| — witte Somer | das. | |
| — witte Winter | das. 5. | |
| Calville, rothe Bastard - Herbst- | CXXXII. 3. | |
| — — — Sommer- | das. 2. | |
| — — Herbst- | CXXXII. 2. | |
| — — Sommer- | das. | |
| — — Winter- | das. 4. | |
| Cambour | XLVII. | |
| Camisas du Roi d'Espagne | | I. 23. |
| Cameifce blanche | | I. 22. |
| Campanier Appel | | III. 30. |
| Canol; Pomme de | XXXVII. | |
| Cannelas | | I. 14. |
| Capell - Appel | | IX. 11. |
| Capendu | CIV. | |
| Capendu rouge, le gros | das. | |
| Caratter - Appel | III. 1. | |
| Cardinal blanche, Pome de | LVI. 1. | |
| — rouge, Pome de | LVI. | |
| Cardinalsapfel — LVI. | CLVI. | |
| — rother | LVI. | |
| — weisser | LVI. 1. | |
| Carline d'Angleterre CXXXVII. | 7. 8. | |
| Carolin, rother | das. 8. | |
| — weisser | das. 7. | |
| Carmagnolles | | I. 13. |
| Cartrons, Pomme de cinq | | I. 12. |

| | | |
|---|---|---|
| Castanien - Apfel XXI. und | CLIX. | |
| Castelet, Pomme de | CXXVI. | |
| Catalonier, Somer | | II. 19. |
| Chaffpe, la perle | | X. 48. |
| Charmant - blanc | XLVII. | |
| Chartreux, Pomme de | LV. | |
| Chataigner | XXI. | |
| Chatenon, Pomme de | CXC. | |
| Cheval, le Pied de | | X. 18. |
| Choux, Pomme de | | I. 16. |
| Cincentois | | I. 17. |
| Citroen - Appel; Somer of vroege | CLXX. | |
| — — Winter | das. 2. | |
| Citron d'Eté | das. | |
| — Pomme de | das. | |
| Citronen - Apfel | das. | |
| Classen - Appel | LXXVI. | |
| Cliquet | XL. 19. | |
| Cloche, Pomme de | CLXVII. 6 | |
| Clofante, le | | X. 33. |
| Codling | XCIX. | |
| Coeur boeuf | CXXXII. 5 | |
| Coin, Pomme de | CXXXII. | |
| Compagnie, Pomme de bonne | XXXI. | |
| Concheuille, Appel | | III. 15. |
| Coutoir, oder Cautoor - Appel | CXXXII. 2 | |
| Coq, le gros | | X. 39. |
| Coqueret | | I. 20. |
| Cornet, Pomme | | VIII. 8. |
| Corneille d'Automne | | I. 21. |
| Coste, la | | X. 23. |
| Couleur de Chair | CVII. | |
| Courpendu, Pomme de | CLXV. | |
| — — blanc XI. LI. und | LXXIX. | |
| — — gris | IX. | |
| — — le petit | CXVII. 2. | |
| — — rouge | X. | |
| Courtequeue | IX. | |
| Courtpendu douce | XI. 1. | |
| — gris, grand et petit | IX. | |
| — — , le gros | das. | |
| — Gros - du Fraucura | X. | |
| — Gros - | XII. | |
| — jaune | XI. | |
| — long | | VII. 6. |
| — rosar | X. | |
| — rouge ou roux | das. | |
| — — d'Eté | X. 1. | |
| Cousinette d'hyver | CVIII. | |
| Coulinotte CVII. CVIII. und | CXXXII. | |
| Coulinot, Gros- | CVIII. | |
| Cousinotte longue | das. 2. | |
| — ronde | das. 3. | |
| Cousinette d'Eté | CVII. | |
| Crabtree | CXCI. | |
| Crillant | CXC. | |
| Croquet, Pomme de | CLXXXIV | |
| Cuisine, Pomme de | CLXXXIX | |
| Cudinet d'Eté | CVII. | |
| Cudinet tulpé | das. | |
| Curpe | | VIII. 2. |
| Cyre, Pomme de | | I. 22. |
| **D.** Dame, Pomme de Notre- XVII. | XLVII. | |
| Danqueilles | | I. 23. |
| Dekkers soete | LXIII. 1. | |
| Demoiselle, Pomme de- | XXXI. | |
| Dens de Cordone | | I. 24. |
| Deux ans, Pomme de | CXXIV. | |
| Dieraer Appel | | IX. 2. |
| Dirk - Vars soet | | II. 12. |
| Doesje, Pome- | CIX. | |
| Dolphyn | LXXXIX. | |
| Dolphyn, soete- | das. | |
| Dolphyn triumphante | LXXXIX. | |
| Domines - Appel | | II. 11. |

Gulder-

| | | |
|---|---|---|
| Pallier-Apfel, Sommer- und Winter- | LII. | |
| Pallier-Apfel | das. | |
| Pappelinge aus England | IV. | |
| Par. Apfel | | XL. 6. |
| Paradiesapfel, rother | CXIV. 3. | |
| — — , süßer | das. 2. | |
| — — , weißer | das. 1. | |
| Paradis. Pomme de | [illegible] 1. | |
| Paradise-Apple, The | CXCIII. | |
| Paradys Appel, dubbelde rode Winter | CXV. 1. | |
| — — gekelde | CXV. | |
| — — , Engelse | XVII. | |
| — — rode Somer | CXIV. 1. | |
| — — , vroege | das. 3. | |
| — — , vroege soete | das. 2. | |
| — — , witte Somer | — 3. | |
| Parambain | CXXV. | |
| Pare Apfel | XXVII. | |
| Parcés oder Paris-Apfel XXVII. | CXXXIII. 3. | |
| Paremens. CXXV. | CXLIII. | |
| Pariser großer | CXXXII. 2. | |
| Parmain, Drue | CXLII. | |
| — , dubbelde | CXLIII. 1. | |
| — , d'Eté | CXLII. | |
| — , Merveille | CXLIII. 1. | |
| — , Pipping, Engelse | CXLIII. | |
| Parmain rojal | CXLIII. 1. | |
| — — , de longue durée | das. | |
| — — , Somer of Herfst | CXLII. | |
| — — , Winter | CXLIII. | |
| Passe Calville | CVII. | |
| Passe Pomme | LXXXVIII. | |
| — — d'Automne | LXXXVII. | |
| — — blanche | CVI. 2. | |
| — — — clair | | VII. 1. |
| — — — angulair | | VII. 2. |
| — — cotellée | CVI. 1. | |
| — — douce | LXXXIX. | |
| — — d'Eté | CV. | |
| — — generale | CVI. 1. | |
| — — d'hyver | das. | |
| — — rouge | CV. CVI. | |
| — — — d'Automne | CVI. 1. | |
| — — — dedans | das. | |
| — — soete | LXXXIX. | |
| — — soyette | CVI. 1. | |
| Passe rose plate | LIII. 2. | |
| Passe tout | | I. 59. |
| Pater noster Appel, en soete | | II. 52. 38. |
| Paulmer-Apfel | XI. | |
| — — gelber | L. | |
| — — rother | XLIX. | |
| — — Winterrother | LI. | |
| Pearmain, The Herefordshire | CXLIII. | |
| — , Lean's | CXLII. | |
| — , Summer | das. | |
| — , Summer-red | das. 2. | |
| — , Winter | CXLIII. | |
| Peau de Vache, la | | X. 22. |
| Peer-soete | VII. | |
| — — , Grauwe | LXIII. 1. | |
| — — , witte of blanke | — 2. | |
| Peperling | CLV. 1. | X. 31. |
| Pepin (le) | IV. | |
| Pepin, Pomme sans- | CLXVIII. | |
| Pepling, of Pepping | CLV. | |
| — blanke of witte | IV, CLV. | |
| — — Engelse | CLV. | |
| Peppin d'Angleterre | IV. | |
| — doré coloré hasif. | IV. 1. | |
| — Gedlden | IV. | |
| — Engelsche Konings of Kings | CXLIII. 2. | |
| — Nonpareil | IV. | |
| — Parmain d'Angleterre | CXLIII. | |
| — — d'Eté | CXLII. | |
| — par main d'hyver | CXLIII. | |
| — Wyker- | IV, CLV. 6. | |
| Pepping, dubbelde | IV. | |

| | | |
|---|---|---|
| Pepping, dubbelde Goud | IV. | |
| — , Engelse blanche | das. | |
| — — Goud | das. | |
| Pepping, Gelb- | das. | |
| Pepping, Goud | das. | |
| — Goudelings | das. | |
| — Grauwe | IV. CLV. 2. | |
| — — Geldersche | — — — | |
| — Gulden | IV. | |
| — Little | — | |
| — Engelsche Konings of | | |
| — grauwe, van v. der Laan | IV, CXLIII. | CLV. 2. |
| — Parmain, Winter | CXLIII. | |
| — , Somer of Herfst | CXLII. | |
| — rode | IV. CLV. 3. | II. 47. |
| — — soete IV. CLV. | 3. CLVI. 1. | |
| — witte | IV. | |
| — Zeeuwsche | CXLIII. | |
| Perche, Pomme de | | I. 54. |
| Peregmenes | CXLIII. | |
| Perl-Apfel | | XI. 6. |
| Permain, Droé, d'Angleterre | CXLIII. | |
| — , Pepping musqué | das. | |
| Perroquet Pomme de | CXLI. | |
| Persik Appel van Weesop | | II. 59. |
| Pfaffen-Apfel | LXXII. | II. 1. |
| Pfaffengrübling | CLXVII. 7. | |
| Pfasing oder Pfäling, Ulmer, | CXXX. | |
| Pfund-Apfel | LVII. 1. | |
| Pied de Cheval | | X. 38. |
| Pieterscely-Appel, soete | | III. 4. |
| Pigeon | LXXXVIII. | |
| — blanc | das. 1. | |
| — le grand | LVII. 2. | |
| — Coeur de | LXXXVIII. | |
| — Gorge de | LXXVI. | |
| — panaché | LXXXVII. | |
| — rouge | LXXXVIII. | |
| — soete | LXXXIX. | |
| — verd | LXXXVIII. 2. | |
| Pigeonnet | LXXXVII. | |
| Pigron | | I. 55. |
| Pin, Pomme de | CLXXXI. | |
| Pippin, Aromatik | IV, CLV. 4. | |
| — French- | IV. 18. | |
| — Golden | IV. | |
| — Holland- | IV, CLV. 6. | |
| — Kentish | — — 3. | |
| — Oaken- | IV. 21. | |
| — Silver- | IV. 17. | |
| — Spencers | IV. 19. | |
| — Stone | IV. 20. | |
| Pipping, Cordon- | IV. 12. | |
| — de la Coure | IV. 5. | |
| Pipping, Englischer | IV. | |
| Pipping, groene | IV. 7. | |
| — Gulde van de Bie | IV. 2. | |
| — — van Jan Paik | IV. 3. CVIII. | |
| — — uit Karrel | IV. 4. | |
| Pipping, Holländischer | CLV. 6. | |
| Pipping, Italienischer | IV. 10. | |
| — Kerswyks | IV. 22. | |
| — Kluster- | IV. 16. | |
| — Koninklyke | IV. 9. | |
| — Orange- | IV. 11. | |
| — Prince- | IV. 15. | |
| — , Preussische vom Portland | IV. 13. | |
| — , Roser- | IV. CLV. 3. | |
| Pipping, Cort- | CLV. 6. | |
| Pipping van Sorgvliet | IV. 14. | |
| — — Timmerman | IV. 6. | |
| — Uitenfolge | IV. 8. | |
| Piramene | IX. 4. | |
| Platte Appel, Witte | LXV. | |
| Pletje-Appel | L. 1. | II. 40. |
| Pluiskes-Appel | | |
| Polß-Apfel | CIII. | |
| — — weißer | das. | |

*) Pet-soet gehört auf die vorhergehende Seite nach Persik Appel.

**S.**

elliptische Kugel
Ey
2 Elliptischer Apfel
3 Eyförmiger Apfel
Kurze Walze,
oder Mühlenstein.
Hyperbolischer Kegel
5 Platter Apfel
6 Hyperbolischer Apfel.
7. Parabolischer Apfel
No. 2.

| | | |
|---|---|---|
| Polster-Apfel | CVII. | |
| Pomasse | | I. 16. |
| Pomme d'or | IV. | |
| Pomme-Poire V. 1. | LXIII. und 1. | |
| — — hâtife | VII. 1. | |
| — — tardive | LXIII. | |
| Postophe d'Eté | CXXXIV. | |
| — d'hyver | das. 1. | |
| Pracher-Apfel | | VII. 11. |
| Prager | | VII. 12. |
| Present-Apfel | CXXXVII. 7. | |
| Present, Gelders | CXXXII. 2. | |
| — , Herfst- | das. | |
| — rojal d'Eté | CXXXVII. 7. | |
| — — d'hyver | das. 2. | |
| — Somer- | das. 7. | |
| — Winter- | das. 2. | |
| Presilien-Apfel | CXXXVII. 1. | |
| Prince, Pomme de | LXII. | |
| Princess-Appel CLI. | CLXII. | |
| — — soete | das. 1. | |
| Princess-noble | CLXIII. | |
| Prinsen-Appel, grote | CXXXVII. | |
| Prinzen-Apfel | CXXV. | |
| Pet-soet *) | | III. 12. |

**Q.**

| | | |
|---|---|---|
| Quarrée, Pomme | LXX. | |
| Queen, Winter | XCVII. | |
| Queening, Summer- | das. | |
| Quince-Apple | LVIII. | |
| Quitten-Apfel | das. | |
| — — Französischer | CXXXIII. 3. | |
| Quisnot | CVII. | |

**R.**

| | | |
|---|---|---|
| Raben | XCV. | |
| Rabauw, blanke | XCIV. | |
| — blauwe | XCV. | |
| — grauwe | das. | |
| Raellee | | I. 17. |
| Raisin, Pomme de | LXXVI. | |
| Rambouillet | CXIII. | X. 37. |
| Rambour | XLVII. | |
| — aigre | das. | |
| — blanc | das. | |
| — doux | XLVIII. 2. | |
| — franc | XV. 1, XLVII. | |
| — d'hyver | XLVIII. | |
| — noir | das. 3. | |
| — d'Orleans | XLVII. 1. | |
| — rouge | XLVIII. | |
| Rambour, Sommer, rother und grüner | XLVII. | |
| Rambourg, Pomme de | das. | |
| Rambour verd et gris | XLVIII. 1. | |
| Rammer-Apfel | CLXXI. | |
| Ratenn, Pomme de, CLXXXVIII. | XCV. | |
| Rebois, le | | X. 49. |
| Retoure, Sommer- | | VIII. 10. |
| Reine, la verte | CLXXX. | |
| Reinette d'Angleterre | IV, VIII. 15. | |
| — batarde | L. | |
| — — witte Leipsiger | L. | |
| — Bellefleur | CLV. 6. | |
| — blanche | VI. | |
| — — ou franche | VI, XLIV. | |
| — de Bretagne | VIII. XLV. | |
| — cabillée | VIII. 17. | |
| — des Carmes | XLIV. 2. | |
| — de Cap | | VIII. 7. |
| — coulourée | VIII. 1. | |
| — courtpendue | IX. | |
| — — rouge | X. | |
| — double de Damoson | VIII. 16. | |
| — dorée | VIII. VIII. 1. | |
| — douce | | X. 15. |
| — drap d'or | III. 1. | |

| | | |
|---|---|---|
| Reinette d'Eté | VII. | |
| — franche V. 1. | VIII. XLIV. | |
| — — rousse | VIII. XLIV. 2. | |
| — grise | V. | |
| — — de Champagne | V. 1. | |
| — — double | V. | |
| — — musquée | LXXXIII. | |
| — grosse d'Angleterre | VI, CXXII. | |
| — d'hyver | VIII. | |
| — — sucrée | LXXXIII. | |
| — jaune | VIII. 1. | |
| — — hâtive | VII. | |
| — — — la petite | das. | |
| — — tardive | VIII. | |
| — noir | VIII. 18. | |
| — nonpareil | V. 3. LXXXIV. | |
| — d'Orleans | V. 1, V. 2. | |
| — platte | I. 1. | |
| — du Pommier nain | VI. CXXXV. | |
| — de la Reine | XLIV. 3. | |
| — du Roi | das. | |
| — rouge | VIII. XLIV. 3. | |
| — — d'hyver | das. 3. | |
| — Sicilienne | VIII. 8. | |
| — triomphante | VI. | |
| — tulipée | VIII. 1. | |
| — verte | V. 9. | |
| — — longue | VIII. 14. | |
| — — ronde | V. 3. | |
| — Weer | VIII. 3. | |
| Renet van Aizema | VIII. LXXXI. | |
| — — Aizema | LXXXI. | |
| — Appel, grauwe | V. | |
| — blanke | VI. | |
| — bresset of brevet | VIII. 10. | |
| — van la Court | — 5. | |
| — Damas | — 9. | |
| — geele | — | |
| — — dubbelde | CXXIV. | |
| — — enkelde | VIII. | |
| — — fransche | — | |
| — — grauwe | LXXXII. | |
| — , Golden von Herefordshire | VI. 2. | |
| — Goslingasse | IX. | |
| — Goud | VIII. 1. | |
| — Granat van v. Zegrelen | XLIV. 3. | |
| — Grauwe | V. | |
| — — Besse | V. | |
| — — van la Court | V. | |
| — — dubbelde | V. | |
| — — enkelde | V. | |
| — — fransche | V. | |
| — — korpendu | IX. | |
| — — Meniste | V. | |
| — — soete | V. 3. LXXXIII. | |
| — groene | V. 3. | |
| — — fransche | das. | |
| — van Heemstede | VIII. 13. | |
| — van Hoogmede | VIII. 8. | |
| — Lothringer | VIII. 11. | |
| — Monstrous VIII. | CLXXII. | |
| — van Monthron | VIII, LXXXV. | |
| — Rohan | VIII. 7. | |
| — Sauwe Fransche | VIII. 19. | |
| — soete Fransche | LXXXIII. | |
| — — geele VIII. | LXXXII. | |
| — — Goud | das. | |
| — — — vant' Loo | VIII. 1. | |
| — — musqué | LXXXIII. | |
| — van Sorgvliet | V. 3, XLVI. | |
| — Spanse, soet of suur | VIII. 6. | |
| — Tulp | VIII. 1. | |
| — Valkenier | VI. | |
| — vermeille | VIII. 12. | |
| — witte | VI. | |
| — witte fransche | - | |
| — — mit stippen | - | |
| — — sonder blem of biergen. | - | |

*) Pet-soet gehört auf die vorhergehende Seite nach Persik Appel.

Renette.

S.